沖縄／教育権力の現代史

藤澤健一

FUJISAWA KENICHI

社会評論社

沖縄／教育権力の現代史◎目次

序文　沖縄教育史への招待　11

一　忘却の教育史にあらがうこと……11
二　本書のねらいとモティーフ……16
三　構成と内容……18
補註（序文）……20

第1章　現代沖縄教育史の想像力――課題と方法――　21

一　沖縄史像の再構成へ……21
二　沖縄にとっての「近代」……24
（1）言語疎通の実態／25
（2）権力としての教育／30
（3）再現する「近代」／32
「矯正」の教育実践
「不正語」の摘発
「正しい日本国民の育成」
「日の丸」「君が代」の再認識
（4）現代沖縄教育史研究の課題／42
三　研究史……45
（1）現代日本教育史研究における沖縄／46

（2）現代沖縄教育史に関する研究／48
〔復帰の前後まで〕
〔復帰以後〕
四　方法的構成……55
五　展望……58
補註（第1章）……61

第2章　四・二八の蹉跌——一九四五年から一九五〇年前後——

73
一　対日講和条約第三条……73
二　「屈辱の日」への過程……76
（1）沖縄占領の教育政策／77
〔軍事占領のための教育復興と沖縄研究〕
〔解放と抑圧〕
（2）沖縄教育関係者にとっての戦後／82
〔校舎の破壊と復興〕
〔教職員の不足〕
〔沖縄教育連合会〕
〔留日琉球派遣研究教員制〕
〔復帰運動の組織化〕
〔「日の丸」掲揚運動〕
（3）沖縄における四・二八認識／107

三　「全面講和」論の展開……109
（1）一九五一年九月以前／110
［ふたつの声明］
［声の〈不在〉］
（2）一九五一年九月以後／114
四　重なる蹉跌……118
補註（第2章）……120

第3章　忘却の教育史——一九五〇年代——141

一　〈戦後教育〉と沖縄……141
二　組織的介入……144
（1）日教組と復帰運動／144
［接触にいたるまでの前史］
［日教組と沖縄教職員会との接触］
（2）「基地問題」と教育／150
［日本の「植民地性」］
［沖縄の基地問題への姿勢］
［沖縄の基地被害］
（3）「民族の完全合一」のための教育／156
三　見失われる歴史……159
（1）二重基準／160

（2）対米従属論／163
四　一九五〇年代の沖縄認識……166
補註（第3章）……167

第4章　回避される差異性――一九六〇年代前半――181

一　問題としての沖縄認識……181
二　沖縄への共感基盤……183
（1）基地問題の変貌／184
［基地教育についての研究不振］
［沖縄への視点］
［脱基地化と基地固定化］
（2）沖縄問題の一般化作用／194
［不足する情報］
［日本人の民族教育］
［復帰運動の質的転換］
三　「沖縄問題」への取り組み……200
（1）人的交流の拡張／201
［一九六〇年代半ば以降の運動方針］
［人的交流と『怒りの島沖縄』］
［教研への沖縄代表の正式参加］
（2）「正しい日本国民育成」の教育運動／209

［沖縄基地被害のリアリティ］
［差異性への敵対］
四　一九六〇年代の沖縄認識……215
補註（第4章）……217

第5章　「国民化」の教育実践——一九六〇年代後半から一九七〇年前後——221

一　「七〇年安保」と「沖縄学習」……221
二　「沖縄学習」の生成と展開……224
（1）「沖縄学習」の出発／224
［三部作の刊行］
［「沖縄学習」の原基］
（2）自主編成運動としての「沖縄学習」／230
三　「沖縄学習」の推移……235
（1）「沖縄問題」の霧散／235
（2）「沖縄学習」の臨界点／237
［「本土＝加害者観」］
［問い直される「日本軍」］
四　記憶の制御……242
補註（第5章）……245

沖縄支配の教育権力——結語に代えて——251

一　「国民化」のヘゲモニー……252
二　沖縄における教育の「近代」……253
（1）断絶と連続性／253
（2）教育権力認識／256
三　沖縄史のリアリティ……257

あとがき／261
参考文献／269
事項索引／278
人名索引／282

［図表目次］

表2―1　地域別、国民学校の教職員数、戦死者数と百分比／89
図2―1　沖縄教職員会『沖縄教育の現状』表紙／90
図2―2　沖縄教育連合会『一九五〇年度　議事録』表紙／92
表2―2　留日琉球派遣研究教員制の実施状況／98
図2―3　沖縄教育連合会「声明文」原文／100
表2―3　『新教育』所蔵一覧／132
表2―4　『新世代』所蔵一覧／133
表2―5　全島校長会開催一覧（一九五〇年代初頭）／135
表3―1　教研の開催地・時期・報告書一覧／168
図3―1　戦災校舎復興期成会『戦災校舎後援会綴』表紙／171
表4―1　在日米軍施設・区域、兵力人員の推移／189
表4―2　在沖米軍施設・区域の推移／190
表4―3　一九五〇年代後半以降に使用開始された米軍施設／192
表4―4　教研における沖縄代表による正式報告数の推移（一九六八～一九七二）／207
表5―1　「28日沖縄授業」年間計画案／228
図5―1　沖縄県教職員組合編『これが日本軍だ―沖縄戦における残虐行為―』表紙／241

凡例

一　歴史的用語については、「戦後」「復帰」「返還」など、括弧をつけて表記すべきものがあるが、文中での括弧の頻出は読みにくさを伴うため省略した場合がある。

二　機構や組織、条約などの名称は、通称に倣って簡略に表記した場合がある。

三　引用文については、読みやすさを考慮して以下の点に配慮した場合がある。

①　旧字体を新字体に改めた。

②　原文の改行部位をとくに示さなかった。

③　句読点、濁点を追加した。

④　引用文中の（――引用者）は筆者による註記を、〔……〕は引用文の省略を、□は史資料の不備あるいは欠損などによる表記不能を示した。

⑤　引用文中のあきらかな誤字は訂正した。

四　引用文を除き、年号表記は西暦年とした。

五　本文中の敬称は省略した。

序文

沖縄教育史への招待

一　忘却の教育史にあらがうこと

飾らないことばが、ときとして、重ねられた巧みなレトリックよりも大きな力をもつことがある。事象の〈本質〉を衝くことばは、優れた箴言がしばしばそうであるように、つねに簡潔であり、無防備でさえある。もしも歴史事象に〈本質〉ということがあるなら、それを射抜けるのは、もしかしたら、虚飾とは無縁な語りや隠喩といった、ことばたちであるのかもしれない。歴史研究においても、このことに思いいたるような邂逅にときとして恵まれることがある。一九七六年七月、演劇集団「創造」によって初演された、知念正真による戯曲「人類館」[1]は、沖縄史の〈本質〉を形象化し、明示化してくれる、ことばに満ちている。それらをなぞることから、筆者は本書を始めてみたい[2]。

一九〇三年三月に大阪で開催された、第五回内国勧業博覧会における「人類館」事件にモティーフを求めたこの戯曲は、近代から沖縄戦、そして、復帰運動、沖縄国際海洋博覧会（一九七五年七月）へといたる、沖縄史にかかわる幾多の史実を縦横に配置した場面から構成されている。登場人物である「調教師ふうな男」と「陳列された男」「陳列された女」とのあいだで繰り広げられ、沖縄における教育史のリアリティを彷彿とさせる、劇途中のある場面は次のようにめまぐるしく展開する。

調教師　〔……〕いいか、今は非常時なのだ。小異を捨てて大同につき、忍び難きを忍び、耐え難きを耐え、一億国民こぞって国難に対処しなければならんのだ。一旦緩急あらば、一命を投げ打っても国家に殉じる精神でなければならん。お前たちは、まがりなりにも日本国民だ。だが、まだ一人前という訳にはいかない。精神がなっとらん。仏作って魂入れず。魂が入っておらんのだ。たった今から、お前たちに、その魂をいれてやる。俺の教育は厳しいから覚悟しておけ。

（声をはり上げて）気をつけえ！　たった今から、俺の命令は、恐れ多くも天皇陛下の御命令だと思え。従って反抗は許されない。絶対服従あるのみだ。わかったか？　これが日本的秩序というものだ。次に日本国民として、日本の文化を重んじ、伝統を尊ぶ心がなければならん。日本的なものを、こよなく愛し、それを取り入れる心が肝要なのだ。それには先ず、言葉をなんとかせにゃあいかん。〔……〕早い話が、日本語の使い方を一日も早く覚えてもらわなければならん。古いことわざにいわく「習うより馴れろ」つまり馴れなけりゃあならんのら。

従って、たった今から方言の使用を禁止する。全面禁止だ。これに違反した者は、(「リウキウ、チョーセンお断り」の札をはずすと、裏に「私は方言を使いました」というこれまた稚拙な文字)これを首からぶら下げてもらう。

男と女、一せいに鼻を鳴らし「あいな汚いさ」「ゆむふうじぇねえらん」等。

調教師　うるさい。静かに。(誇らかに)これは命令だ。

男・女　……

調教師　よしよし、それで良し。なあに、すぐ馴れるさ。この国では赤ン坊からお年寄りに至るまで、皆、日本語でしゃべっているんだ。大して難しいことじゃない。ここだけの話だが、俺は琉球の方言が大嫌いなんだ。ミミズがのたうちまわっているような、捉えどころのない抑揚。粘っこくまとわりつくような発音、いんぎんで、ごうまんで、難解で。顔と言葉が、それぞれ別な事をいっているのではないかと思えて仕方がない。それよりも、何よりも、同じ日本国内に、我々の理解の及ばない言語があるということ自体、俺には我慢ならない。日本人はすべからく、日本語で話すべきだ。日本語で考え、日本語で語り合い、日本語で笑い、日本語で泣くべきなのだ。そうでなければ、一枚岩の団結などありえない。わかったか!

男・女　……

調教師　よし。それでは早速、日本語を教えてやる。お前たちが、まっ先に覚えなければならないのは、これだ。威儀を正して良く聞け、（大音声）天皇陛下万才！　天皇陛下万才！　天皇陛下万才！　どうだ、驚いたか？　実に堂々たる響きだ。音の組み合わせといい、語呂の良さといい、雄雄しさ、おさまりの良さ、安定感、典型的な日本語だ。（男に）さあ言ってみろ！

男　（かぼそい声で）天皇陛下バンジャーイ

調教師　バンジャーイざあない。バンジャーイだ。もとい！　バンザーイだ。

男　バンジャーイ……。

調教師　バンザーイ！

〔……〕

調教師　〔……〕情けない奴だ。貴様それでも日本人か。ちゃんと言えるようになるまで、こいつをかけとけ！（方言札を男の首にぶら下げる）本日の授業、これまで。気をつけ！　礼！

この場面における台詞台本でも傍点を付して強調されている、日本語と沖縄語との混成語である「沖縄大和口」を調教師が思わず口走ることによって暗示化されつつも、劇末にまでいたって、じつは「調教師」自身が、抑圧されてきたはずの沖縄人の形象でもあったことが明示される。そして、最後には、死んだ調教師に取って代わり、今度は男が「調教師」としての役割をみずから買って出るところで、戯曲に幕が降ろされる。

アイロニーとめまぐるしいまでの屈折とに満ちたこの戯曲は、どうして描かれ、演じられなければならなかったのか？　役割としての「調教師」とはいったいだれの、なんの隠喩であるのか？　そして、「方言札」による言語の「矯正」という戯曲の想定が根ざしている、沖縄史の史実とは実際にはどのようなものであったのか？

これらの問いかけに、教育史的事象を分析することで厳密に応えていくことが、沖縄教育史研究においては欠かすことのできない課題となる。ただし、決して忘れてはならないことがある。こうした問いが向けられているのは、なにも専門領域の研究者だけではないということだ。また、これらの問いは、沖縄からの「日本」への告発という一方向的なものでないことは、もはやあきらかである。根底から問われるべきなのは、沖縄の自立を妨げつづけ、沖縄に対しては「調教師」としての役割を果たしつづけてきた国民国家としての「日本」であり、その公教育制度ではないか。そして、沖縄を眼差す関係性において、もしかしたら「調教師」の役割は〈わたし〉であり、〈あなた〉のものであるのかもしれない。

歴史によってかたち作られてきた問題は、歴史に立ち返って考察することによってでしか解決できない。沖縄の教育を歴史的視点から問い直さなければならないのはこのためである。忘却の淵に瀕している「調教師」という隠喩をわたしたちの記憶に刻み、忘却の教育史にあらがって記述することはどのように可能か。沖縄教育史への招待を、筆者はこの問いを発することから始めたい。

二　本書のねらいとモティーフ

本書は、いくつかの教育史的側面に即しつつ、現代沖縄における教育の権力的性質をあきらかにすることをねらいとしている。具体的な作業課題は後述することとして、ここではこのねらいを見定めるうえでの筆者のモティーフをまずは記しておきたい。

本書の主たるテーマを分節化して、「現代」（時期）、「沖縄」（場所）、「教育史」（事象）という形式的分類に本書が振り分けられることを筆者は拒否する。これらの分類に本書が深いかかわりをもつことはいうまでもないのだが、筆者はむしろそうした分類の届かないところに眼差しを向けたい。なぜなら、そうした慎ましやかな学術上の形式的分類は、練り上げようとしている批判的構想力までをも支配的意識に適合するように巧みに捻じ曲げ、都合よく変換する機能を果たすからだ。

躊躇をふくみつついえば、筆者のモティーフは、沖縄と日本社会をとりまく現実に対峙しうるだけの批判的構想力をつくりだすことにある。ただし、「沖縄」を記述することは、決して手段化されてはならない、このことは急いで付け加えられるべきである。自己に益することを目的化させた、いわば手段としての「沖縄研究」は、学問的な装いを凝らした「沖縄」に対するある種の暴力行為であり、収奪に他ならないからだ。

だが、このことを対象化すること自体がじつは決して容易ではない。筆者のモティーフにはこのアポリアが影のようにつきまとっている。「沖縄」「オキナワ」に対する日本社会からの過剰なまでの意味付けは、これまでもあくことなくさまざまな政治的立場から幾重にも積み重ねられつづけてきた。いわく「日本の民主主義の試金石としての沖縄」「戦後日本の歪みを象徴する沖縄」「沖縄からは日本がよくみえる」、あるいは「本土と沖縄との人民的結合」「日本民族の民主的形成と連帯」などといった言辞である。さらにいえば「いやしの沖縄」というたぐいのフレーズは、通俗的で商業主義的な物言いとしてより広範に流布している。

これらは、少なくとも主観的には善意として生み出された「沖縄」理解の様式であり、少なくともそこに積極的な悪意はないだろう。それどころか、むしろ、「沖縄」への思いに満ちてさえいる。しかし、これらの麗しい言辞は、その主観的意図とはまったく裏腹に、日本と沖縄との関係史への反省的な認識を欠いているという点において、日本社会の沖縄への構造的差別を皮肉にも温存させ、沖縄支配を補完している。なぜなら、そこには「日本にとっての沖縄」、「日本としての沖縄」はありえても、それ自体としての「沖縄」、日本との権力的関係のなかにある他者としての「沖縄」は想定すらされていないからだ。

現代史へといたる沖縄史の歩みは、その自立的決定が悉く妨げつづけられてきた歴史であった。沖縄の土地と人びとを制圧し、管理・統制していくための手法や装置は、ときと目的に応じてさまざまであったが、沖縄に対する軍事的、政治的な利用、そして、教育文化的な支配は、これまで一貫して維持・存続されてきた。沖縄との権力的な関係構成を維持する側に結果として立ち、そこから得られる「特権」を享受しつづけてきた多数派日本人のひとりとしてのみずからの歴史的な立場を意識化するために、いかなる事象を扱おうとも、この基本認識だけは欠かせてはならないと筆者は考えつづけてきた。

もちろん、研究という行為は、本来的に、どのようなたぐいのものであれ政治的志向の内容を投影させるものではない。しかし、いかなる立場であっても、こうした権力的な関係構成から「自由」な立場は少なくとも無前提にはありえず、「周縁」とされてきた「沖縄」を論ずるその立場こそが歴史的にも、そして現在においてもきびしく問いつづけられている。このことが明晰に意識化されなければならない。筆者は、不断になされるべき、この意識化のために本書を構想した。

三　構成と内容

本書では、以下において敷衍される「教育権力」という分析視角に基づき、一九四五年から一九七〇年前後までのおよそ三十年間を対象時期として、沖縄支配の教育史的系譜をあきらかにすることが試みられている。本書は現代沖縄教育の制度的編年史ではない。このことを断っておきたい。本書において筆者は、以上で述べたモティーフに沿いながら、もっぱら日本の側の沖縄認識を問題史として読み解いている。

本書は、現代沖縄教育史の課題と方法を論じた第1章につづき、日本と沖縄の教育関係史にかかわる事象をおよそ時系列的に配置した第2章から第5章の合わせて五つの章から構成されている。

狭義の制度史的アプローチからすれば、この三十年間にわたる交錯した時代過程を同一の方法視角で分析することは少なくとも一般的ではない。日本の管轄・統治下から米国の施政権下へと移り、ただでさえ法制度がめまぐるしい変貌を遂げたこの時期の沖縄において、このことはとくにあてはまるだろう。

本書の掲げるテーマについての一般的な解釈からすれば、おそらく米国の占領・統治期における対沖縄教育政策の解明が本書の内容であろうと読者諸氏は看做されるのではないだろうか。権力を暴力装置としての国家権力として捉える狭義の理解に基づけば、こうした解釈がもっとも一般的である。だが、本書において筆者がとくに分析すべき素材として取り上げたのは、暴力装置としての国家権力そのものではない。国家としての米国の対沖縄教育政策に関する分析は本書における主たる対象ではない。

他方、現代沖縄における教育の法制度、内容といった、現代沖縄教育史に直結した歴史事象についても、とりわけ沖縄教職員会など、沖縄の教育関係者の動向にかかわる、いくつかの事象を除いていえば、本書における検討対象として主要には扱っていない。こうした本書の傾向は、本書の方法視角である教育権力の範疇が、ネガティヴにいうならば、米国による教育政策をふくめた、沖縄内部にあった制度的な教育権力関係を事実上は十分に包括できてはいないことを意味している。沖縄内部の地理的差異への視点がおよばなかったことについては、そのなかでも大きな欠落である。とはいえ、本書における筆者の意図は、「教育権力」を歴史相対的なものとしてではなく、あくまでも日本と沖縄との関係史のなかにおいてまずは見定め、捉え直そうとすることにある。このことをあらかじめ強調しておきたい。

本書において主要な分析対象としたのは、むしろ、狭義の国家権力には属さないと看做されるような事象である。具体的にいえば、国家権力に対する対抗勢力として一般にも位置付けられ、現代日本教育史において欠かすことのできない基軸を構成してきた日本教職員組合による教育研究運動を主な検討素材としている。この素材選択は、偶然の作用によるものではなく、本書の方法視角にかかわって目的意識的に行われたものである。なぜならば、「教育権力」は国家権力と必ずしも同義ではなく、相対的に独自な領域を占めるものとして筆者は捉えているからである。

たとえ国家権力と対抗する位置にあったとしても、学校や教師、言語や教科書といった、それ自体は権力的ではないはずの「近代」における制度やシステムが権力的な機能を果たすことがある。こうした意味における、いわば関係性としての「教育権力」が沖縄をいかにして支配しつづけてきたのか、このことに関する個別具体的な史的分析が本書の内容となっている。

補註（序文）

（1）以下における引証は、第十一回公演の台本とされた、『新沖縄文学』33号、沖縄タイムス社、一九七六年十月、二三七～二七一頁、収載分に基づく。なお、戯曲「人類館」は、沖縄文学全集編集委員会編『沖縄文学全集』第11巻　戯曲Ⅱ、国書刊行会、一九九四年、九六～一三〇頁、にも集録されている。両者には字句、表現、展開など若干の異同がある。なお、引用文のうち、台詞以外の記載はすべて原著作におけるト書きの部位にあたる。

（2）事件のあらましと分析について、たとえば、真栄平房昭「人類館事件――近代日本の民族問題と沖縄――」国際交流基金資料部編『国際交流』63号所収、一九九四年、二一一～二一五頁、など参照。

第1章　現代沖縄教育史の想像力
——課題と方法——

一　沖縄史像の再構成へ

わたしたちは、現代沖縄教育史をめぐって、なにがどのように記述され、記述されてこなかったのかの推移をまずは注意深く整理しなければならない。本章では教育史上の具体的な史実を交えつつ、現代沖縄教育史を記述するための前提とされる課題意識、研究史や方法的構成といった論点についての整理を行う。ここでの整理によって、これまでの研究に対して、本書がどのような特徴をもつものであるかが、おのずからあきらかになるであろう。

現代沖縄史に関する記述では、米国施政権下の沖縄において「祖国復帰」「日本復帰」「本土復帰」(以下、これらの用語について括弧を外す場合がある)が最優先課題とされることで、日本による沖縄支配の記憶を想起することが抑圧されてきたということが指摘されることがある。

たとえば、「沖縄問題」に関して、これまでにもっともよく知られた書籍のひとつに、中野好夫・新崎盛暉によって一九七六年に刊行された『沖縄戦後史』を挙げることができるが、同書では、この点に関して、

独立論的発想の前提であった歴史的「差別支配」の問題は、「差別支配」の具体的意味を検討することによってではなく、戦後生れかわった日本は戦前までの日本とはちがう、というかたちで簡単に清算されてしまった。沖縄が帰ろうとする祖国は（当時は母国という言葉のほうが多く使われている）、「差別支配」を強いた日本ではなく、平和憲法をもつ民主国家日本である、というわけであった。

と簡略に記述されている。(1) この記述にあるように、一九六〇年代を中心とする復帰運動下の沖縄では、「差別支配」の生々しい記憶が想起され、沖縄の自立・独立を訴えることが結果として米軍による沖縄統治の維持・継続に力を貸し、沖縄の軍事的自由使用を容認することにつながるものと捉えられていた。現代沖縄史において筆者がとくに着目すべきと考えるのは、あまりにも皮肉に満ち、前引した文章のくだりにおいては「復帰思想のアキレス腱」として呼ばれていたこうしたいきさつの具体的な歴史過程である。

筆者の課題意識にひきつけて換言すれば、復帰運動という歴史的な契機によって、思想的、政治的な立場の差異を超えて、日本と沖縄との関係史は、それを批判的に省察する余地を狭められ、あくま

でも「日本」史におけるひとつのトピックとして予定調和的にのみ捉えられてきた、ということである。この結果として、復帰運動自体を歴史的に対象化できないままの、いわば「復帰運動史観」による沖縄史記述が形成され、その影響は現在においても持続していると思われる。そこでは「復帰」の促進に整合的ではない歴史事象、意見、行動や思想は少なくとも正当に位置付けられてはこなかった。これまでの現代沖縄教育史研究についても、その例外ではありえなかったことについては以下で具体的に検討することになる。

物理的な時間の経過による記憶の不可逆的ともいえる風化作用に加えて、いわば政治的な選択に基づく記憶への人為的な加工が行われてきたことがこのことから蓋然的にではあれ指摘できる。その結果、日本に対する沖縄からの歴史的な怨嗟は、解き放たれることなく封印されつづけてきた。そして、この怨嗟の封印という記憶の加工は、復帰運動が高揚した米国施政権下の現代史に対してだけではなく、近代以降の沖縄史に対しても適用されてきた。つまり、少なくとも沖縄県設置（一八七九年）以後の日本と沖縄との近現代における関係史は、支配と抑圧、統制と管理といった、強権の発動に基づく、〈権力的カテゴリー〉というよりは、一国内的な矛盾と調整ともいうべき、いわば必然的な〈宿命的カテゴリー〉として変換して理解され、常識として看做されてきた傾向がきわめて強いのではないか。こうした傾向を批判的に捉え、近現代沖縄史を〈権力的カテゴリー〉として読み直す、いわば歴史記述の転轍作業が求められていると筆者は考えてきた。教育史という領域において筆者がめざしたいのは、この検証仮説への接近を通じて沖縄史像を再構成していくことである。(2)

それでは、〈権力的カテゴリー〉として沖縄近現代史を読み解くということでの仮説は、どのように具体的に検証できるのであろうか。もとより、これらふたつのカテゴリーは截然と機械的に区分できるものではない。たとえば、「近代」と「植民地主義」、「啓蒙」と「野蛮」といった対立項が逆説的にも不即不離のものとして生成され機能してきたように、ふたつのカテゴリーは、両者は不可分のものとして密接に絡み合いつづけてきたからだ。近現代沖縄史は、ふたつのカテゴリーをともに具備したものとして捉えられるべきものであるのかもしれない。ただ、このように人為的な加工を受けてきた近現代沖縄の歴史を解きほぐし、史実をひとつずつ丹念に見直すという基本姿勢を決して忘れてはならない。言説や史実の断片を都合よくつなぎ合わせる器用さではなく、歴史記述の転轍という課題意識からの史実の慎重な選択と配置がやはり必要不可欠である。

以下では、本章の主題である現代沖縄教育史の課題と方法を論じるための前提として、近現代沖縄史を〈権力的カテゴリー〉として読み直すための教育史上の事例をいくつか予備的に提示してみたい。まずは、一八九〇年代後半の小学校における言語疎通の実態にかかわる小学校教員の実践談を提示することから始めたい。

二　沖縄にとっての「近代」

沖縄近現代史を〈権力的カテゴリー〉として読み直すために、ここで歴史時期としては一八九〇年代後半、歴史事象としては小学校教員の実践談を事例として選択するのは、沖縄「近代」における教育の権力性をそこから明確に読み取ることができると思われるからである。この選択のもつ含意について、まず敷衍しておきたい。

一八七九年の沖縄県設置から十五年を経た、一八九〇年代後半には、「近代」教育が沖縄社会において、少なくとも制度的にはほぼ定着しつつあった。つまり、日清戦争終結以後の同時期は、初等教育の就学率が全国平均に近づくなど、比較的多くの沖縄人の人生経路において学校制度が無視できないだけの存在になりつつあった時期に相当している。このことから、一八九〇年代の後半という歴史時期は、沖縄教育史をひとつの制度として分析するうえでのもっとも初期の典型を示していると判断できる。とはいえ、教育制度の定着は、沖縄人によって「近代」教育が問題なく受容されていたということと決して同義ではない。この点については後述する。

次に、教育政策を担った側についてではなく、教室の実態にかかわる事例をあえて取り上げるのは、次のふたつの理由による。第一に、沖縄における「近代」教育とはいかなるものであったのかを、観念を通じてではなく教育政策の意図が現実に実践された現場から具体的に照らし返すことができるからである。第二に、教室での「日本語」による言語疎通にかかわる問題事象は、すでに終焉した過去完了形ではなく、現代史にまで継承されている現在進行形としてあるからである。この点についても後述することになる。

（1）言語疎通の実態

一八九〇年代後半にいたっても、沖縄の小学校教員にとってのもっとも大きな「困難」は依然として言語の疎通に関することであった。このことは、「日本人」「日本国民」としての自覚や天皇制イデオロギー、忠君愛国思想の注入などといった、いわば抽象的な支配的観念を教え込む以前の、いわば教室における素朴な「困難」としてあった。

もっとも初期の沖縄人教員（那覇出身）として教壇に立った浦崎永春は、小学校での自らの実体験をふまえながら、板書、発音、作文、修身等々にかかわる教育方法や技術について、詳細で具体的ないくつかの提言を行っている。(3) そのなかで浦崎は、

修身、其の他、読書等の事項を説明するに翻訳的説明のみにては興味もなく了解せしむことも能はず。故に場合によりては事実を挙げて説明する方よからむ。例へば、修身経巻二第十二課中に「みのるほどかしらはひくきいなほかな」なる文を二学年生に向ひ其儘、本県語に訳して幾回教ふるも、生徒は了解に苦むならむ。然れども少しく思慮せば、其の真意を了解せしむるを得ん。即ち、汝等稲を見しことありや、稲の穂、充分熟したるときは其穂は如何になるか未熟のときは如何等、順を逐ひて問答し、種々の現象を図書的に説明して目撃する恩あらしめば、彼等は容易に理解するを得ん。

として知識の具象化を意図した自らの教育経験を回想している。同記事において浦崎は、「学校内にありて日々使用する教室語ともいふべき語は普通語のみによりて談話する方、可ならむ」として、「普通語」こそが学校内において話されるべき規範言語＝「教室語」であると自らの考えを述べている。にもかかわらず、「普通語」はおろか、「本県語に訳し」た場合においてさえも、「生徒は了解に苦む」

という教室の現実があったと記述されている。ここで着目すべきなのは、「教室語」の建前にもかかわらず、「本県語」が使用されているという事実である。

「普通語」や「教室語」による言語の疎通困難という、教員にとっては看過できない問題を、教員たちはいったいどのように「解決」しようとしたのであろうか。

首里尋常高等小学校における修身の時間に関する次の実験授業の報告は、そのひとつの方法を示していると思われる。[4]

研究説話ノ注意書ニハ成ルベク本文ノ通リトアレド、一学年ノ生徒ハ未ダ普通語ニ熟通セザルガ故ニ、斯ル一條ノ談話ヲ普通語ニテ口説キテハ了解セシメ難キ事ドモ多カリシヲ以テ、悉ク方言ニ訳シテ話シタリ。又、内地ノ学童ナリセ（ママ）、次ノ談話ノ地名物名モ容易ナルモノナレモ、本県ノ学童ニハ縁遠キモノナリシヤハ記憶上何等ノ便ナシ。

すなわち、修身の題材についての「説話」を「本文ノ通リ」あるいは「普通語」によってではなく、「方言ニ訳シテ」[5]行うというものである。しかも、部分的ではなく、「悉ク」の訳を行っていたことがとくに注目される。

このような報告は、一部に限定されるような少数の例外ではなかったと思われる。たとえば、置県直後の一八八一年に八重山郡石垣南小学校に赴任した奥田恕（広島県出身）は、県にとって焦眉の課題であった就学の勧誘と奨励に取り組むとともに、政策上の意図に反して「同郡地方言語」を学校教

育に取り入れざるをえない状況にあった。そのときの状況は、当人の死後、後年になって以下のように回想されている。(6)

明治十四年、本県師範学校雇教員を拝命し、同年十一月、本県訓導に任ぜられ、同郡石垣南小学校在勤を命ぜらるる。当時、本島は未だ小学校の設けなく、普通語を解し得る者一人だもあらざりき。之に加ふるに県下一般に漢学を重むじて、小学校普通教育を忌むの風あり。同郡に赴任の後、直ちに仮校舎を設け、普通学を教授せむと為せしも、之に応じて就学する者、甚だ少し。是時に当りて、〔……〕自ら同郡地方言語を学び、以て教授の便を図り、或は父兄を奨励勧化し〔……〕

この場合の「教授の便を図」るうえでの「地方言語」の取り入れが具体的にどのような実践であったのかまではあきらかにできないものの、「地方言語」を取り入れるこうした方策は決して例外とはいえないものであった。やや時代を下って、同様の現象と思われるもうひとつの実例をつづけてみてみよう。

一八九七年三月に長崎県で開催された九州沖縄八県教育大会において、那覇高等小学校長の衛藤助治は、沖縄の教育状況に関する「演説」を行っている。そのなかで教室における言語の疎通実態に関して、以下のように自らの実践を述べていることが注目される。(7)

小学校生徒は、就学したる一、二年間、言語の訛り、内地人と異なるを以て、教授の方法も、亦自ら異なれり。〔……〕小学校に於て、生徒を説諭する場合には、普通日本語、即ち上方の語を用ひずして、彼等が常に使用せる沖縄語、即ち、日本古代の語を用ふれば、随分彼等を感泣せしむることあれども、徒に普通日本語にては、なかなか此所至り難し。是亦、注意すべき事なり。

以上のいくつかの実例から看取できるように、少なくとも小学校においては、高等科でさえ「日本語」だけによる一方的な教育活動には相当な限界が認識されており、教員がなんらかの形態で「沖縄語」を活用せざるをえないような実態があったと考えられる。

こうした教室の実態は、教員とは逆の視点となる、同時期における沖縄人児童の回想からも垣間みることができる。

一八九六年四月、自身も就学を強く「忌避」していたものの、眞栄城かめ（当時「十三」歳）は、「女子の学校入学は世間の物笑ひ草」という状況でありながら就学させられることとなった。当時の学校や教室内での模様について、以下のような注目すべき回想をのちに残している。(8)

幸か不幸か知らないけれども兄が教職に居ります関係上、入学を厳しく云ひつけられたのであります。考へますれば背丈五尺近くもありますし、又八つ位の子供と一緒に勉強するかと思へば、実に悲痛な思ひがしてなりませんでした。世間の物笑を覚悟致しまして、兄の命に従ふより道はなかつたのであります。四月一日入学式。ワタヂンに皮緒下駄、頭には二本の簪を装して兄に連れられて内心不安と恐懼で登校致しました。然し意外にも私より大きい者が二、三名居りますので幾分か安心しました。同級生は、八ツ九ツ、十三、十四の違つた二十五、六名の生徒で一学級をつくつて勝間先生の教を受けることになりました。〔……〕時々は試験がありましたがそれも幼稚だつたと思ひます。読方の試験に先生が一人一人呼んで、「向ふに人が座つて居ります」、これを方言で解釈せよ、「アヌ、キインカイ、トウイヌトウマト、ウヤビン」を普通語で言へ、和訳、琉訳の試問でありました。

かぎられた例にすぎないのではあるが、以上で掲げた例にみるかぎりでは、一八九〇年代後半の沖縄における小学校教育の実態として、「教室語」とされた「普通語」が政策の意図どおりに浸透していたのかについては疑問の余地がある。むしろ、少なくとも小学校においては「普通語」だけが、政策の意図どおりに強圧的に使用されていたとは考えにくい。制度的な「安定」とは裏腹に、この時期の沖縄の小学校教員が「普通語」だけによって教育を実践することは、必ずしも容易なものではなかったと捉えられるべきである。

(2) 権力としての教育

一八九〇年代後半の小学校段階における言語疎通にかかわる以上の事例検証から、次の点を導き出すことができるだろう。おそらく方法として多様ではあったものの、少なくとも沖縄語と「普通語」を便宜上、使い分けて使用していたのが、同時期の沖縄における多くの教室の実態ではなかったかということである。[9] もとより、学校段階や就学／非就学による差異、[10] さらにいえば沖縄内部の地域による差異は存在するであろうが、ここでの検証から、少なくとも次のことを展望できると思われる。すなわち、近代沖縄の学校においては、「普通語」「教室語」の強制＝沖縄語の排除が行われていたとする捉え方は、教育実態についての具体的な検証を欠いた、過度の単純化ではないかということである。

たしかに置県以後の沖縄における教育においては、あくまで「普通語」「教室語」を強制し、沖縄語を使用させないという、言語的な「同化」政策が意図されていたことは事実である。近代以降の沖縄人にとって学ぶべき「規範」とされたのは「日本語」であって、決して沖縄語ではありえなかった。しかし、そうした政策レベルの意図が教員の実践レベルにおいて直接的に採択され、実際に遂行されていたとは考えにくい。教育政策と教育実践との不整合というこうした事態は、一般論としては必ずしも珍しいことではない。だが、ここで重要なのは、沖縄史という個性に即してこの事態をどのように分析できるのか、ということである。

この分析にあたって、まず確認されるべきなのは、沖縄教育における「近代」とは、島々に広がる言語や文化を、当然のように「改善」「矯正」されるべき事象として原則的に認識しつづけてきた歴史であったということである。[11] 近代沖縄において構築された教育制度や学校組織・体系は、出身身分や階層、学校段階、地域などといった局面における相対的な差異はあるものの、あえて集約していえば、沖縄人に対して本質的に疎遠なものとして設置され、逆説的にも疎遠であることによって、沖縄人の「自発的」参画を吸収し、沖縄統治の要として機能してきた。求められるべき価値基準は日本の側にこそあり、沖縄の島々の言語や文化はその基準との傾斜的関係においてのみ位置付けられ、必要なかぎりにおいて「利用」されてきたのである。

ここで重要なのは、日本人であるか沖縄人であるかという区分ではなく、「近代」的制度としての教育やそこでの教員の果たす機能である。すなわち、日本人教員が本質的に権力的であったわけではない。「近代」的な制度としての学校というシステム内部での役割を担うかぎりにおいては、沖縄人であるか否かを問わず、権力的な機能を果たすということである。

このことをふまえたうえでいえば、さきにみた一八九〇年代に生じた教員にとっての言語疎通上の「困難」は、沖縄人にとっての「近代」教育の圧倒的な疎遠さを浮き彫りにしているものとして分析できるのではないか。つまり、教員にとっての教室での「困難」とは、沖縄人からみれば、支配と抑圧の権力的な教育経験を意味していたことになる。沖縄教育史における「差別支配」とは、教育の制度や政策にかぎらず、「近代」学校の日常に深く根ざすものではなかったろうか。

そして、ここでさらに重要なことがある。それは、沖縄「近代」のもつこうした教育の権力性が沖縄の現代史においても依然として持続していたということである。以下、これまでの事例の検証を受けてこの問題に立ち入る。

(3) 再現する「近代」

「矯正」の教育実践

ここでも教育史上の具体的な事例を挙げることから始めてみたい。一九五五年十二月十八日(朝刊)『沖縄タイムス』には、「まず教師の発音直せ」と題された次の記事が掲載されている。

教師が教壇の悩みを持ち寄って合□研究する教育研究大会が、十七日朝十時から知念と辺土名の両地区で開かれた。知念は与那原中学校で、地区内三百の教師たちが集って「基礎学力の指導をどうするか」熱心に検討したが、都市と違って同地区は純農村が多いだけに国語、算数の指導点や人間関係の態度育成に力を注いでいる。

国語〔……〕調べによると一般に頻度の高い字程、正答率が高くなっている。発音の不明瞭をなおせば自然に読み誤りは少なくなってくるのではないか。又、読み誤りも教師の発音の不明瞭さで子供がそう聞こえて読み違えているのではないか。注意しなければならない点だと思われる。

この記事は、沖縄において一九五六年一月に開催された沖縄教職員会主催の第二回教研大会を構成している、知念・辺土名の教員による地区教育研究大会の模様を報じたものと推測できる。この記事から読み取れるのは、沖縄人教員の言語運用のあり方から、「矯正」としての教育が作動していたということである。つまり、本来は子どもたちを「矯正」する主体となるべき教員たちでさえ、「矯正」されるべき対象として看做されていた。もとより個別的な実践報告を一般的な傾向として看做すことは軽率である。とはいえ、のちに第2章においてもその一端をみるように、一九五〇年前後から一九六〇年代半ばにいたるまでのおよそ十五年間には、とりわけ沖縄の子どもたちに対する「日本語」教育や「日本国民」意識のための教育運動が、現代沖縄史においてもっとも顕著に展開されていた時期に相当することは不十分とはいえ残された史資料から検証可能である(12)。同時期における復帰運動を牽引すると同時に、そうした教育運動の組織主体となっていたのが沖縄教職員会であった。

沖縄教職員会は、第3章でみるように、一九五三年に高知で開催された日教組の第二回教育研究全国大会への沖縄代表者の出席を契機として、一九五五年一月十七日から三日間、全沖縄教育研究大会を初めて開催した。これ以後、前掲した事例にみるような地区ごとの大会を積み上げて、全沖縄的な教研大会がほぼ年に一度開催されている。この教研大会は、沖縄教職員会と文教局、琉球大学との緊密な連携によって運営されていた点で特徴的である。

沖縄教職員会がそうであったように、教研活動の内容は復帰運動と不即不離の関係にあった。米国の施政権下にある沖縄において「日本国民」としての意識を子どもたちにいかに教育するかということが教研の主要課題とされていたのである。そのために子どもたちへの「標準語」や「日の丸」「君が代」の浸透を増進させることが沖縄における初期の教研での欠かすことのできない一大テーマであった。そのうちから、いくつかの特徴的な事例をさらに挙げてみよう。

[「不正語」の摘発]

一九五五年に開催された第一回全沖縄教育研究大会の分科会における、「言語生活の実態調査」(知念地区)、「言語生活の実態と事業成績の関係について」(那覇地区)、「児童生徒の言語指導について」(前原地区)などの報告では、「不正語の調査」「誤語調査」「不正発音」といった言語使用に関する各地区での「実態調査」が提示されている。[13]

このうち知念地区での「不正語の調査」においては、たとえば、「不正語」として「ガチマヤー」

「てーげーぐわー」「なんくる」などの沖縄語が、おのおのの「正語」とされる「くいしんぼう」「いいかげん」「自然に。ひとりでに」と併記して示されている。また、同調査では、たとえば、「あの人はきないよ」（あの人はこないよ）にあるように、「標準語」との混用などについても「不正語」として提示されている。教研におけるこうした「実態調査」は、言語使用にかぎられず、以下でも示す「日の丸」「君が代」の浸透状況や「日本人」であるか否かといった自己認識に関してまでも同様に実施されている。

次章以降の考察に先行して指摘しておくならば、沖縄における復帰運動とはたんに政治的な帰属を決するための契機であっただけではなく、こうした教育や言語文化をも総合的に動員した、いわば「国民化」のための一大プロジェクトであった。

「「正しい日本国民の育成」」

一九六三年一月に開催された第九次教研から設置されることになった「国民教育」分科は、このプロジェクトにおける「国民化」の傾向を文字どおり示すものである。ここでも具体的な事例をつづけてみてみたい。

一九六六年一月に開催の第十二次教研での「国民教育」分科に提出された「正しい日本国民の育成」（名護地区）と題された報告では、同地区における「日の丸」と「君が代」の「指導」に関する以下のような「実践報告」が列記されている。(14) まず「日の丸」については、

イ　学校行事のときは常に「日の丸」を掲げ、自国のシンボルである「日の丸」を心から大切にし、敬意を表する様に指導している。

ロ　礼祭の前日には校長の説話及び学級においてその意義を理解させ、国旗掲揚を特に督励している。

ハ　学校行事や儀式を通して敬意の表し方も指導する。

ニ　「日の丸」の小旗（紙製）の取り扱いには特に意を用い、前後の処置の仕方まで綿密に指導している。

ホ　児童生徒のいる家庭は掲げているが、いない家庭は掲げていないことが多いので区長や役所を通じて呼びかけている。

といった実例が挙げられる。つづくくだりに示されているように、「〔……〕沖縄県民にとって『日の丸』は教育のシンボルであり、自由のシンボル、復帰のシンボル、そして抵抗のシンボル」と看做され、沖縄における「国民教育」を促進するための教育実践において特段に重要視されていたことがわかる。

一方、「君が代」についていえば、「新生国家の国歌としては歌詞の上から見ると不適当ではないかと思うが、日本にふさわしいものが生まれるまでは今のものを使用すべき〔……〕」などとする但し書きが付されてはいるものの、たとえば、以下にみるような「国民教育」の「指導」の実例が掲げられている。

イ　天皇を象徴するものでなく国家を象徴するものだとの考え方に立って「君が代」の歴史的な背景などをよく理解させるよう指導している。

ロ　愛国心を培い、民族意識を高揚させることをねらいとして指導している。

ハ　中学校の音楽の教科書にも「君が代」がのっているので、進んで音楽の授業にも取り入れて指導している。

ニ　本土における「君が代」論争とは異質の立場で指導している。

ホ　「君が代」は学校で祝祭日にうたわせて国歌に対する崇高な気持ちと日本人としての誇りを持つように指導している。

ヘ　「君が代」を歌う時の姿勢は、特に留意すべきで「気をつけ」の姿勢で歌わしている。

もとより、この場合の「国民教育」とは、「日の丸」や「君が代」の教育実践を重視しているとはいえ、教研での発言に即していえば「戦前のあやまった国家主義教育、軍国主義教育、天皇中心主義教育のあやまちの反省から起こってきたものであった」(15)。このことは議論における所与の前提であった。少なくとも「国民教育」の実践に心を砕き、携わっていた沖縄教職員会に集う教員個々の主観や意図においてはそのように認識されていたことはたしかであろう。次章以降においてその社会的背景を論じることになるが、こうして沖縄の教育関係者は、政治的な立場を超えて、「差別支配」の象徴であったはずの「日の丸」「君が代」を復帰運動の象徴として読み替えていたのであった。

「日の丸」「君が代」の再認識

しかし、この読み替えは、日本の沖縄への「差別支配」の歴史的な刻印が深ければ深いだけ、そして沖縄戦の記憶が重ければ重いだけ容易なものではなかった。たとえば、「君が代」について、筆者の調査の範囲では、一九五八年十月に糸満で開催された沖縄教職員会の全島青年部長会で「反対意見」が出されていたことが比較的早い事例として挙げられる。[16] また、一九五九年度の運動方針案をめぐって、沖縄教職員会那覇地区青年部では「『君が代』斉唱の是非を中心に研究や討論」がもたれたことが確認できる。[17] ただ、これらの事例はあくまで単独先行的なものであったと思われる。「国民教育」の実践として「日の丸」や「君が代」を「指導」することに対する「反対意見」や違和感が、教研の場で公的にも顕在化し始めるのは、討議の推移をみるかぎり、私見では早くとも一九六〇年代後半以降のことである。

一方、交流を深めていた日教組においても、一九六〇年代半ば以降には沖縄での「日の丸」「君が代」の取り扱い方に関する違和感が一部で表明されていた。たとえば、一九六七年十二月に日教組青年部沖縄交流代表団の一員として沖縄を訪問した菊池嘉継（宮崎県教組）は、沖縄での交流会席上の「一抹の不安をおぼえ」たやりとりを以下のように述べている。[18]

わたしの「日の丸」に対する考え方を話した時のことです。沖縄のほとんどの教師はけげんそうな顔をされました。沖縄の教師は運動会等の学校行事に「日の丸」を掲げ、平和行進の時に

「日の丸」を先頭に行進することが、それをやってはならぬという米民政府に対するきびしい抵抗運動であったそうですから、それはあるいは当然といえるかもしれません。沖縄では「日の丸」を掲げ、「日の丸」をふることによって「日本民族の一員としてのあかし」を自らの中に見いだす手段としてきたし、子どもたちにも「日本民族としての意識」を育てるものだとして「日の丸」を子どもたちの心にうえつけることに、力を注いだというわけです。ですから、わたしが、現在本土では教育のゆがめられた動向とともに「日の丸」は反動のシンボルとして、本土の反動勢力は「日の丸」を軍国主義的愛国心をうえつける思想攻撃として使っている。〔……〕だから日教組は学校教育の中から、「日の丸」「君が代」を排除するためにたたかうのですと話しても、教育の中央集権化・軍国主義化反対闘争はわかるが、「日の丸」を排除するのは理解できないと（沖縄の教師から――引用者）反論され、「日の丸」はやはり日本のしるしだと強調されたのです。

一九六〇年代後半から生起しつつあった、ナショナルなシンボルに対する沖縄での認識や意見の変化には、日米両国間の「沖縄返還交渉」が両国の軍事同盟を再編強化するかぎりでの既定路線として定まりつつあったことが背景としてある。沖縄にある米軍基地がベトナム戦争の前進基地として活用されるという戦時体制下において、こうした既定路線をどのように受け止めるかということについての政治的立場のちがいが沖縄内部で鮮明になっていたのだ。

この沖縄内部の政治的立場の差異は、沖縄の教育関係者においては、教職員の政治的行為の制限などを定めた「教公二法」（地方教育区公務員法、教育公務員特例法）の立法化をめぐる対立として、とりわけ一九六〇年代半ばから決定的なものとなっていたことは広く知られている。文教局など行政側との良好な関係をそれまで保持しつづけていた沖縄教職員会は、教育の統制を「本土並み」にしようとしていた沖縄内部の「保守」との対決姿勢を徐々に強めていた。

この対立は当然にも沖縄における教研の内容にもち込まれ、以前には「シンボル」として扱われていた「日の丸」「君が代」について、たとえば、一九六九年十二月に開催された第十六次教研「国民教育」分科では、

> 沖縄がかかげた日の丸、それは反戦平和、異民族支配反対、祖国復帰のシンボルであった。それを逆に利用して、軍国主義復活、自衛隊の日本国軍隊への脱皮の突破口にしようとしている。(19)
>
> 「日の丸」「君が代」が日米独占支配者階級による国民操作の手段として教育反動化のシンボルであることを正しく見抜くことが出来なかったということは、我々の分会が十分な討議と学習が欠けていたことも大きく原因し〔……〕(20)

といった批判的な発言がみられた。一九六〇年代半ば以降のこうした変化は、沖縄教職員会が一九五〇年代にもっとも力を注ぎ、その早期実施を渇仰していた、日本の教育関係者との交流事業の根本的な見直しにまで波及していた。次章で検証する、「教育指導委員制度」はそのひとつである。同指導委員について、一九六九年一月の第十五次教研「国民教育」分科では、「権力の手先となってやって

きて『指導要領は法的拘束力をもつ』などという」として、「一切の文部省派遣の講師、指導員制度を廃止するようにもっていく」[21]ことが提案されている。

沖縄の教育関係者にとって、かつて理想とされていた「日本」の教育制度は、こうして批判されるべき対象として対極的な変貌を遂げることとなった。この変貌を象徴的に示すひとつの史料をここで提示しておきたい。それは、沖縄の施政権返還に伴う法規的な特別措置を日本政府に訴えるために、琉球政府が集約した『復帰措置に関する建議書』（一九七一年十一月）である。

「沖縄国会」とも称された第六七臨時国会会期中の一九七一年十一月十七日、衆議院の「沖縄返還協定に関する特別委員会」において自民党が返還協定を強行採決したため、同建議書は現実に活用されることはなかった。だが、同建議書では、たとえば、教育委員会制度に関して、以下のようなきわめて象徴的な要求を行っていた。「〔……〕本土において、現行教育制度の非をあらため、沖縄の祖国復帰を機として本土法も沖縄と同様な制度（教育区教育委員会委員の直接公選制など――引用者）に改正されるよう要求する」[22]。

この他にも同建議書では、地方公務員法および教育公務員特例法の沖縄への適用による教師の権利への侵害を排除するといった要求が提示されている。この背景には、沖縄では公立学校教職員であっても労働三権が保障されていたこと、勤務評定については実施の法的根拠がなかったことなどがあった。このように、教育制度においては「日本」の国内法を「返還」に際して沖縄に直接適用するのではなく、むしろ沖縄の現行制度を活用すべきことが琉球政府において具体的に構想されていたのである。

以上で事例として採り上げたふたつの歴史時期、一八九〇年代後半と一九五〇年代以降とは、およそ半世紀以上もの時差をもつ。したがって、両者は制度的背景や沖縄をめぐる歴史状況において質を異にしており、単純に比較することはできない。だが、かぎられた事象とはいえ、以上においていくつかの象徴的事例を素材に検証を試みたように、沖縄における「矯正」としての「近代」教育は、沖縄戦とともに終焉したのではなかった。むしろ、沖縄現代史において再現していたといえる。このように沖縄教育における「近代」は、意匠を変えつつも、沖縄支配のための権力装置として持続的に機能してきたのではないだろうか。再現した教育における「近代」を現代沖縄教育史研究は、はたしてどのような方法意識に基づいて描き出すことができるのであろうか。

（4）現代沖縄教育史研究の課題

琉球芸能組踊の発生について論じた「琉球作戯の鼻祖玉城朝薫年譜――組踊の発生――」において、沖縄における「言語破産」の実情を伊波普猷が嘆じたのは、一九二八年の時点であった。伊波は「四十年前には、日本語が話せるといふことは、英語が話せるといふ位に誇りであつたが、国語教育の普及した今日では、琉球語を繰るのが、むしろ恥辱と思はれるまでに世相が変り、今ではどんな寒村僻地にいつても、標準語の通じない所はない」と述べたうえで、次のように指摘していた。

幾世代の間、伝承によつて学び得た吾等の琉球語は、既にその「言霊」を失つた。言語学者は、南島に於いて言語破産の適例を見ることが出来よう。なるほど南島人は日本語を操つてはゐる。だが、それは破産した家の子供達が、借金で生活してゐるやうなものである。自己を表現すべき自分自身の言語を失ひつつある彼等は、この借り物を使ひこなすまでに、恐らくその年齢と精力とを空しく消費して了ふだらう。(23)

「近代」の教育とは沖縄人にとっていかなる性質をもつものであったのかを考察するとき、伊波普猷のこのことばは、とりわけ切実な響きをもつ。というのは、沖縄県が設置された一八七九年から制度化されてきた教育制度の「成果」の一端が、およそ半世紀を経た時点で皮肉にも沖縄の知識人自らによって悲哀を込めて表現されているからだ。一方では、「琉球処分」の歴史的意味を「琉球処分の結果所謂琉球王国は滅亡したが、琉球民族は日本帝国の中に這入つて復活した」(24)として論じていた伊波が、他方では「琉球処分」がもたらした「言語破産」を嘆じている。この矛盾とアイロニーを、沖縄教育史研究はどのように受け止められるであろうか。

これまでいくつかの具体例に即してみてきたように、自らの言語を奪われるという沖縄人の被ったこの「近代」の悲哀は、ときを経た沖縄の現代史において修復されたわけではなかった。むしろ、悲哀はさらに深化し、屈折していたというべきである。

現代沖縄教育史を解きあかすうえでの課題とは、過ぎ去りゆく切り取られた時空間としての「現代」をたんに復元することにあるのではなく、「現代」のなかに持続している沖縄教育における「近代」を鋭く読み取ることにあるのではないか。教育史的想像力の構築という現代沖縄教育史の根本的ともいえる課題を、筆者はこのように素描しておきたい。

一般に教育史における「沖縄差別」とは、沖縄において第二次世界大戦以前に高等教育機関が設置されなかったことなどとして、これまでに精粗を問わず繰り返し指摘されてきた。しかし、こうした指摘は、繰り返し指摘されることで、「沖縄差別」の解明を妨げる機能を果たしてきたと思われる。つまり、こうした指摘だけが通説化し、あるいは通俗化することで、「沖縄差別」の原因と個々の事例に即した具体的内実の緻密な検証は先送りにされてきたのではないだろうか。これまでの沖縄教育史研究において「沖縄差別」は、日本と沖縄との関係史のなかでの解明されるべき〈対象〉としてではなく、第二次世界大戦以前の軍国主義教育、天皇制教育を批判するためのひとつの〈素材〉として、いわば利用主義的に扱われてきたのではないか。

仮定に基づいて、以下のように換言することも可能であろう。もし、教育における「沖縄差別」の原因を軍国主義教育、天皇制教育から生み出されてきた、国家権力に起因するものと認識するならば、たとえば、沖縄の地域言語の「矯正」という行為が、「戦後」という時期において、国家権力による強制からではなく、「教育運動」の側から「自発的」に組織化されたことをどのように説明できるであろうか。同様にいえば、戦後の教育の場における「日の丸」の掲揚は、「民主的」な教育運動によって組織化されるならば、国家による強制とは異なる、肯定的な意味合いをもちうると強弁することができるのであろうか。あるいは、国家権力による「矯正」は間違ったもので、教育運動による「指導」は正しいと看做す正当性はどこにあるのであろうか。

ここで改めて問うてみたい。本章においてこれまでみてきた沖縄現代史における教育史上の諸事実は、近代以降の沖縄人の記憶において、「近代化」の過程で生み出される、忍従しなければならない〈宿命的カテゴリー〉としてのみ捉えられてきたとはたしていえるのであろうか。繰り返し確認することになるが、これまでの沖縄教育史研究は、ここでいう〈宿命的カテゴリー〉としてこれらの教育史的事実を叙述し、理解しようとしてきた。現代沖縄教育史研究に託された課題は、沖縄教育史に関するこのような従来の理解の様式を、イデオロギー的にではなく、具体的な史実に基づくことによって批判し、それに対して軌道修正を迫ることにある。この場合においてまずもって最低限必要とされるのは次の作業である。すなわち、権力的な教育経験についての沖縄人の記憶が、誰によって、そして、どのような歴史過程を経て抑圧され、封印されてきたのかを丹念に検証していくことである。

以上の意味における記憶の人為的加工は、国家による教育政策とは異なった領域に属するものでありながら、教育政策を補完し、下支えするものとして機能しつづけてきた。それらは、形態を変えつつも、教育権力として今日にいたるも存続してきたのではないか。現代沖縄史を舞台とした権力的な教育の形成と展開の過程を具体的に実証することが求められているのである。

三　研究史

現代沖縄教育史に関するこれまでの研究の経緯と特徴について、簡略ながらもその概括と整理をしておきたい。この作業によって、研究史上における本書の位置がおのずからあきらかになるであろう。

現代沖縄教育史に関連した研究の行程を体系的に隈なく網羅することは、膨大な作業となる。そのため以下では教育史を主題としたもののうちで、代表的と思われる研究に対象を限定して整理を試みることとしたい。なお、各章の課題に関連した、個別事象的な先行研究については、本文中で逐一考察を加える。

（1）現代日本教育史研究における沖縄

まずは、現代日本教育史に関するこれまでの研究において、現代沖縄教育史がどのように位置付けられてきたのかをみておきたい。

ここではその体系的な検討は望むべくもないが、たとえば、占領期の教育改革に関する精細な研究として、久保義三『対日占領政策と戦後教育改革』三省堂、一九八四年、久保義三『占領と神話教育』青木書店、一九八八年、鈴木栄一『日本占領と教育改革』勁草書房、一九八三年、などをその事例として挙げることができよう。これらは、視点や素材を異にしつつも、現代「日本」における教育の制度や政策、内容がどのような歴史的経緯を経て形成されてきたのかを一次史料に立ち入り実証的にあきらかにしているという特徴をもつ。教育行財政制度、教員養成および研修制度などに関する他の研究についても、わたしたちは同様の特徴をみることができる。

本書の課題意識からみた場合、これら諸研究の骨格が、米軍政下にあった沖縄を切り離すことで成立していることは否めないと思われる。もちろん、占領・統治の制度的枠組自体が両者において大きく異なるものであり、さらにいえば、これを反映した史資料の制約という条件があることは事実である。しかし、現代「日本」教育史という範疇に、沖縄が欠落してきた理由を、はたしてこのような外在的条件にのみ求めることができるであろうか。

このことに関する本格的な考察はここでの役割を超える。ただ、一九四五年から一九五〇年代初頭にいたる、占領期教育史を分析するうえで、同時期の沖縄との関連の視点はやはり重要である。なぜならば、一般に非軍事化と民主化をめざしたとされる占領期日本の教育改革は、事実上の軍事化と非民主化を推し進めていた米国による沖縄の占領・統治と同時並行的に形成されてきたからである。(25)

これまでの研究の問題は、沖縄への視点を欠落させていたというだけではない。現代日本教育史研究における沖縄への視点そのものにかかわっての問題を併せて指摘しておく必要がある。

たとえば、宗像誠也編『日本の教育』毎日新聞社、一九五七年、は同時期の沖縄における教育の状態に着目した比較的早い例として注目される(二九〇〜三〇三頁、大槻健執筆)。同著において一貫しているのは、「日本の現実を集約的にうつし出」(二九一頁)すための「日本としての沖縄」という前提である。このような前提は、決して同著にのみ特有のものではない。ひとつの例をさらに挙げるなら、山住正己・堀尾輝久編、海後宗臣監修『教育理念』(戦後日本の教育改革　第二巻)東京大学出版会、一九七六年、は、沖縄戦終結前後の沖縄におけるいくつかの自主的教育活動についての叙述に冒頭の一節を充てている。(26)それは「戦後教育改革につながる理念の原型」(一三頁)を沖縄でのそうした教育活動から読み取ろうとする意図からであった。こうした意図は、現実にはそれが可変的であったにもかかわらず、境界領域としての「日本」を超歴史的で揺るがないものとして看做すがゆえに、「日本としての沖縄」という理解の様式がもつ歴史性と政治性を問い直すだけの契機を欠いているといわねばならない。ここでの個別的な例証は避けるが、方法視角や立場を問わず、「日本としての沖縄」という前提にたって叙述された現代日本教育史研究は少なくない。いわば官側の通史的な叙述である、文部省『学制百年史』（記述編）帝国地方行政学会、一九七二年、一〇四一〜一〇四六頁、からも、わたしたちは同様の問題を見出すことができる。次章以降において具体的に検証することになるが、この「日本としての沖縄」という理解の様式は、現代沖縄の教育の場において無視できないだけの権力的な機能を果たしつづけてきた。

現代日本教育史研究の問題点を以上のように確認したうえで、次に本書の主題である現代沖縄教育史に関する研究に目を転じてみよう。ここでは一九七二年五月十五日の復帰の前後にいたるまでに発表されたものとそれ以後に発表されたものに大きく区分した整理を試みる。

（2） 現代沖縄教育史に関する研究

［復帰の前後まで］

現代沖縄教育史を簡便に記述した先例(27)はあるものの、まず、研究史において質量ともに主要な位置を占めるのは、上沼八郎による研究である。上沼は、本書において検討対象とする、現代沖縄教育史のほぼ同時代的な歴史記述として、『戦後沖縄教育小史――教育民立法成立の過程――』南方同胞援護会、一九六二年、つづいて、『沖縄教育論――祖国復帰と教育問題――』南方同胞援護会、一九六六年、などを著した(28)。上沼によるこれらの沖縄教育史に関する一連の研究は、戦後の教育学において先駆的な業績として位置付けられる。

戦後もっとも早い時期に着手された研究である前著において上沼は、立法院の議事録などを主要な素材としつつ、沖縄戦時下から一九五八年の「教育四法」民立法化へといたる、現代沖縄教育の史的展開の過程を描出している。また後著において上沼は、前著を継承・発展させ、沖縄教職員会による諸活動を中心（「はしがき」において上沼自身同著を「教職員会の小史」ともいえると記している）とした、一九六〇年代半ばまでの復帰運動の史的過程を叙述している。沖縄教職員会と日教組運動との関係史や沖縄教職員会による「国民教育運動」の展開に関する分析など、後著が先駆的に開拓した史的領域、素材は現在においても意義深い。

後著における次のいくつかの指摘からは、同時代に進行していた復帰運動に関する上沼の立場を読み取ることができるであろう。「歴史が螺旋状の発展の軌跡を描くとすれば、沖縄は、日本民族の祖系を基調として、地方性を『両属性』という特殊な形式で示したものと解されよう。おそらく、この基調を骨組みとして、祖国復帰への『回帰』がなされる〔……〕。自給自足が不可能だからとか、独立精神に乏しいからというのではなく、復帰はおのずからなる回帰として、その選択の契機は伝統の中に播種されている――私はこのようにその歴史をみている」「私は、教育復権の道、即ち祖国復帰の道にわき眼もふらず突き進んだ教師たちの選択は正しく、したがって、沖縄教職員会の勇気と努力は賞賛されるべきであると思う」（以上、十八頁、一六六頁）。

ここでの抜粋からも明白なように、これらの上沼による現代沖縄教育史分析は、復帰運動を推し進めるという政治的な選択を堅持する立場からのものであると特徴付けられる。たとえば、上沼による現代沖縄教育史分析では、「民族的な抵抗精神」（後著五頁、以下同）「ア・プリオリの『民族的つながり』」（二三二頁）「民族の同質性」（一六六頁）などといった、実証的分析とは相容れない術語が復帰運動を肯定・促進するために使用される傾向にあることは否めない事実である。この点については上沼自身が「この報告書が客観的分析の手法よりも、その基調を多分に主情的投入によってぬりあげている〔……〕」と記していることに端的に現れている（一六五頁）。このかぎりでいうならば、現代沖縄史に関する上沼の視点は、復帰運動に寄り添うかぎりの限界性をもつものであったという評価が妥当であろう。この限界性を、いわば後知恵としてではなく、具体的な教育史分析としてどのように乗り越えることができるかが、現在においても依然として問われている。

復帰運動を推し進めるという政治的立場についていえば、同時期の森田俊男の研究において、さらに顕在的、直接的に表現されている。現代沖縄教育史に関する森田の研究には、『アメリカの沖縄教育政策』明治図書、一九六六年、『沖縄問題と国民教育の創造』明治図書、一九六七年、『国民教育の課題――民族の民主的形成と変革――』明治図書、一九六九年、『安保教育体制と沖縄問題』明治図書、一九七〇年、などが挙げられる。日教組によって一九五七年に創設された国民教育研究所に在籍していた森田の立論は、日教組に象徴される、戦後の教育運動における沖縄認識と軌を一にしていると捉えてよい。その特徴を集約していえば、「国民教育論」の立場から、国外的には対米従属論への、国内的には民主教育のためのイデオロギー的な批評を強調していた点にあるといえよう。たとえば、小川太郎「沖縄をめぐる教育の問題」『文化評論』No・130所収、日本共産党中央委員会、一九七二年六月、などの復帰運動と沖縄教育にかかわって量産されていた寸評は、こうした特徴を基本的に共有している。(29)この点についての具体的な検討は、とくに本書、第3章以降での日教組の沖縄認識に関する考察に譲ることとしたい。

一方、一九七二年五月十五日に前後して刊行された研究としては、広島大学沖縄教育研究会編『沖縄の本土復帰と教育』葵書房、一九七一年、沖原豊『沖縄の教育』第一法規、一九七二年、などが挙げられる。このうち後著における「研究の目的」は次のように記されている。「沖縄の教育は、戦争による壊滅的な打撃を受け、戦後二十数年間の日・米・琉政府、教育関係者、住民の懸命の努力にもかかわらず、教育水準や教育条件の面において、本土との間に大きな格差が認められる。また、教育制度の面では、教育委員会制度、国費・自費沖縄学生制度、琉球大学制度など、本土とは異なった点が多分に存在している。したがって、これらの格差をいかにして是正するか、また制度上の相違点をどのように処理するかということが、沖縄の本土復帰に伴って当然に問題となってくる点であり、現在、その解決が迫られている。本研究は、このような本土復帰に伴う諸問題に実証的にアプローチし、復帰後の沖縄の教育の充実発展のために役立てようとするものである」(四頁)。(30)

ここでの文言から明白に読み取れるように、復帰によって生じる教育上の諸問題を、いわば現実的に「解決」することが後著の目的であるといえる。この目的に即するかぎりにおいて同書では、教授学習過程と管理運営過程に関する沖縄教育の調査分析結果が提示され、それに基づいての具体的な是正措置が提案されている。本書での筆者の課題意識からすれば、同書によるこうした接近方法は、沖縄史についての歴史的視点をいちじるしく欠いた表層的なものといわねばならない。もとより同著においてたんに歴史記述に割かれた部位が少ないというだけではない。たとえば、次章において取り上げることになる、一九五〇年代から六〇年代にかけての沖縄における「日の丸掲揚運動」についての前著中の沖原による次の指摘をみてみたい。「沖縄は日本の領土であり、沖縄住民は日本国民でありながら、国旗の掲揚については著しい制限をうけてきた。国旗を自由に掲揚することは当然の権利でありながら、それが十分に認められなかった。したがって、沖縄の人々の間では、祖国復帰の願いとあいまって、日の丸への愛情が本土の人々より以上に強いものが感じられる。沖縄の教育委員会や学校を訪問すると、教育長室と校長室には必ず国旗が掲げられており、それを背にして執務が行われている。教職員会を中心にくりひろげられてきた国旗掲揚運動は、祖国復帰運動と結びつき、このように日の丸への強い愛情を育て上げてきたのである」(七八頁)。

歴史事象の表層的な断片を強引につなぎ合わせたにすぎないにもかかわらず、沖縄における「日の丸への愛情が本土の人々より以上に強い」ことを、あたかも確定された、所与の事実であるかのように記述するという点において、控えめにいってもここでの記述は没歴史的であり、すぐれて政治的でさえある。どうして復帰運動下で「日の丸掲揚運動」が取り組まれているのか、それを担ってきた沖縄教職員会の心性はどのようなものであったのかを歴史のコンテキストにおいて慎重に捉えようとする学的姿勢は、少なくともこの記述からは看取することができない。

以上のように、一九六〇年代を中心とする復帰以前の研究は、論者の政治的立場や価値意識を陰に陽に指し示す点において特徴的であった。これは復帰運動のもった政治的な緊迫を顕著に反映したものであったといえるであろう。言い換えれば、現代沖縄教育史を同時代史として描き出すことにはやはり多大な困難が付きまとっていたのであった。

この困難は、復帰運動を歴史過程として対象化しようとする意図が形成されることによって、一九七〇年代以降にあくまで相対的にではあるが軽減されていくことになる。

[復帰以後]

復帰以後の研究として筆頭に挙げられるべきなのは、沖縄県教育委員会編『沖縄の戦後教育史』一九七七年、同（資料編）一九七八年、であろう。同書では、沖縄戦時下から一九七〇年代にいたる、沖縄（一部の叙述で奄美群島をふくむ）での教育行財政、学校教育、社会教育などの領域ごとに、主要には行政側の観点から法制度上の変遷過程が記録されている。同書は、いわば官側の公的な歴史記述に位置付けられるものであり、行政組織上の文書群を併載している点においても特徴的である。

現代沖縄教育史の展開過程を概説した論稿としては、阿波根直誠「戦後沖縄教育の流れ」東江平之・宮城悦二郎・保坂廣志編『大田昌秀教授退官記念論文集　沖縄を考える』所収、アドバイザー、一九九〇年、三〇五〜三三八頁（同名タイトルで、琉球大学公開講座委員会編　琉球大学放送講座５『沖縄の戦後史』所収、琉球大学公開講座委員会、一九八七年、七九〜九九頁、として初出）、などがある。

一方、復帰以後には沖縄県内の自治体編纂になる地域教育史が進捗したことを見逃すわけにはいかない。比較的近年に刊行された主要なものにかぎっても、たとえば、沖縄市教育委員会編『沖縄市学校教育百年誌』沖縄市教育委員会、一九九〇年、那覇市教育委員会編『那覇市教育史』（資料編）二〇〇〇年、同（通史編）、二〇〇二年（いずれも那覇市立教育研究所）、名護市史編さん委員会編『名護市史・本編６　教育』名護市役所、二〇〇三年、などが挙げられる。[31] 各学校の編纂になる各種の記念誌と並んで、これらは各地域や学校の実態に即した、さまざまな教育史的態様を提示している。

さらに、復帰以後には、教育思想や実践、教育行財政制度、社会教育といった教育の各領域にわたる研究が進捗した。

たとえば、阿波根直誠「沖縄におけるペスタロッチ教育思潮についての試論的研究――その受容過程の史的分析を中心に――」『琉球大学教育学部紀要』第20集第一部所収、一九七六年（同「沖縄におけるペスタロッチ主義教育の流入と展開に関する一考察――廃藩置県時と敗戦直後を中心に――」『九州教育学会研究紀要』第6巻所収、一九七八年、同「『沖縄戦』後の八重山におけるペスタロッチ祭に関する一考察――発足時の動向を中心に――」波平勇夫・大城宜武・浜崎盛康編『沖縄　創造の哲学』所収、米盛裕二先生退官記念論集刊行会、一九九七年、など）は、近代以降の沖縄および八重山地域におけるペスタロッチ思想受容の過程を沖縄戦の終結直後をふくめて先駆的に分析している。

社会教育の政策、法制度、財政や諸実践、地域活動については、平良研一「占領初期の沖縄における社会教育政策――『文化部』の政策と活動を中心に――」沖縄大学教養部『沖縄大学紀要』第2号（通巻22号）所収、一九八二年、小林文人・平良研一編『民衆と社会教育――戦後沖縄社会教育史研究――』エイデル研究所、一九八八年、小林文人・島袋正敏編『おきなわの社会教育――自治・文化・地域おこし――』エイデル研究所、二〇〇二年、などがある。同じく社会教育関連の史資料を収載した、戦後沖縄社会教育研究会編『沖縄社会教育史料』1集〜7集、一九七七年〜一九八七年、がつとに知られている。また、小林文人「教育基本法と沖縄――社会教育との関連をふくめて――」日本教育学会編『教育学研究』第65巻第4号所収、一九九八年十二月、は、日本との関係史から、現代沖縄における社会教育法制度など教育法制の「伝播」過程を分析している。さらに現代沖縄の教育実践に課題意識の重心をもつ、浅野誠『沖縄教育の反省と提案』明治図書、一九八三年、米軍による占領初期の教育政策を検証した川井勇の論稿（第2章に掲出）などが挙げられる。

以上でみた復帰以後の研究に特徴的なのは、さきに述べたように現代沖縄教育史を歴史事象として対象化しようと試みていることである。歴史研究においてはあまりに当然のことでありながら、現代沖縄教育史研究に関していうならば、こうした志向性を保持した研究の蓄積は現在にいたるまでわずかにすぎないといえる。この意味でいえば、現代沖縄教育史に関する研究は、個々の史料や歴史的事実の解明といった、きわめて基礎的な次元においてすら吟味すべき課題があまりに多く積み残されたままである。[32]

のちにも具体的に論及するように、現代沖縄教育史にかかわるこうした基礎的課題は、個々の評価は措くとしても、社会学や歴史学など、現時点で主として教育学の外部から照射されつつあることもここで指摘しておく必要があるだろう。その一方では、日本と沖縄との権力的関係として現代沖縄教育史を描き出すという、本書において筆者が試みる歴史叙述上の課題は、依然として未開拓なままに残されている点が多い。

四　方法的構成

従来の研究史の蓄積と課題を意識しつつ、現代沖縄教育史の再構成という研究上の意図を実現するためには、歴史事象へと接近するための方法論に関する慎重な考察が要求される。以下、この論点へと進む。

現代史へといたる沖縄支配の系譜は、第一義的には、軍事的、経済的、政治的な装置を通じて構成されながらも、同時に、イデオロギー的支配装置をその不可欠の構成要素としてきた。ここでいうイデオロギー的支配装置に関しては、たとえば、アントニオ・グラムシ、ルイ・アルチュセール、ミシェル・フーコーらによって、おのおの思想史的文脈に即してこれまでに理論的に彫琢されてきたことは周知のとおりである。それらは、パウロ・フレイレ、イヴァン・イリイチ、バジル・バーンスタイン、ピエール・ブルデュー、ヘンリー・ジルー、マイケル・アップルらによる、教育のもつ権力性に関する理論と実証、あるいは社会実践の展開として、教育学や教育史の記述にも多大なインパクトを与えつづけてきた。これらは、国家の教育政策はもとより、学力や教科書、教室での言語環境、慣習や立ち居振る舞いなどといった教育制度や学校のなかに潜在する微細な権力の態様をも詳細にあきらかにしてきた。本書における「教育権力」という方法視角の構想は、こうした理論的展開の蓄積なくしてはありえないであろう。本書においても筆者は、直接的には触れないまでも、これらの知見が切り開いてきた理論地平に依拠することで、現代沖縄教育史への照射を試みている。

そのうえで「教育権力」という方法視角を通じて筆者の意図するところをあきらかにしたい。まず概括的、抽象的にいえば、政治的、経済的、軍事的な装置とは相対的に異なる領域に属する、人間の意識や心情、「常識」と看做されていること、行動などを方向付ける、教育上のイデオロギー的支配装置を概念化したものを本書において筆者は「教育権力」と称したい。

周知のように、教育政策に関する通説的な概念規定に従えば、「教育権力」とは国家の教育政策や国家による教育介入とかぎりなく近似となる。この概念規定の背景にあるのは、内的事項・外的事項区分論である。同論は、国家が教育内容といった内的事項へ介入することを認めず、国家の介入を施設設備といった外的事項にとどめることを価値として肯定的に理解する。教育法に関する条理的解釈学は、こうした立場に依拠しつつ、これまでに構築されてきた経緯がある。

これとは対照的に、筆者が方法論としてここで構想する「教育権力」は、国家による教育政策や教育介入と同義ではなく、権力を関係性の位相においてより相対的に捉えようとするものである。したがって、教育権力の介入から内的事項を守ることにではなく、内的事項に潜在する権力性にこそ意が注がれる。権力による介入から守るべきとされる「教育」そのものを問題化する、と言い換えてもよい。

こうした規定を本書の課題に即して具体化すれば、「教育権力」とは、国家権力からは相対的に自立しつつ、日本と沖縄との関係史をめぐる認識のあり方を方向付ける諸力の総和として定義付けられるであろう。

次章から具体的な検証に入るように、現代沖縄の教育権力とは、沖縄認識についての理解の様式を作り出すとともに、また、教育の内容をも潜在的に規定するという、すぐれて教育実践的な機能をもっている。軍事的支配を顕在化させた米国の権力とは対照的に、現代沖縄における教育権力は潜在的でありながらも、文化的ヘゲモニーとしての持続的な機能を発揮してきた。

「教育権力」という方法視角と現代沖縄教育史という歴史的個別性との関係は必ずしも自明なものではない。本書において筆者が意図するのは、教育における権力論への方法論的な面での貢献というよりは、あくまでも沖縄という地域のもつ歴史的な個性を記述していくということである。理論によって歴史的個別性を裁断し、理論の解像力を確認するということは本書での筆者の意図ではない。このことを地図を携えた旅に譬えていえば、地図の精密さを確認することを目的化させて、個々の具体的事象を位置付けるような旅は少なくとも筆者にとって意味がない。

五 展望

現代沖縄教育史を再構成することは、学術的課題であるのみならず、沖縄の側からも日本の側からもどうしても通過しなければならない思想的な実践課題である、と筆者は捉えている。

まず、日本との関係史を批判的に問い直すことは、沖縄の側からみれば、政治的および経済的次元のみならず、思想的な次元における自立という営為に直結する。

大きな時代のうねりのなかでかつて「反復帰論」が展望を試みてきた、沖縄の日本からの思想的自立、ひいては、国民国家からの思想的自立という総合的で大きな課題に挑戦するために必要なのは、沖縄の自立を妨げてきたものを、たとえ個別的で小さな課題ではあっても、歴史的な過程に遡及して着実に分析していくことではないだろうか。あまりに迂遠なことではあるけれども、本書をその展望を得るための試みとして筆者は位置付けたい。

次に日本の側からみれば、沖縄を切り捨てることで形成されてきた戦後の国家と社会を問い直すという営為がある。この点に関しては、「日本国憲法は、平和憲法という別名を定着させている。しかし、戦後の沖縄は、一貫して軍事支配のもとにおかれてきた。平和憲法を成立せしめた諸条件のなかで、軍事支配下の沖縄は、いかなる意味をもつ存在であったのか」とした問題提起が提出されてあまりに久しい(33)。

このことを現代日本教育史という事象に即していえば、一九七二年五月十五日まで日本国の施政権から分離されてきた沖縄の視点から、憲法・教育基本法体制の現実的機能を問い直すという作業へと直結しているであろう。すなわち、現代日本における教育システムの法的基盤として理念化されてきた憲法・教育基本法体制は、現実の史的な態様としては沖縄を踏み台にすることによって維持されてきた。〈戦後教育〉における脱軍事化と民主化は、沖縄の軍事化と非民主化によって担保されていたというこの皮肉な事実は、憲法・教育基本法体制の実像に関する史的分析として看過されてはならない。

そして、憲法・教育基本法体制に内在する限界についても、わたしたちは同時に見逃すことはできない。資本制社会システムに基づく能力主義を所与の前提としているなど、憲法・教育基本法体制のもつ近代主義的な限界については、これまでにも論証されてきた経緯がある。その限界のひとつとしてここで筆者が確認しておきたいのは、憲法・教育基本法体制が、教育権や教育の機会均等といった、その近代的法構成を「国民」国家の枠内に閉じ込め、歴史的な他者性を排除しているということである。言い換えれば、憲法・教育基本法体制の限界は、いわば普遍性を装ったナショナリズムを内包するものとして捉え直される必要がある。沖縄の国民国家への形式的再編入としての施政権返還が完遂することによって、ここでいう憲法・教育基本法体制の限界は克服されるものではない。憲法・教育基本法体制は、近代的法構成のもとで、「国民」としての「矯正」の文化的ヘゲモニーの機能を現在においても沖縄に対して発揮しつづけているからである。このかぎりでいえば、沖縄からみた憲法・教育基本法体制の限界は、むしろ、施政権が返還されることで本格化した、まさしく現在進行形の問題であるといえる。本書においては取り扱うことはできないものの、これまでに実例をみてきた「矯正」としての沖縄教育史の「近代」的な機能は、むしろ、施政権の返還以後にその完成形態を迎えることになったと筆者は考えている。

これらの研究展望を提示しつつも筆者は、現代沖縄教育史研究にかかわって、いまだ解決の糸口すら見出せていないような基本的課題が依然としてわたしたちの足元にあることを最後に註記しておかなければならない。本書もこの課題をなんら解決できてはいないからである。

そのなかでもっとも大きな課題のひとつは、「沖縄」という地理的概念に関してである。本書において「沖縄」とは、現行の行政区域としての沖縄県内に広がる島々に基本的に限定されている。そのなかでも沖縄島に関する考察がほとんどを占めている。このことから、宮古、八重山地域に加えて、以下においてごく断片的に論及されることになる奄美地域については、考察の対象として体系的に整理できないままにある。奄美地域をふくめた、琉球文化圏への総体的なアプローチは、沖縄史研究における大きな課題として残されたままである。このことを本書の内容に照らしていえば、群島政府期の宮古群島および八重山群島における復帰運動に加えて、とくに奄美群島における復帰運動と日本側との関係史については、それ自体が個別に扱われるべき今後の検討課題として残されたままである[34]。奄美群島と沖縄の現代史は、現実に不可分なものとして交錯してきた。にもかかわらず、両者を統合的に叙述するための方法基準を沖縄研究はいまだに見出せてはいない。このことは教育史研究においても該当すると筆者は捉えている。

補註（第1章）

（1）中野好夫・新崎盛暉『沖縄戦後史』岩波書店、一九七六年、五四頁。

（2）ここで筆者がいう〈権力的カテゴリー〉に関しては、そのことは沖縄だけに限定されるものではなく、とりわけ国民国家形成期の近代教育史にかかわる一般的理解として成立するのではないかという批評が想定できる。かつて筆者は前作『近代沖縄教育史の視角』に対する書評においてそうした指摘を尾崎ムゲンから受けたことがある。尾崎は「〔……〕大和人には不可視となって、その内部に深く埋め込まれながら、意識されることもなくなってしまっているが、その実さまざまに伏在している〈差異化〉の要素を、むしろ積極的に掘り起こし、反転させ、そこに沖縄人、大和人を貫通する歴史分析の共通の方法を発見できるのではないか〔……〕」と指摘した（尾崎ムゲンによる、藤澤健一『近代沖縄教育史の視角』社会評論社、二〇〇〇年、への書評、『図書新聞』二四九四号所収、二〇〇〇年七月十五日）。

筆者にとっては、教育史記述の普遍的方法への接近を示唆したこの指摘は大きな励みとなった。ただ、尾崎のいう「〈差異化〉の要素」は、あまりに一般化された場合、筆者の捉えようとしている日本と沖縄との関係史を相対化させる危険性をもつと考えられる。たとえば、近代的学校制度における「国家語」の教育が各地域の母語を抑圧してきたという教育史上の一般的事実がある。この点においては、たしかに日本と沖縄とは共通の経験をもつ。だが、一方において両者には同一の地平では論じられない差異性があるはずである。筆者にとっては沖縄教育史を記述するうえで後者の占める比重が圧倒的に大きい。これは恣意的な判断ではなく、前者の認識が日本と沖縄との関係史において果たしつづけてきた役割（〈宿命的カテゴリー〉としての沖縄史解釈）に対する批判的な評価から導き出されたものである。

なお、前作において筆者は、主要には一九六〇年代の復帰運動下に提出された近代沖縄教育史に関する研究が、沖縄史の記憶をめぐる「封印」の機能を担ってきたという本書の設定課題をすでに指摘していた。本書はこうした従来の研究への批判意識に依拠するという点では、前作と軌を同じくするが、以下の二つの点において、筆者なりの研究の進歩を意図している。第一に、検討対象時期を拡張したことが挙げられる。このことは単純に対象時期を水増ししたということではない。本書では、近代と現代の沖縄教育史を統一的に捉えようとする方法意識を提示している。第二に、前作では教育政策の意図と法制度史の展開に限定される傾向にあった検討対象事象を、教員層の意識や学校内の教育実践的な事象にまで拡張したことが挙げられる。

(3)　浦崎永春「教授法ニツキ思ヒ出デタル雑件」『琉球教育』第一号所収、一八九五年十月、(第一巻、四〜七頁)。

ここで一八九〇年代後半の実態を捉えるための素材とするのは、「沖縄教育会」の機関紙『琉球教育』である。ここで沖縄教育会およびその機関誌について簡略ながらも解説を加えておく必要があるだろう。

沖縄教育会は、県の学務担当者および師範学校教員などによって、「官民の間に立ちて務めて学政施設の改善を計り《(ママ)》本県教育の発展を期し」て、一八八六年に沖縄私立教育会として発足した。以後、沖縄県私立教育会(一八九一年)、社団法人沖縄教育会(一八九八年)、沖縄教育会(一九〇四年)、沖縄県教育会(一九一五年)として、名称や組織の変更を重ねている。教員や一般の有志者が主要な会員となり、県令(知事)をはじめとする県庁の官吏が総裁、会長等の主要なポストを占めた。会員数は、発足当初、二二五名であったが、漸次増加をみて、各地域に支部会が設置され、一九〇二年の時点で五二四名、一九三七年の時点では二〇〇〇名を越えている。主な事業としては、「演説、講談、討論、講習等を開催する事、雑誌を刊行して会員に頒つ事、各地の教育会と交通する事等」があった。ここでいわれている「雑誌」、すなわち機関誌は、一八八六年六月に『沖縄私立教育会雑誌』として発刊された。その後、幾度かの名称変更を重ね、一八九五年十月からは『琉球教育』として、一九〇六年三月からは『沖縄教育』として刊行された。これらのうち現在確認することのできるのは、管見のかぎり、『琉球教育』ならびに『沖縄教育』の一定部分に限定される。以上、「沖縄教育会沿革大要」『沖縄教育』第三一

号所収、一九〇八年九月、四九～五二頁、島袋源一郎「『沖縄教育』変遷と思ひ出」『沖縄教育』第二四八号所収、一九三七年四月、九八～一〇〇頁、などを参照。

『琉球教育』は、県レベルにおける教育政策や行政のありようを考証するうえでは欠かせない基礎史料のひとつである。『琉球教育』の巻頭を飾る、県の官吏や師範学校教員といった人物による論説とは異なり、小学校教員による教室実践をふまえた寄稿は必ずしも多くはない。しかも、紙面におけるその位置も多くの場合において副次的な扱いを受けている。しかし、教室の実態がどのようなものであったのかを探るうえで、小学校教員による寄稿の分析は欠かすことができない。

なお、『琉球教育』は、ハワイ大学ホーレー文庫所蔵書が、一九八〇年に本邦書籍より復刻されており、本書ではこの復刻版を使用している（『琉球教育』からの引用にあたっては、復刻版の巻数および頁数を付記する）。同復刻版の刊行は、沖縄教育史研究の推進において大きな役割を果たしてきた。この点については、上沼八郎による同復刻版に関する「資料紹介」日本教育学会編『教育学研究』第47巻第4号所収、一九八〇年十二月、六〇～六三頁、を参照。

また、『沖縄教育』に関しては、那覇市企画部市史編集室編『沖縄教育目次集（第31号～第309号）』一九七七年、梶村光郎「『沖縄教育』の性格に関する研究――創刊の事情と発行状況を手がかりに――」科学研究費補助金基盤研究（C）(2)研究成果報告書『沖縄教育と近代学校に関する研究』二〇〇〇年、十六～四一頁、などの基礎的研究を参照のこと。

（4）「児童の研究につき首里尋常高等小学校にて実験したる結果の一、二をきゝたれはあく（ママ）」『琉球教育』第四号所収、一八九六年四月（第一巻、一六二～一六七頁）。

（5）この報告では、他の教材による授業と併せて、「優等、中等、劣等、各二名ヲ残シ置キ、一人一人ニ就キ別室ニ於イテ、規定ノ問題ヲ発」することによって、同授業内容が、どこまで理解できたのかの事後評価を合わせて六名の児童に対して行っている。この六名のうち三名に対する発問への、児童からの受け答えは、すべて沖縄語と日本語訳文を併記するかたちで記録されている。

こうした教室におけるいわば「通訳」を担ったのは、沖縄人教員であったことは容易に推測できる。

しかし、大和人教員の場合は、具体的にどのような方法を採用したのか、両者の方法的な相違について立ち入った考察は、小学校教員の出身地についての数量的な考証、さらには県レベルの取り組みといった視点と併せて、他日の考察を期するほかない。

（6）「会員奥田恕君逝す」『琉球教育』第二八号所収、一八九八年四月（第三巻、二六七頁）。

（7）『琉球教育』第一六号所収、一八九七年四月、（第二巻、一七九～一八三頁）。

（8）眞栄城かめ「思ひ出」首里第二尋常高等小学校『創立五拾周年記念誌』、一九三七年九月、六三頁。

（9）沖縄語と「普通語」との便宜的な使い分けという、こうした教室の実態は、とりわけ一九三〇年代後半以降に徹底化される「標準語励行政策」によって、大きく変容していったものと筆者は捉えている。このことの傍証をひとつ示しておこう。

標準語励行政策が進展していた一九三〇年代半ば、沖縄人の小学校教員と推測される祖慶良次は、それまでの「標準語指導」のあり方およびその方法を以下のように批判している（祖慶良次「標準語は先づ耳から」『沖縄教育』第二四一号所収、一九三六年九月、二八～三五頁）。

もともとから本県児童の標準語指導上唯一の方法として取扱はれているものに、「方言に妥当する標準語を知らせる」、あるいは「標準語に妥当する方言を知らせる」と云ふ方法があるが、之は余りに消極的な治療法ではあるまいか、却って、一利あって多くの損をしていないだらうか。

間接法的ともいえる「消極的な治療法」では、教育方法のうえで、どうしても「方言」を使用ないしは活用せざるをえなくなり、その結果として「何時の間にか教師も方言訛の標準語になってしまふし、児童も亦、この方言訛標準語から脱することが出来ぬ」と考えられていたのである。もちろん、これはひとりの教員の見解にすぎず、県レベルの政策と必ずしも同一ではない。とはいえ、少なくとも推測できることは、一九三〇年代半ばの時点において、「方言」が標準語励行政策によって教室から完全に排除すべき対象として捉え直される機運があったということである。

近代沖縄における言語的「同化」政策は、一面的で単調なものとしてではなく、少なくともこうした変容の過程をたどるものとして捉えられる必要がある。この点に関しては、上沼八郎「沖縄の『方言論争』について――沖縄教育史の遺産と決算――」『地方史研究』第26巻第3号所収、地方史研究協議会、一九七六年六月、十八～三二頁、が参照されなければならない。

(10) 学校段階に関していえば、言語疎通の「困難」は、様相を変えて同時期の沖縄における中等教育段階においても「困難」として問題化していた形跡がある。たとえば、「国語に就いて　特に本県教育に対する希望の条々」と題して高田宇太郎は、同時期の小学校の実態と連ねながら、中学校においても「普通語」の浸透が充分ではないことを問題視している（『琉球教育』第三二号所収、一八九八年八月、第四巻、五二～五六頁）。

また、言語疎通にかかわる非就学者への「対策」については、勅令第二五八号によって、一八九八年一月一日より沖縄県に徴兵令が施行されてから以降、積極的に取り組まれるようになった。このうちひとつの施策をみてみよう。

同令の施行に伴って、「徴兵当選者教育」が実施されることとなり、島尻郡および中頭郡における「状況取調報告」が教育会によって実施されている（『琉球教育』第四四号所収、一八九九年八月、第五巻、一一三～一一七頁）。この「状況取調報告」の対象者は、一三三名で、このうち「有教育者」が三九名（内二十名が尋常小学校卒業）、「無教育者」が九四名とされている。「状況取調報告」では、前者についていくつかの実例報告をふまえつつ、「尋常学科にては不十分と認めたるものあれとも、普通語の通すると否とは、入営者に取りては大なる便利なるべく、殊に国家的思想の確固たるものあるを見ると云ふに至りては、最も教育の頼母敷を証するに足る」、「多少教育を受けしものは、進歩の度、概して宜しかりし」などとして、留保付きとはいえ、言語疎通において小学校教育が「効果」「進歩」をもたらしていることを指摘している。

その一方で、対象者の約七割を占めている後者については、たとえば、以下のような言語疎通に関する実例が報告されている。「九月一日より十一月二十日迄、日に二時間づつ教授したるが、簡易なる普通語を使用するを得るに至れり。簡易なる口上、書類は認むるを得れとも、四名位（八名の内）は、実地につき果して応用し得るや疑はし」「簡単なる言語を聞き取ることを得れとも、自身より発することは出来さるなり」「無教育のものにありては、課程を十分に学習すること能はす、漸く仮名の読方、書方及び短句の綴り方及び住所、氏名、生年月日、父兄の氏名の読方、書方位に止る。数字は、漸く百位迄の活用まで。普通語は、至極簡単なるものにあらされは出来ず」。

これらはどれも「無教育者の進歩」についての限定的な報告であり、「進歩」とは見做されなかったケースとは異なることに留意しておく必要がある。すなわち、この報告で「進歩」とは見做されなかった「無教育者」の言語疎通は、少なくともここで描写されている状態にすらならなかったということである。このように「普通語」による疎通という課題は、学校教育においてはもとより、とりわけ徴兵令の施行以後においては、統治「対策」上の全県的な最重要課題としてあった。「徴兵当選者教育」については、近藤健一郎「沖縄における徴兵令施行と教育」『北海道大学教育学部紀要』第64号所収、一九九四年、九～三五頁、を参照のこと。

(11) 近代沖縄における言語教育の実態に関する個別的な実証作業は、制度史の把握と比して立ち遅れてきた。近年にいたって、近藤健一郎、科学研究費補助金基盤研究（C）（2）研究成果報告書『近代日本における標準語教育の歴史的研究――沖縄を中心として――』二〇〇三年、梶村光郎、科学研究費補助金基盤研究（C）（2）研究成果報告書『沖縄県の国語教育史に関する実証的研究』二〇〇四年、などによって、ようやく研究の端緒が開かれつつある。

(12) 沖縄教職員会による教育研究集会については、各教科や教科外活動など討議内容が多岐にわたっているうえに、関係史資料の基礎的整備がいちじるしく遅れている。こうしたことから沖縄教職員会に関する研究と同様に、その実態解明は学術的には進んでいない。以下の記述は、こうした実状を反映して、あくまでも歴史記述の素描の域を出ないことをお断りしておく。なお、これまでの研究としては、上沼八郎『沖縄教育論』南方同胞援護会、一九六六年（とくに第二章第二節）が先駆的である。ルポルタージュとして、関広延『沖縄教職員会』三一書房、一九六八年、また、近年には、猿谷弘江「『日本化』

の実践――アメリカ統治下における沖縄の教師たち――」沖縄関係学研究会編『沖縄関係学研究論集』第4号所収、一九九八年、小熊英二『〈日本人〉の境界――沖縄・アイヌ・台湾・朝鮮　植民地支配から復帰運動まで――』新曜社、一九九八年（第20章、第22章）、戸邊秀明「一九五〇年代沖縄教職員会の地域『診断』――教育研究集会の問題構制を中心に――」早稲田大学史学会編『史観』第147冊所収、二〇〇二年、などがある。

（13）以下、沖縄教職員会『沖縄教育』第二号（その五）、一九五五年、を参照。

（14）沖縄教職員会『沖縄教育』第十二次教研集会収録（国民教育）、一九六六年、五六～五七頁。

（15）沖縄教職員会『沖縄教育』第十三次教研集会収録（国民教育）、一九六七年、三十頁。

（16）沖縄教職員会『沖教職教育新聞』第148号、一九五九年五月三十日、十頁。ここで「反対意見」として挙げられているのは、たとえば「主権在民を基礎とする憲法の精神に反し、天皇賛美主義である」「明治以来数十年の長きにわたって教育勅語、国旗、国家的諸行事とともに軍国主義教育の支柱としての役割を果たしてきた」などであった。これらは、「君が代」の非民主的な性質と歴史を「反対」の理由にしており、日本の沖縄に対する「差別支配」は必ずしも視野に入っていない。後述する一九六〇年代半ばからの「日の丸」「君が代」への沖縄教職員会の「反対」の動向が「差別支配」の問題とどのように距離感をもつものであったのかは今後精細に検討されるべきである。

（17）那覇地区教職員会青年部「沖縄教育の現状と要求」『教師の友』No・72所収、一九五九年八月、六二頁（復刻版「教師の友」刊行委員会編『復刻版「教師の友」』第10巻所収、桐書房、一九八八年）。

（18）菊池嘉継「知らなすぎた沖縄のこと」日本教職員組合編『教育評論』一九六八年八月（二一九）号所収、二六～二八頁。なお、同論稿に対しては、「沖縄の集会に参加して、日の丸におどろき――沖縄では〝皇国日本〟と〝革新日本〟の区別もつかない底の浅い復帰運動をしているとか――日の丸は本土では軍国主義的愛国心のシンボルとしてつかわれているので、沖縄の教師たちも価値転換をしなければならないとか――そんな批判が存在する。信じられないが、現実に存在する。〔……〕これに類した批判をする人間には、祖国復帰運動ということは、ほとんど理解できていない」とする酷評が同時期になされていた。関広延、前掲『沖縄教職員会』一〇三～一〇四頁、参照。このことから、沖縄での「日の丸」「君が代」への違和感の表明が同時期の日教組においてどこまで磐石な支持基盤をもちえていたのかは疑問である。

(19) 沖縄教職員会『沖縄教育』第十六次教研集会収録（国民教育）、一九七〇年、二七頁。

(20) 同上、四七頁。

(21) 沖縄教職員会『沖縄教育』第十五次教研中央集会まとめ（国民教育）、一九六九年、三頁。日教組の国民教育研究所長の森田俊男（当時）は一九六一年に刊行された論稿において「教育指導員は、文部省のいわゆる眼鏡にかなった教師がえらばれるに相違ないのだが、にもかかわらず、沖縄の現実は、本土から派遣された教師と沖縄の子ども・教師との間に連帯の感情をうまないではおかない」と指摘していた。一九六〇年代初頭の時点では留保付きとはいえ「教育指導員」が依然として「連帯の感情」を生み出すものとして肯定的に捉えられていたことがわかる。森田俊男「教師の成長と運動」岩波講座『現代教育学18』所収、岩波書店、一九六一年、二〇二頁、参照。

(22) 琉球政府『復帰措置に関する建議書』（沖縄県公文書館所蔵）一九七一年十一月、六七頁。

(23) 伊波普猷「琉球作戯の鼻祖玉城朝薫年譜」『伊波普猷全集』第三巻所収、平凡社、一九七四年、四二八頁。

(24) 伊波普猷『伊波普猷選集』上巻、沖縄タイムス社、一九六一年、二七四頁、および、前掲『伊波普猷全集』第一巻、四九三頁、参照。なお、「琉球処分は一種の奴隷解放也」とする原題をもつ、よく知られたこの論稿は、一九一四年二月に擱筆されたものであった。

(25) この点については、たとえば、竹前栄治「対日占領政策の形成と展開」岩波講座『日本歴史　22』現代1所収、岩波書店、一九七七年、八十頁、同『占領戦後史』岩波書店、二〇〇二年、二～四頁、などを参照。

なお、「戦後」という独特の言い回しが、一九四五年八月十五日以後における日本の事実上の戦争への加担を覆い隠す役割を果たしてきたことはしばしば指摘されるとおりである。本書の課題設定に即していえば、「戦後」という表現は、事実上の戦争状態が現在においても継続している沖縄の経験を切り離すことによって成立している。この点をふまえ、本書ではあくまで留保つきで、この用語を第二次世界大戦の終結以後という意味合いにおいて使用する。

（26）「日本」教育史の概説書として広範に知られる、山住正己『日本教育小史』岩波書店、一九八七年、一四二～一四三頁、における記述も併せて参照。

（27）前泊朝雄『琉球教育史』琉球大学校外普及部、一九五二年、参照。

（28）この他に、上沼八郎「戦後沖縄教育の歴史と現状――本土との比較を通して――」日本教育学会編『教育学研究』第30巻第1号所収、一九六三年三月、を参照。また、同「沖縄教育史――独自性の確認過程――」梅根悟監修『世界教育史体系3　日本教育史Ⅲ』所収、講談社、一九七六年、は近代史を中心としつつも現代史に関する叙述を収めている。

（29）ただし、これら寸評のうちここで例示した小川太郎の立論においては、戦後の沖縄教育における「標準語」の絶対化と「生活語」の軽視に対する批判的な視点が提示されていることを同時に指摘しておく必要がある。この点につき、同稿、四一頁、および、同「沖縄で考えたこと4　差別について」部落問題研究所編『部落』第24巻第7号所収、一九七二年七月、などを参照。

（30）同著によれば広島大学沖縄教育研究会は、一九六五年三月に結成され、沖縄への調査訪問を経て、一九六六年二月に報告書『沖縄教育に関する研究』民主主義研究会、を公表している（同報告書では、広島大学教育学部沖縄教育研究会著とされている）。同報告書は「第一章　研究の目的と概要」「第二章　沖縄教育の現状と問題点」「第三章　調査報告」「第四章　沖縄教育改善への提案」から構成され、沖縄の教育への諸施策が「主として日本政府への勧告」「主として琉球政府への勧告」とする枠組で提言されている。その後も、一九六九年十二月から翌年一月にかけて「沖縄の教育調査」が沖縄全域で実施され（『沖縄タイムス』一九七〇年八月二二日）るなど、同研究会による調査は継続された。これらを集約したものが『沖縄の本土復帰と教育』として刊行されることになった（以上、『沖縄の本土復帰と教育』四～五頁）。

(31) 本書では活用できなかったが、那覇市立教育研究所による一連の編纂事業に継起して、壺屋初等学校の学校日誌『一九四六年一月以降　学校日誌　壺屋校』『一九四六年四月　日誌　壺屋校』が那覇教育史研究会によって刊行されている。『壺屋初等学校日誌（一九四六年）』沖縄大学地域研究所地域研究叢書第2巻、沖縄大学地域研究所、二〇〇四年、参照。

(32) 繰り返し指摘することになるが、現代沖縄教育史にかかわる基礎史料の整備は大きく立ち遅れていることにわたしたちは自覚的であらねばならない。なぜなら、歴史叙述の依拠する史料状況にさしたる変化がなく、史料整備の立ち遅れが改善されないかぎり、史実についての実証的な把握は基本的に進みようがないからである。この自覚を欠いた場合、そこから生み出されるのは、ただことばを振り回すだけの恣意的な「解釈」の羅列にすぎない。沖縄にかかわる論策が多方面で少なからず産出されている現在の状況について、筆者はこのような危惧をいだいている。

基礎史料にかかわって米国側史料に限定してやや具体的に敷衍してみる。指摘するまでもなく、現代沖縄教育史は、施政権を握り、政策を策定してきた米国の意図に第一義的に影響を受けてきた。米国の対沖縄教育政策史を実証的に検証することなくしては、現代沖縄教育史は成立しないはずである。にもかかわらず、対米従属についてのイデオロギー的な批評という、政治的な価値意識ばかりを先行させた、米国の対沖縄教育政策についての記述が積み重ねられすぎたといえるだろう。求められているのは、イデオロギー的な批評ではなく、米国側の教育政策上の意図を実証的に検証することである。その場合、ひとつのモデルになりうると筆者が捉えているのは、日米関係史を基軸として進められてきた国際政治学の経験である。米国側の一次史料の解禁が進められてきたことと随行して、日本における外交史研究は広がりと深化をみせてきた。少なくともこれら国際政治学が開拓してきた史資料面での蓄積を確実に継承し、さらには教育史独自の史資料開拓にまで推し進めることが今後の基礎的課題のひとつである。なお、米国における沖縄統治関係史資料の収集と整備に関して俯瞰するために、仲本和彦「米国による沖縄統治に関する米国側公文書調査・収集の意義と方法」『沖縄県公文書館研究紀要』第2号所収、沖縄県公文書館、二〇〇〇年、四九～七五頁、が簡便である。

(33) 中野好夫・新崎盛暉、前掲『沖縄戦後史』一〜二頁。
(34) 行政上は鹿児島県として分類されてきた奄美地域における教育運動史の分析が準備的作業として必要であると筆者は捉えている。この点につき、たとえば、鹿児島県教職員組合編『10年のあゆみ』一九五八年、鹿教組45年史編集委員会編『鹿教組45年史』鹿児島県教育会館維持財団、一九九四年、などにおける奄美群島などとの交流史に関する記述を参照。

第2章　四・二八の蹉跌
―一九四五年から一九五〇年前後―

一　対日講和条約第三条

一九五一年九月八日に日米安全保障条約（「日本国とアメリカ合衆国との間の安全保障条約」）と同時に調印され、一九五二年四月二八日に発効した対日講和条約（正式名称は、Treaty of peace with Japan＝〔日本国との平和条約〕。本書では対日講和条約と表記。）は、敗戦後の日本の主権回復を規定すると同時に、以下に掲げる第三条にあるように、沖縄、小笠原などの日本の施政権からの分離を宣言するものであった。

前半の件にある米国による沖縄の信託統治制度は結果として提案されなかったものの[1]、米国に沖縄の施政権を委ねる同条約第三条が、沖縄現代史を根本的に左右する政治的な起点となったことは衆目の一致するところである。

第三条（南西諸島及び南方諸島）

日本国は、北緯29度以南の南西諸島（琉球諸島及び大東諸島を含む）嬬婦岩の南の南方諸島（小笠原群島、西之島及び火山列島を含む）並びに沖の鳥島及び南鳥島を合衆国を唯一の施政権者とする信託統治制度の下におくこととする国際連合に対する合衆国のいかなる提案にも同意する。このような提案が行われ且つ可決されるまで、合衆国は、領水を含むこれら諸島の領域及び住民に対して、行政、立法及び司法上の権力の全部及び一部を行使する権利を有するものとする。(2)

沖縄においてこの条約の発効した四月二八日（四・二八と略記）という日付は、のちにみるように、「祖国」から分離された「屈辱の日」として、復帰を祈願するための、いわばシンボルとして復帰運動下において位置付けられてきた。だが、注意すべきなのは、分離されたという、いわば苦々しい記憶としての沖縄側での四・二八認識は日本側でも同じく共有されていたわけではないということである。むしろ、以下で詳細に検証するように、沖縄と日本とのあいだでの四・二八についての認識は、その捉え方において異なるものであったとさえいえるだろう。四・二八というシンボルへの認識を共有化することとの蹉跌経験について、筆者はどうしても注目しなければならないと考えている。現代沖縄における教育権力について、その始原を見定める必要があると考えるためである。

本章では、四・二八をめぐる当時の教育関係者による言説と活動を基本的な素材とすることで、沖縄側での四・二八認識と日本でのそれとの比較教育史的考察を試みる。具体的な検討素材として、沖縄側については沖縄戦終結前後からの教育関係者の動向、日本側については日教組の組織的活動を考察の中心として、それぞれにおける言説と活動を検証していく。これらの対象を取り扱ううえでの分析上の留意点については、次章以降に譲りたい。

本章での分析にかかわって、あらかじめ注記しておかなければならないことがある。それは、本章において検討する時期の沖縄と日本が言論と出版の自由を保障される政治環境にはなかったという点である。米軍による直接的軍事占領を受けた沖縄についてはもとより、連合軍総司令部は日本での言論の自由を奨励することと同時に、民間検閲部（CCD: Civil Censorship Detachment）などを通じ、占領政策に対する批判などについての言論と出版の制限を当初から課していた（「言論及新聞ノ自由ニ関スル覚書」一九四五年九月十日、「日本新聞規則ニ関スル覚書」同年九月十九日など）[3]。したがって、とくに沖縄戦の終結前後から対日講和条約の発効前後までを分析時期とする本章での検証にあたっては、こうした言論の制限的な状況下にあったこと、およびそうした状況に起因する史資料面での制約にとりわけ意識的であるべきである。

なお、米国によるアジア・太平洋地域の戦略構想や対日講和条約などによって大きく規定されてきた現代沖縄をめぐる国際関係史については、米国内部での軍事的および政治的政策の形成過程、あるいは日米両国間での交渉過程を中心に、一次史料を駆使しつつ実証的にあきらかにされてきた蓄積がある[4]。本章の構成と叙述にあっては、それらの成果に負うところが大きい。それら諸研究は、四・二八にひとつの起点をもつ「沖縄問題」を日米両国間の、あるいは米国の対アジア・太平洋地域政策上の事象として理解する傾向にある。これに対し本章における筆者の意図は、沖縄と日本との権力的な関係史の文脈に焦点化しつつ、しかも、教育史という個性に密着して四・二八のもった歴史上の意味を具体的にあきらかにしていくことである。

二 「屈辱の日」への過程

周知のように、一九六〇年代以降の沖縄における復帰運動において、四・二八は、「祖国」から切り離された「屈辱の日」として広く呼びならわされていた。また、一九六三年二月にタンガニーカ(現タンザニア)のモシで開催された第三回アジア・アフリカ諸国人民連帯大会は「沖縄に関する決議」を採択し、そのなかで四・二八を「沖縄デー」として、国際的共同行動を行うことを呼びかけた。(5)こうしたことからも、四・二八という日付が現代沖縄史において決して欠かすことのできないひとつのシンボルであったことがわかる。

以下、対日講和条約の調印から四・二八へといたる一連の政治過程に対して、沖縄戦による荒廃のなかから沖縄の教育関係者がどのようにかかわっていったのかを、いくつかの教育史的事象に即して具体的に考察する。ここでの考察を通じて、米軍による教育制度の整備と占領統制が進む過程で、本章の課題である「四・二八認識」が、沖縄の教育関係者においてどのように生成していたのかをあきらかにする。このため、以下では沖縄における現代教育の史的展開における最初期の過程を微細もらさずに検証することは意図されていない。とくに教育行政制度や教育内容にみられる戦後の沖縄教育に特徴的な点についての論及を大幅に控えたことをあらかじめお断りしておきたい。

(1) 沖縄占領の教育政策

[軍事占領のための教育復興と沖縄研究]

現代沖縄の教育史は、いうまでもなく沖縄の軍事攻略と占領を担った米軍の主導によって構想され、形成されたものであった。

沖縄侵攻当時、米海軍軍政府の政治担当将校だった、ジェームズ・ワトキンス (James T. Watkins) の関係文書〔スタンフォード大学フーバー研究所所蔵〕は、よく知られているように、米軍政府側の沖縄占領初期教育政策についての認識を知るうえで欠かすことのできない史料群を構成している。このうち"social rehabilitatioin"と題された文書群において、戦闘終結後の沖縄における教育制度の復興を見越した、軍政府内での観測が、たとえば、以下のように記述されている〔期日不詳〕(6)。

日本の学校教育制度は、日本のプロパガンダを浸透させるための主要な機関となっていたという見方が軍政府内にはあった。教育内容は極度に国家主義的であり、教師たちは扇情的なインドクトリネーションの主体となって、日本帝国を熱狂的に支持していたと分析された。このことから、米軍政府当局では、扇動者によって学校が反米的なものに転換されかねないとして、沖縄における学校の再興については慎重な見方があった。たとえ、なんらかの規制を設けたとしても、言語の壁によって、学校で反米的な思想が教師によって吹聴されることを点検しきれない可能性があるという懸念が米軍政府にはあったのである。

さらにもうひとつ考慮しなければならない要因があった。収容所内で群れをなしている子どもへの対応が無視できないだけの厄介な問題となっていたのである。子どもたちを統制的に収容することは、沖縄側においてのみならず、米軍政府側にとってもまた重要であった。そのための手段として、学校教育の再興はもっとも手近な手段と判断されたのであった。

ここにある軍事優先的な教育復興の構想は、すでに沖縄戦開始以前の一九四五年二月の時点で第十軍軍政課によって公布されていた"TECHNICAL BULLETIN"（テクニカル・ブレットゥン）においても共通してみられるものであった。(7)

こうした構想に基づき、米軍占領下における教育制度の再興は、一九四五年八月二九日、沖縄諮詢委員会（志喜屋孝信委員長）の発足に伴って設けられた文教部を通じて組織的に着手され始めた。文教部の事業内容は「各地区初等学校の教材の準備、印刷発送をはじめとして、散逸図書の蒐集、整理、教育行政の再建、専門部員会、高等学校並に初等学校長会等を開催」(8)することとされた。同部は、一九四六年一月二日付、米国海軍政府通牒によって沖縄文教部に改組されている。(9)沖縄文教部は、同年二月二六日に『文教時報』第一号を発し、「各学校ノ守ルベキ指示訓令等」、米軍側の教育方針を明文化して各学校長に伝えている。そこでは、「満六歳以上満十四歳ニ至ル学齢児童ニ対シ就学ノ義務ガ実施」（八年制の初等義務教育制度）されること、「一週六日、一日四時間ヲ最低トシテ教授スルコト」、「軍事的訓練及ビ日本謳歌ノ教育ハ禁ゼラレルコト」などが規定されている。(10)

沖縄諮詢委員会が沖縄民政府として再組織化され発足した同年四月には、「初等学校令」「初等学校

令施行規則」など、学校教育の法制度的な基盤整備がなされるまでにいたった。同令第一条は、

初等学校ハ新沖縄建設ノ精神ヲ体シ、初等普通教育ヲ施シ、児童心身ノ基礎的練成ヲ為スヲ以テ目的トス。[11]

と規定するものであった。これらの一連の過程を経て、沖縄に固有の八年制の学校体系が確立された(四年制の非義務制高等学校と接続して、八・四制を構成)。この学校体系は、日本での実施より一年遅れて、一九四八年四月から六・三・三制(六・三義務制)へと改変されることになる。[12]

「初等学校令」に関する上沼八郎の分析によれば、「初等学校令」や「初等学校令施行規則」に共通する米軍政府の政策意図は「徐々に日本々土からの関係を絶ち切り、独自の沖縄或は琉球人としての立場を強調していく方針にあった」とされている。[13]こうした米軍政府の政策意図は、同じく上沼の指摘にもあるように「初等学校教科書編纂方針」(同年)[14]においても同様に一貫するものであった。

連合国最高司令官総司令部によって一九四六年一月二九日に出された「若干の外郭地域を政治上、行政上日本から分離することに関する覚書」においてすでに明文化されていた、「北緯30度以南の琉球(南西)列島」を離日化させるという政策意図は、もとより前記の教育法制度制定にのみ適用されたのではない。それは、沖縄の軍事占領を安定的に維持存続させるうえでの米国の基本方針であった。

この基本方針の淵源は、よく知られているように、じつは沖縄上陸作戦の構想段階にまで遡及できる。米国側では、すでに沖縄上陸作戦にさき立って、軍事攻略にかかわる準備とともに、沖縄の習俗、

社会構成、政治や経済、歴史などの総合的で周到な研究が進められていた。米軍の軍事戦略局調査分析部（office of strategic services research and analysis branch）によって一九四四年六月に出された、The Okinawas of the Loo Choo islands-A Japanese minority group-(Okinawan studies No. 3)[15]と海軍作戦本部司令部（office of the chief of naval operations）によって同年十一月に出された、Civil affairs handbook Ryukyu（Loochoo）Islands OPNAV13-31[16]は、このうちもっともよく知られたものである。

米国の文化人類学者などによって起草されたこれらの書物は、沖縄の軍事攻略とそののちの占領を円滑なものにするための字義どおりの戦略的な沖縄研究を提示するものであった。その戦略とは、前著において頻繁に使用されている用語に従えば、沖縄人と日本人とのあいだにある“cleavage”（断絶）[17]を軍事的に活用することと看做されていた。

ここで注意を要するのは、いわば離日化とでもいうべき、沖縄の帰属をめぐる政治的な方向付けは前記のような米国側による戦略によって単独に醸成されただけではないということである。

［解放と抑圧］

日本共産党第五回党大会が、一九四六年二月二四日に採択した「沖縄民族の独立を祝うメッセージ」（沖縄人連盟宛）では、「沖縄人は少数民族として抑圧されて来た民族」として規定されていたことは、つとに知られている。[18]いわゆる沖縄少数民族論に依拠したこの規定は、一九四七年以降に結成された沖縄における政治組織（六月に沖縄民主同盟、七月に沖縄人民党、九月に社会党など）の最初期の活動と方向性を同じくする側面があった。もとより、沖縄における政治組織と一口にいっても、それは米軍政府との関係のあり方や政治的志向においてきわめて多様であり複雑であった(19)。だが、たとえば、のちに「日本復帰」を決議し復帰運動を牽引することになる沖縄人民党が、結党当初の時点では「日本政府に対し戦争被害の賠償金優先全支払要求」を党の政策として掲げていたことに象徴的に看取できるように、いわば日本からの解放という意識が一定程度芽生えていたことはたしかであろう(20)。しかし、日本からの解放の意識が増長されるだけの環境は持続しなかった。それどころか、この解放の意識は結果として封印の対象とされることになる。

ところで、一九四七年十月五日に出された特別布告第二三号「政党について」は、こうした沖縄人による政治活動を一定の範囲内で認めつつも、明確な制限・禁止事項を定めるものであった。同布告第三条は、「琉球ニ対スル連合国ノ政策又ハ琉球若シクハ琉球住民ヘノ軍政府ノ政策ニ対シ敵意又ハ有害ナル或ハ此等ノ政策ヲ非難シ若シクハ軍政府ノ指令ニ於テ為ス各民政府ノ行動ヲ非難スル政治目的ヲ以テ演説ヲ為シ或ハ印刷物、手記物ノ流布ヲナサナイコト(21)」と規定されていた。ここに明示されているように、政治活動における米軍政府への批判や非難は抑圧されていた。また、加えて指摘されるべきなのは、米国施政権下の沖縄における言論、出版は、米国側による反共主義的な管理と検閲のもとにあったということである(22)。

こうした軍事統制下においては、米軍の占領体制に異議を唱え、日本への復帰を明確に表明することは、制度的にも、実態としても多大な制約が伴っていた。ここで限定的ではあるが、教育関係者にかかわるひとつの実例を挙げてみよう。

一九四六年三月二九日に開催された沖縄諮詢委員会の協議会において文教部長・山城篤男は、米軍

政府からの「注意」として、

ハナ少佐曰く、教員にして近頃時局の話が多いとの事である。例せば沖縄の帰属問題、国際関係、及日本に未練がある様だから注意して貰いたい。[23]

と米軍側からの伝達事項を伝えている。こうした米軍側による、沖縄の占領統治の安定を揺るがすものへの弾圧と抑圧は、冷戦体制が深まり、沖縄の恒久軍事基地化が確定化するとともに最優先課題とされていた。戦後の沖縄における教育政策の策定と教育制度の整備は、こうした米軍の方針から生み出されたものであった。

沖縄の軍事占領を最優先させる、こうした教育制度が整備されるなかで、沖縄の教育関係者はどのような状況にあったのか、以下で具体的にみる。

（2）沖縄教育関係者にとっての戦後

〔校舎の破壊と復興〕

一九四五年六月二三日の組織的戦闘行為の終結に前後して、一部においては学校教育組織化の策動が米軍によってすでに着手されていた。[24] とはいえ、戦闘によって各地の校舎は破壊され、教科書、学用品などの物資はいちじるしく不足していたのが現実である。[25] このうちまず教育関係者にとってもっとも基本的な問題のひとつであった校舎破壊についての状況をみる。

沖縄戦による校舎破壊の実態を垣間みることのできる基礎的な史料群のひとつとして、『校舎建築に関する陳情書』〔沖縄県公文書館所蔵〕が挙げられる（以下、「陳情書史料」と表記する。同史料では頁数は付されていない）。

「陳情書史料」は、一九五二年から五三年にかけて沖縄各地域の学校などから、文教局など宛に発信された、校舎再建に関する書類綴りである。「陳情書史料」には、奄美地域からの書類をふくめ、戦災による破壊校舎の実態報告、「永久校舎」「恒久校舎」と称されていた正規建築校舎（木造、石造など）への仮校舎からの建て替えを訴える依頼書原文が収載されている。

そのなかからひとつの実例として、すでにいくどかにわたって提出されていた、鳩間島からの陳情書を挙げてみる。鳩間小中学校長の稲福定蔵らは、一九五三年九月（日付なし）の文教局宛の陳情書簡において、以下のように沖縄戦時下の戦闘行為による校舎破壊の実態を描き出している。

さて鳩間小学校の復興については、年々陳情いたしていますので、その状況及び今日までの経緯についても御諒察のことと思いますが、年を経、暴風の度を重ね（る——引用者）につれ、益々危険に瀕しています。〔……〕昭和八年の暴風当時は、まだ新しかったので、難を免かれたのですが、戦後は、どの学校の校舎よりも古く、然も腐朽している事は事実であります。〔……〕戦争による米軍からの被害もありますが、日本軍の無慈悲な破壊が大きかったのです。瓦は飛ばされ又は日本軍にとられ、雨戸、天井板は全部日本軍にとられて、一年有余、材木は風雨にさらされていました。

この鳩間島における実例をふくめて「陳情書史料」収載の書類を通覧してあきらかに指摘できることは、戦災による校舎破壊と一口にいっても、その原因は一概にはいえないということである。つまり、沖縄における校舎破壊の実態は、米軍による戦闘行為に加えて、暴風雨などの天災やさらには日本軍による破壊行為にも複合的に起因していることが「陳情書史料」から読み取れるのである。

戦闘が苛烈を極めた沖縄島中南部はいうまでもなく、他の地域においても校舎破壊は決して一部に限定できるものではなかった。たとえば、鳩間島をふくめた八重山地域では、「戦前の九一%は破壊され完全に残った数は与那国小学校の十五教室だけで、僅かに全体の九%に過ぎなかった」(26)とされている。また、隣接する宮古地域の場合では「島内の学校建物はその約八割程度は爆弾の被害と日本軍兵舎建築のために取り毀されて完全なものといってはほとんど一教室も残」っていないという状況にあった。(27)

第3章において詳細に立ち入ることになる、沖縄戦災校舎復興促進期成会(一九五二年十二月設立)は、沖縄各地域の校舎の一九五三年時点での状況を撮影した写真を収録した冊子を刊行している(沖縄戦災校舎復興促進期成会『校舎の現況』一九五三年。同冊子には頁数が付されていない。以下同じ)。同冊子には茅葺や「馬小屋校舎」「土間教室」と称されていた校舎で学ぶ児童・生徒、教職員住宅の写真などが掲載されている。たとえば、収載された写真には、

具志頭小学校(具志頭村)

戦敗れて山河なく、沖縄の山容は完全に姿を没している。激戦場の跡に建てられた校舎は設備のない馬小屋校舎である。すし詰めになった教室で祖国のニュースを聞き入る児童たちである。

大里北小学校（大里村）

雨戸もガラス戸も床板もない土間教室。これが校舎とは祖国の皆様には御想像もつかないであろう。児童たちはそれでも元気一杯相撲をとって朗らかに遊んでいる。

といったキャプションが付されている。分かりやすい事例として、ここでは「祖国」という文言を使用しているものをとくに挙げたが、この冊子そのものが、沖縄における戦災校舎の実情を「祖国」に訴えることを一義的にめざしたものであることは明白である。このためその説明の方法は、「祖国」があまりに強く意識されていることから、校舎破壊の事実経過をそのままに反映しているものとはなっていない。つまり、同冊子では校舎の破壊・被害の現況に加えて米軍占拠の不当性が暗示的に提示されているだけで、校舎破壊の原因の一端が日本軍によるものであったことについてはまったく言及されてはいない。後述するように、同期成会自体が沖縄教育関係者による日本との関係再開を企図して結成された団体であることからいえば、このことは当然すぎることであるかもしれない。だが、本書の課題意識からすれば、沖縄における教育関係者がこの時期におかれていた歴史的立場を深く考察するうえで、校舎破壊の歴史事実についての言及の欠落という事態は決して見過ごされるべきではない。

ところで、破壊校舎の復興事業は実際にはどのように進められていたのであろうか。以下において、ひとつの事例を取り上げてみたい。

一九五七年に刊行された、読谷村役所『村の歩み』は、一九五〇年代初頭における村内の校舎復興の経緯を次のように描写している。(28)

一九五〇年迄、何処も全校舎が土間に草葺の粗末な校舎であつた。低くて通風、採光も悪く、夏はあつくて暗く窓もなく、冬は寒く只雨露を凌ぐに足ると言う位であつた。之を呼んで馬小舎教室といつていた。此の馬小舎教室は村民によつて村有林から松材を切り出し、草を刈り集めて造られたもので、本村は村有林のあつたお蔭で校舎問題は他村より恵まれていたのである。併し皮肉にも年々来襲した台風は是等を完全に倒壊してしまつた。その度毎に再び建築すると言うふうに、村民は校舎問題では台風と根気比べであつた。〔……〕その頃、政府では校舎建築計画が企てられて他村には全校舎瓦葺が建ち並ぶといつた所もあつたし、又殆どの学校が一、二棟は瓦葺校舎が建てられたが、本村や三、四ヶ村だけは依然として一棟の永久校舎の割当が無かつたので村民の校舎問題に対する関心は非常に高く、不公平の声は騒々しい程であつた。〔……〕一九五一年、漸く本村の各校にも二教室当の煉瓦校舎が建つようになつた。その時の村民は大変喜んだのである。

ここにも描写されているように、戦後沖縄における校舎復興事業は、一九四六年頃から、土間、草葺、天幕やトタン、コンセットなどによる簡易的な仮校舎の建設として着手され始めていた。とはいえ、米海軍軍政活動報告によれば、一九四六年以降に始まる沖縄住民の収容所から居住区域への帰還や日本などからの引揚者の増加によって、必要とされる教室数の不足が問題化していた。[29] 加えて、先述したように、一九四八年四月から六・三制の義務教育制度が施行されたことで、教室不足の問題はさらに深刻化していた。[30] また、読谷村の例にもあるように、台風による校舎の倒壊が随所でみられた。

このため校舎復興の早期実現は、一九五〇年代前半においても依然として沖縄の教育関係者にとってのもっとも切実な課題であったといえよう。こうした条件のもとで校舎建設の割りあてをめぐっては、各地域からの陳情が殺到していたのであった。前引した「陳情書史料」は、この課題の大きさと地域的な広がりを如実に反映するものとなっている。

沖縄における戦災校舎の復興事業は、実際には必ずしも「祖国」によって担われていたわけではなかった。日本政府による米国施政権下の沖縄への財政援助(琉球政府予算への計上)は、先行実施されていた一部の例外を除き、一九六二会計年度(会計年度の期間は一九六一年七月一日〜一九六二年六月三十日)から正式に開始される。この日本政府援助は、義務教育教職員給与の半額国庫負担などが実施された、一九六〇年代半ばを境にして米国政府援助を上回り、以後、いちじるしく増長することになる。[31] この日本政府援助が実施される以前の時点では、一九四六年六月に米国議会で議決のうえ創設された、占領地域救済のための米国政府基金である、ガリオア援助=GARIOA(Government Appropriation for Relief in Occupied Areas)が復興のための財政基盤となっていた(一九四七年度から一九五七年度まで。一九四九年度からは工業原料や機械類などを主体としたエロア援助=EROA:

Economic Rehabilitation in Occupied Areas が加わる）。ガリオア援助は、飢餓や疾病からの救済のための現物支給（食糧、穀物など）を主体とするものであったが、教育関連については初年度である一九四七会計年度（一九四六年七月～一九四七年六月）から、"civil information and education" として費目化のうえ予算計上されている。[32] この教育関連費が具体的にどのような内容に充てられたのかは現時点の筆者の調査では同定できていない。ただ、ガリオア援助に基づいた「永久校舎」への建て替えについては、一九四九会計年度から着手されはじめており、[33] このことからすれば、おそらく、一九四七～四八会計年度にかけては、仮校舎を建造するための関連資材がその主な内容であったと蓋然的に推測される。

こうして一九五〇年以後、さきに読谷村の例でもみたように、各地の戦災校舎はガリオア援助に基づいてようやく復興を遂げつつあった。

［教職員の不足］

校舎にみられる物質的な破壊と欠乏に加え、沖縄戦による教職員の戦死、そして、戦後には薄給などの待遇不備による生活苦からの離職などが原因となって、[34] 教職員不足が沖縄の教育関係者にとってのもうひとつの深刻な問題となっていた。

国民学校関係に限定した場合においても、沖縄戦による教職員の戦死に関するひとつの統計によれば、沖縄県内の同教職員、三〇〇九名の内、二七〇名が「殉職者」として表2―1にみるように記録されている。

表2―1　地域別、国民学校の教職員数、戦死者数と百分比

地域別	教職員数(人)	戦死者数(人)	戦死者百分比(%)
島尻郡	七三五	一一二	一五・二三
首里・那覇	三一七	四二	一三・二四
中頭郡	七〇七	六七	九・四七
国頭郡	六六六	四八	七・二〇
宮古・八重山	五八四	一	〇・一七
計	三〇〇九	二七〇	八・九七

〔出典〕「教員殉職者調」文教局研究調査課編『琉球史料』第三集所収、琉球政府文教局、一九五八年、四九九～五〇〇頁。
〔註記〕表記に一部修正を加えた。百分比については筆者が付加した。

表2―1から、教職員の地域別戦死者比率では、沖縄戦による被害実態の地理的分布を反映して、沖縄島南部の島尻郡、次いで首里・那覇が多く、沖縄島中部、北部がこれにつづく率であったことが推定できる。ただし、この統計自体も沖縄戦による教職員の戦死者数を正確に反映したものではない(35)と考えられる。というのは、たとえば、表2―1の出典と同年に刊行された、他の資料によれば、沖縄島とその周辺の島々だけに限定した場合においても、国民学校関係の戦死者数は五二〇名にも上っているためである(内訳は、校長が二七名、訓導が三七一名、助教が一二二名)。また、沖縄教職員

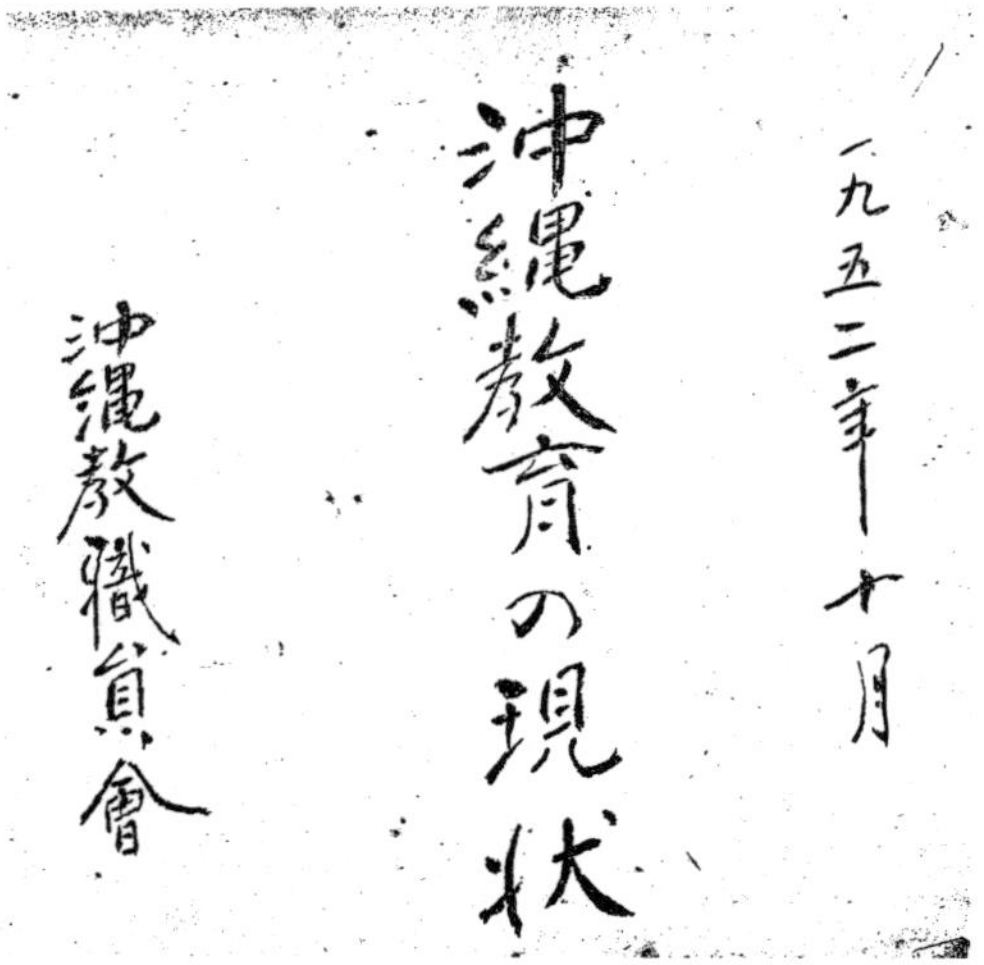

図２－１　沖縄教職員会『沖縄教育の現状』表紙［沖縄県教職員組合所蔵］

会『沖縄教育の現状』一九五二年十月〔沖縄県教職員組合所蔵〕によれば、「教育関係戦没者」は約六二〇〇名（内訳は、教職員が約七〇〇名、疎開児童をふくむ児童が約四〇〇〇名、鉄血勤皇隊などをふくめた生徒が約一五〇〇名）とされ、「凡そ四割近くの中堅教育者を失い背柱を抜き取られた状態」と表現されている（頁数の表記なし。以下同じ）[36]。

以上の例にみるように、管見のかぎりでいえば、沖縄戦による教職員の戦死者数は、その正確な数すら特定できてはいない。しかしながら、沖縄戦によって教育関係者にもたらされた直接あるいは間接の被害は、物質面だけにとどまらず、人的な被害においてもきわめて甚大であったことはこれらの統計からあきらかである。

沖縄戦終結の前後からの沖縄社会のおかれた状況について、戦争被害の具体的な事例に即しつつ以上で瞥見してきたのは、戦後の沖縄における教育関係者の日常が沖縄戦による焦土と生活の窮乏のなかから始められなければならなかったという事実をまずは確認しておきたかったからである。沖縄における教育関係者の時間と注意力のほとんどは、戦争被害と困窮からの脱却を図ることに集中せざるをえない状況にあった。[37]

沖縄の教育関係者の思想と行動は、こうした困窮状況をもたらした歴史的、社会的な原因の一端を沖縄と日本との関係史のなかで省みることへとは向かわなかった。むしろ、寸断されていた日本との関係を一刻も早く修復することへと向けられようとしていた。そのひとつの組織的な原基となったのは、戦後沖縄における最初の教員団体として結成され、のちに復帰運動の主軸となる沖縄教職員会の前身組織、沖縄教育連合会であった。

[沖縄教育連合会]

一九四七年二月二四日、およそ五年のちに沖縄教職員会へと改組することになる、沖縄教育連合会が結成された（初代会長・島袋俊一）[38]。同会会則によれば、同会は沖縄内部の各地域教育会の連合組織であり、事務所を文教部内に設置し（第二条）、その目的を「沖縄教育ノ振興ヲ計リ《ママ》教権ノ確立生活ノ向上並ニ会員ノ親睦互助ヲ図ル」（第四条）[39]とするものであった。同会は戦後はじめての全沖縄的な教員組織として設立されたものであった。同年十二月に教育後援組織として沖縄教育後援連合会（一九五三年五月、ＰＴＡ連合会に改組）が結成され、沖縄教育連合会の組織的体制が整備された[40]。一九四八年より同会は機関紙として『新教育』を数カ月ごとに発行し、会員に頒布している。また、一九五一年六月には同会によって沖縄教職員共済会が設立され、懸案とされていた教職員の福利厚生を担うこととなった。

図2―2　沖縄教育連合会『一九五〇年度 議事録』表紙［沖縄県教職員組合所蔵］

この沖縄教育連合会の活動については、これまでの研究においてごく断片的な記述にとどまっており、その組織的構成・行動や討議の内容などは系統的にあきらかにできていないのが現状である。同会内部の討議内容に関して立ち入って分析できるひとつの史料として、ここでは沖縄教育連合会『一九五〇年度　議事録』〔沖縄県教職員組合所蔵〕を取り上げてみたい(41)。この史料の分析によって、限定的なものではあるが、四・二八に前後する時期の同会による活動の一端が具体的にあきらかにできると思われる。

同史料には、一九五〇年五月から翌年九月にいたるまでの約一年四カ月のあいだに開催された、各会議の議事録要旨が収載されている。これら計五回分の会議名称と議題のなかからいくつかを列挙すれば、以下のとおりである（会議名称と議題は原文ママ。丸数字は便宜上、筆者が付した。以下、各会議を丸数字で代記する）。

①　一九五〇年五月十三日、教連理事会
　待遇問題、増俸問題、米国教育視察員、『新教育』について

②　一九五〇年八月十一日　選挙対策協議会
増俸問題、選挙対策協議（同年九月の群島知事選挙などを指す――引用者）
③　一九五一年三月十二日　代議員会
一九五一年度予算審議、教員共済会
④　一九五一年六月二八日　代議員会
共済組合設立について、慰霊塔建設について、一九五〇年度決算報告、その他（日本視察教員、講師招聘、琉大夏季講座）
⑤　一九五一年九月十一日　代議員会
教連予算更正、互助規程の一部改正、五周年記念事業について、会長選挙について

これら一連の会議における議題において主要に提出されていたのは次のふたつの取り組みであった。第一に、①および②会議にもあるように、教職員の「待遇問題」「増俸問題」である。同会がもっとも重点化させていた活動のひとつは、さきに具体的にみてきたような、過酷な条件下にあった、沖縄における教職員の待遇改善を図ることにおかれていたことはこの議事録から容易に看取することができるだろう。第二に、これが以下においてもとくに着目したいことなのだが、日本側との関係再開を試みる、教育交流の取り組みである。一例を挙げれば、対日講和条約の調印直後に開催された⑤会議に出席した代議員に対して、米国による沖縄の信託統治化を想定した沖縄教育連合会による意見聴取が実施されていた。その意見のなかには、「教育資材輸入の自由拡大」や「教育施設を急速に完備し

てもらいたい」といった、差し迫っていた教育復興事業に加えて、以下のような日本側との教育の「一体化」にかかわる「希望」が同会の代議員から提示され、関係当局に要望されていた。「日本人と同様な教育をしてほしい」「米国の方針が決まったからには吾々は日本人としてアメリカが沖縄を必要とする事については最大の協力をするであろうと同時にアメリカの責任に於いて許した将来における日本と一体化するための経済、文化、教育の一元的取扱については是非理解と同情を示してもらいたい」[42]。

対日講和条約の調印に前後する時期のこうした同会の動向に関連して、以下では、「留日琉球派遣研究教員制」を中心とした、教育関係者の交流が具体的にどのようなものであったのかに焦点をしぼって検証してみたい。

［留日琉球派遣研究教員制］

「留日琉球派遣研究教員制」は、小学校から高等学校までの沖縄の教員などを日本の学校に派遣して半年から一年間にわたる研修を実施するものである[43]。同事業は、後述する実施拒否という米国側からの介入を受けつつも、対日講和条約の発効とほぼ同時期の一九五二年四月から実施されることになった。沖縄では米軍の占領統治が最優先とされることで、戦争犯罪者への責任追及はほとんど行われてはいなかったとされる[44]。このことを如実に反映して、同事業は戦前期の「研究訓導制度」をそのままに模して沖縄側から日本政府に提案されたものであった[45]。

同制度の実現にさき駆けた一連の動きをここでまずはみておく必要がある。米国側は、このような沖縄から日本への派遣交流の事業に対して当初から否定的であった。このことは、一九四七年八月にマッカーサー元帥の意向として、軍政府財政部副部長マグマホン大佐から出された次の談話にも明白に表明されている。「沖縄人ノ日本へノ留学ヲ喜ンデイナイ、沖縄ハ日本ト違ツタ特殊ナ立場ニアルカラ、ソノ教育モ亦日本ノソレト違ツタ特殊ナ立場ニ於テナサルベキデアリ、沖縄ノ教育ハ沖縄ノ大学ニ於テナサルベキデアルト思フ」(46)。

この談話にもあるように、米国側は教員養成や研修などの機能をもった大学を設立することで、沖縄における教育体系を沖縄内部で自己完結させることを企図していた（一九五一年一月十日の米国民政府布令第三十号に基づき、後述するように、一九五一年二月に琉球大学が開校する）。こうして米国側は、文教部などからの教員派遣事業の再三の申請に対して頑なに拒否をつづけていたのであった。このため、敗戦後のいわゆる新教育の沖縄への導入は、前記した戦災による困窮や米軍の占領統制の優先と相俟って、日本での進行に比して立ち遅れていた。

また、占領下の日本において文部省主催、ＣＩＥ（Civil Information and Educatioin section）賛助のもとに一九四八年から実施されていた「教育長等講習（のちに教育指導者講習）」＝ＩＦＥＬ（the Institute For Educational Leadership）への沖縄からのはじめての派遣は、一九五〇年三月になってようやく実施されている(47)。沖縄からのＩＦＥＬ参加者が出席して開催された「日本教育視察座談会」（同年七月二四日）では率直な感想が持ち寄られており、沖縄にとってＩＦＥＬがどのような影響力をもつものであったのかを読み取ることができる。同座談会において、東京で受講した山城篤男は、「日本で講習（ＩＦＥＬ――引用者）ができるようになったのも待遇問題が一段落ついてからだ」として、戦後復興の進展と教員待遇における日本と沖縄の格差を指摘した。これに対して、「結局、今の沖縄教育における問題の結論はいつでもそこになって行く」「私も勢いこんで帰って来たものの、学校について見れば教員の生活が実に惨めで悩まされている」といった参加者からの応答がなされている。[48]九州大学で受講した屋良朝苗はのちに回顧録のなかで、ＩＦＥＬに参加した際に目撃した、日本での家屋や子どもたちの衣服、学校の施設・設備の彼我における歴然たる格差に驚愕したことを記している。[49]また、同じく屋良は、受講中に訪問した壱岐の中学校が「三階建の鉄筋コンクリート、しかも二間幅の廊下」を備えていたことを目のあたりにして、

こんな離島でも学校建設がすばらしく進んでいるのに、沖縄ではまだ草ぶき屋根だ。〔……〕沖縄には私の生きている間に、こんな立派な校舎はできないのではないかとさえ思った。[50]

と述懐している。敗戦から約五年が経過した日本の現状に接したこれらの発言からは、沖縄の教育復興についての立ち遅れの実感が顕著に看取できる。日本との教育交流が現実に再開され始めたことで、この実感は沖縄の教育関係者にとってより可視的で切実なものとして捉えられていた。そして、日本との関係を強化することこそが、沖縄の立ち遅れを解消するもっとも有効な方途として沖縄の教育関係者には捉えられていた。このことは、一九五〇年十一月に戦後初めて開催された、第一回全島小中高校長会において、沖縄の教育制度を文部省の管轄下におき日本と一体化させる日米両国関係者宛の陳情などが決定されていた経緯からも容易に読み取れる。[51]

まさに、以上のような沖縄の立ち遅れの実感に根ざしつつ、「留日琉球派遣研究教員制」は、その早急な実施が沖縄側から強く求められていたのであった。このように沖縄の教育関係者の日本への志向性は、必ずしも自然発生的な一体感から生じたものではなかった。むしろ、沖縄における戦災からの復興の立ち遅れという、いわば物質的な基盤にこそ根ざすものであったというべきであろう。

あらためて同制度が実現された経緯に立ち戻ろう。一九五一年二月、琉球大学の開学式に出席していた文部政務次官の水谷昇らは、当時文教部長であった屋良朝苗によれば「本土からの初めての正式なお客さん」[52]として沖縄に迎え入れられていた。教員派遣事業の実施についての沖縄からの強い要望は、この機会を逃すことなく、水谷を通じて日本側に正式に伝えられることとなった。[53]

当初、文教部では早急にも同年二学期からの実施を想定して文部省と折衝をつづけていたが、受け入れ学校側からの要望などの関係で、翌年の四月から実施されることが同年八月下旬に文部省から伝えられた。[54]

かくして第一回の派遣教員は、一九五二年三月三一日に文部省職員などの出迎えを受けて横浜港から上陸し、東京、京都など、各受け入れ学校に赴任した。[55]第一回派遣以降、毎回十五名から三十名程度の教員（年度別では四十名から六九名）が日本各地域の学校に派遣されることになる。一九五〇年代半ばまでの派遣時期ごとの推移を示せば以下のようである。

表2―2　留日琉球派遣研究教員制の実施状況

回（派遣期間）	派遣人数（人）
第一回（一九五二・四～一九五二・九）	二〇
第二回（一九五二・一〇～一九五三・三）	三〇
第三回（一九五三・四～一九五三・九）	二五
第四回（一九五三・一〇～一九五四・三）	一五
第五回（一九五四・四～一九五四・九）	三〇
第六回（一九五四・一〇～一九五五・三）	二〇
第七回（一九五五・四～一九五五・九）	三〇
第八回（一九五五・一〇～一九五六・三）	二一
第九回（一九五六・四～一九五六・九）	三〇
第十回（一九五六・一〇～一九五七・三）	二〇

〔出典〕「留日琉球派遣研究教員」文教局研究調査課編『琉球史料』第三集所収、琉球政府文教局、一九五八年、四一二～四一四頁。
〔註記〕第八期は、一人が病気のため途中で帰郷しており、実際には二〇人。

こうした日本との教育交流事業は、(56)前掲④会議において議題化されている、日本からの招聘講師による認定講習（一九五三年開始）、日本の教員や指導主事を沖縄へ派遣する教育指導委員制度（一九五九年開始）として相次いで拡大され実施されることになる。また、留日琉球派遣研究教員制についても、一九六五年度からは、校長、指導主事を対象とした事業が新たにふくまれることになる。これらの制度を通じて人的交流が再開されることで、日本における教育復興の状況が具体的な情報として沖縄へと還流していくことになる。(57)

日本との関係再開を企図していたこれら一九五〇年以降に実施された、いくつかの取り組みは、沖縄教育連合会と沖縄民政府（のちに琉球政府）といった行政側との強い結合によって担われていた点において、この時期の沖縄に特徴的なものであった。途絶していた日本との関係を再開・強化するという一点において、沖縄の教育関係者はのちに顕在化することになる政治的立場の差異を超えて一体化しなければならなかったといえる。

次に、対日講和条約の調印に対して、沖縄の教育関係者がどのように具体的に対応したのかをみる。

［復帰運動の組織化］

一九五〇年は、復帰運動を組織化しようとする動きが沖縄の各領域で徐々に進展していく起点となる年であった。その大きな契機となったのは、前掲した②会議でも議題化されていた、一九五〇年九月の群島知事選挙であり、そして米国を施政権者とした国際連合の信託統治下に沖縄などの地域をおくことを示す、対日講和七原則が同年十一月に公表されたことなどであった。

群島知事選挙に際して沖縄教育連合会は、②会議において米軍政府からの弾圧や介入を回避するために慎重に文言を選ぶ議論を戦わせた末に、「教育会は政党ではない。従って政党的政治活動は許さ

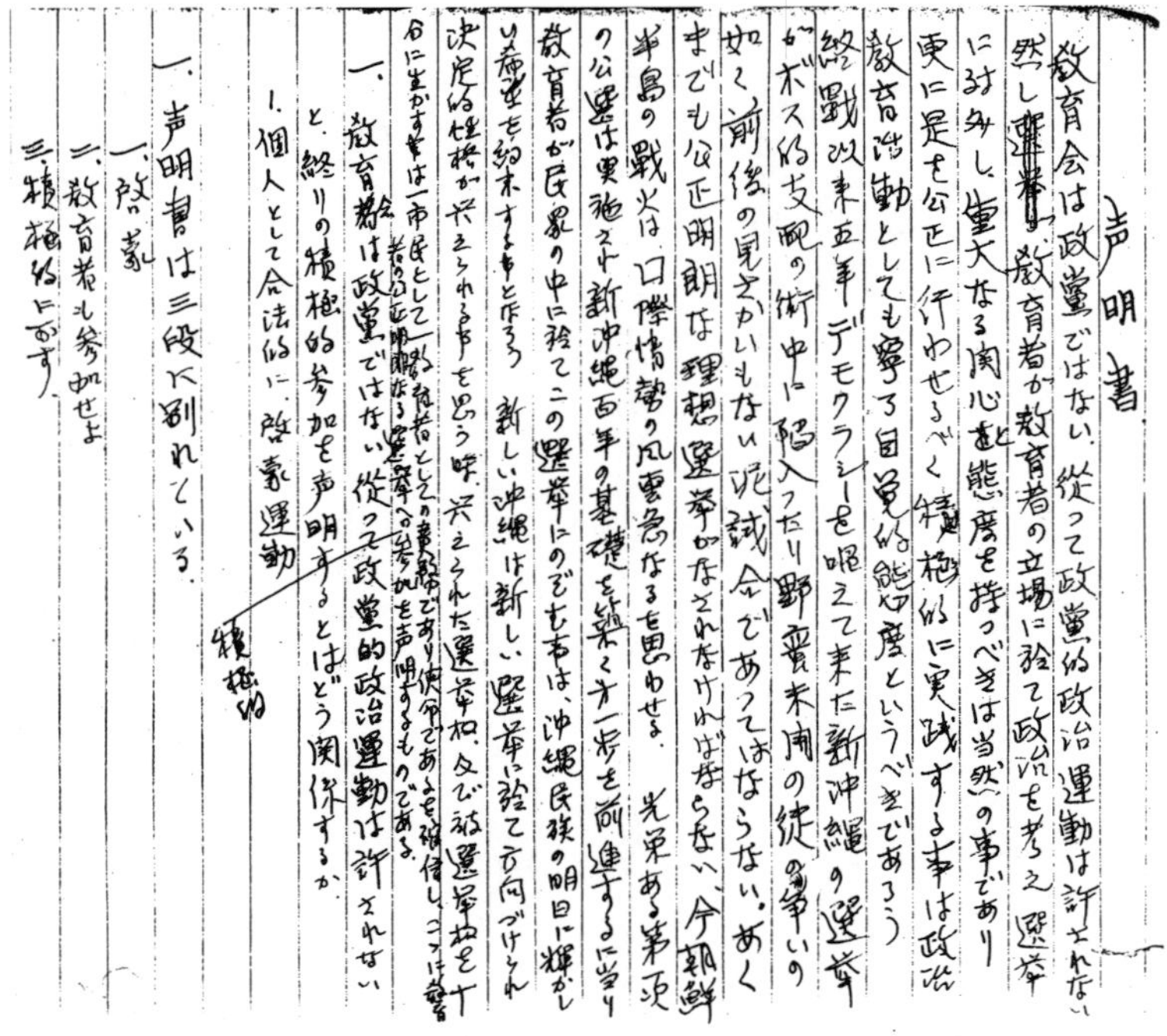

声明書

教育会は政黨ではない、從って政黨的政治運動は許されない
然し教育者が教育者の立場に於て政治を考え選挙
に対し重大なる関心と態度を持つべきは当然の事であり
更に是を公正に行わせるべく積極的に実践する事は政治
教育活動としても當然自覚的態度というべきであろう
終戦以来五年デモクラシーを唱えて来た新沖縄の選挙
がボス的支配の術中に陥入ったり野蛮未開の徒の争いの
如く前後の見さかいもない泥試合であってはならない。あく
までも公正明朗な理想選挙がなされなければならない、今朝鮮
半島の戦火は国際情勢の風雲急なるを思わせる。光栄ある第一回
の公選は実施され新沖縄百年の基礎を築く第一歩を前進するに当り
教育者が民衆の中に於てこの選挙にのぞむ事は、沖縄民族の明日に輝かし
い希望を約束する事と存ずる。新しい沖縄は新しい選挙に於て方向づけられ
決定的性格が与えられる事を思う時、与えられた選挙権、及び被選挙権を十
分に生かす事は一市民として教育者としての責務であり使命であると確信し、ここに教育者の公正明朗なる選挙への参加を声明するものである。

一、教育者は政黨ではない從って政黨的政治運動は許されない
と、終りの積極的参加を声明するとはどう関係するか。
1. 個人として合法的に啓蒙運動 積極的
一、声明書は三段に別れている。
一、啓蒙
二、教育者も参加せよ
三、積極的にせよ

図2－3　沖縄教育連合会「声明書」原文

れない」という件で始まる、選挙への「声明書」を公表した。この「声明書」は、あくまで中立的な立場を保持しつつ、「公正明朗な理想選挙」が実施されるべきこと、選挙権および被選挙権を生かすことを広く訴える文面となっている。

したがって、「声明書」の文面をみるかぎりでは、沖縄教育連合会が同選挙に対して具体的にどのような政治的組織化を図ろうとしたのかについては判断できない。前述してきた言論の統制状況からすれば、沖縄教育連合会が表立った政治的活動を組織化すること自体が可能な状態ではなかったということは少なくとも推測できる。事実、沖縄群島知事選挙に立候補し

た、松岡政保（民政府工務部長）、平良辰雄（農林省総裁）、瀬長亀次郎（人民党書記長）の三候補は、沖縄の帰属にかかわる事項に関して、少なくとも表立っては明確な政策や意思を表明できていなかった(58)。

沖縄群島知事選挙の当選者は、選挙翌月に結党をみる沖縄社会大衆党（のちに「日本復帰」を決議）(59)の委員長となる平良辰雄であった。いつの時点から、どのような論議を経てという未解明の留保点を依然として残すとはいえ、日本との関係再開を希求しつつあった沖縄教育連合会が「独立」や「信託統治」という選択肢を選ぶことはありえないはずであった。前掲した議事録に立ち戻れば、対日講和条約の調印直後に開催された、沖縄教育連合会の⑤会議では、正規に議題化されてはいないものの、議事録上は「日本復帰運動」と銘打たれた内容が討議されていたことが窺える。同議事録では、「復帰運動」への寄付金に関することに加えて、

○非常に今度の調印も影響した。協定までは更に教育会員が運動すべきである。これからが大切。民族としての生きる道——恩給、その他。

○今迄受身の形になっているから熱意が出ない。

○今度こそ積極的に教育会が動くべきである。

○責任は代議員、理事会にある。理事会で世論調査をしようとしたら引っ込めた。握りつぶしになった校舎問題その他とからんで微妙で教員自体もわからなかった。

○先には動かなかったから今度は主体性《ママ》になり動こう。

とする、出席者からの発言や意見が記録されている。先述したような政治的制約を強く受け、かつ政治的な不確定要素に戸惑いながらも、沖縄教育連合会の内部では、少なくとも対日講和条約調印に前後する時期には、帰属選択としての復帰への志向が打ち出されつつあったことがこの議事録から読み取れる。

復帰への志向は、沖縄の政治領域においてもその支持基盤を徐々に固めつつあった。一九五一年三月、沖縄社会大衆党および沖縄人民党がそれぞれ「日本復帰」を決議し、同月十九日には、沖縄群島議会において「沖縄の帰属問題に関し沖縄群島議会の意思表示について」が緊急動議され、討議の結果、「独立」を表明していた共和党議員の反対を受けつつも「沖縄の日本帰属」が賛成多数を占め、議会としての意思表示を行うことが採択されている。(60)

同年四月二九日には、戦後沖縄における最初の復帰運動体として「日本復帰促進期成会」が結成された。超党派の運動組織である同期成会は、その趣意書に「全面講和や基地提供反対等の主張をせず此の運動を単に琉球の帰属問題に局限する」(61)と記されているように、米国側の統制に注意深く配慮しつつ結成されていた。同期成会は、「日本復帰促進青年同志会」とともに同年五月二十日から三カ月間にわたって「日本復帰署名運動」を展開した。署名運動が終結した翌日の一九五一年八月二七日の『うるま新報』は、集約された約一九万九〇〇〇人の署名が沖縄群島では全有権者の七二・一パーセントであったことを伝えている。同じく宮古群島では八八・五パーセント、八重山群島では八一・五パーセントになり、これらの署名簿は日米両国政府の講和会議全権に送付された。(62)

〔「日の丸」掲揚運動〕

沖縄の教育関係者は、復帰運動におけるこうした組織化の過程において主導的な役割を果たしていた。対日講和条約の発効を間近にした、一九五二年一月十九日の第三回全島校長会において、当時、沖縄群島政府文教部長であった屋良朝苗は、

平和会議及其の他の機会に明らかにされた事は我等の主権は日本に残存し、やがて国際情勢が安定すれば我等の願望はかなえられて、祖国日本に復帰することが出来るという事であります。この事は我々にいろいろの示唆を与えるもので、我々の教育方針も教育的施策も日本復帰を前提として考えられなければならないということになります。(63)

と挨拶した。この挨拶を受けた校長会は「復帰決議」を採択した。のちに屋良は「沖縄の教育界の方向は、私はあれできまったと思っています」と回顧している。(64)

こうした復帰運動組織化の動きは、冷戦構造下における地政学上の重要性が確定的になっていた沖縄を安定的に軍事占領するうえで、米国にとってのあきらかな脅威であった。この脅威をいかに回避するのかが米国にとっての最重要課題であった。米国は形態のうえで米軍政府を廃止し、米国政府の出先機関である、琉球列島米国民政府（United States Civil Administration of the Ryukyu Islands）を一九五〇年十二月十五日に設立していた。そのうえで、米国民政府は、公選制によって構成されて

いた群島政府を解散し、臨時中央政府の設置と廃止を経て、一九五二年四月一日に任命制の行政主席（一九六八年からは主席公選制が実施される）、公選制の立法院議員などから構成される琉球政府を対日講和条約の発効直前に発足させた。

一九五二年四月一日、沖縄教職員会（初代会長・屋良朝苗）は、琉球政府の設立と日を同じくして沖縄教育連合会から改組のうえ発足をみた。沖縄教職員会は、次章で詳細をみるように、主要には戦災校舎の復興事業を企図して日本の諸団体・組織との交流を幅広く活発化させることと同時に、沖縄における復帰運動の組織化にとくに力を注いだ。

対日講和条約発効後の同年五月十七日に那覇国際劇場で開催された、戦後はじめての沖縄教職員大会では「自主性を強化し、教権の確立を期す」ことや「生活権を確保する」「教育環境の整備をはかる」ことなどとともに「日本復帰を促進する」ことが「宣言決議」された(65)。また、一九五三年一月には、先述の「日本復帰促進期成会」のあとを受け、沖縄教職員会が中心となって、青年団協議会、PTA連合会、婦人連合会によって無党派の「沖縄諸島祖国復帰期成会」主催の第一回祖国復帰総決起大会が開催され、復帰運動の大衆的な組織基盤が整備されることになる。

一九五二年四月二八日の対日講和条約の発効に併せて、それまで禁止されていた「日の丸」の掲揚が米国民政府によって一部解禁され、一九五三年の元旦についてのみ特例的に各戸での「日の丸」掲揚が許可された。これを契機として沖縄教職員会は、第1章でも論及した言語教育などの「国民化」の教室実践に取り組むことと雁行して、復帰運動のシンボルと看做された「日の丸」を各戸で掲揚する運動の組織化に着手している。

沖縄教職員会会長・屋良朝苗は、一九五二年十二月十九日付、各学校長・地区教育会主事宛の書面「新年の挙式並国旗掲揚について」で以下のように依頼している。(66)

待望の国旗について「各家庭に掲げてよろしい」と再確認され、さらに「新年の挙式も新年の歌も歌ってよろしい」と許可されたことは実質的な祖国復帰への前進であり愈々祖国への近親感を深めるものがあり皆様と共に感激に堪えません。

就きましては学校が主体となって児童生徒は勿論、学区域住民にもよく熟知徹底させて戴き左記事項の実現に完璧を期して下さるようお願い致します。そして希望に満ちた明るいお正月を迎えて心から国民的感激に浸れるよう努めましょう。

同書面では「一月一日には学校で挙式をいたしましょう」「新年の歌も歌いましょう」「各戸に国旗を掲げるよう奨励いたしましょう」「国旗購入が間に合わない児童生徒は学校で紙の旗を製作して掲げるように御指導下さい」「国旗のない一般の家庭にも希望するものは学校で配布して戴き、尚多くの家庭が掲げるよう勧奨致しましょう」といった具体的な項目が付記されている。

沖縄教職員会によるこの運動は、ただ題目を掲げるだけにとどまるものではなかった。たとえば、時代を下るが、一九五九年一月三十日に開催された沖縄教職員会青年部長会での次の議事録から、運動の組織化への強い切迫感を垣間みることができる。(67)

一、日の丸掲揚について

各家庭に国旗を掲げさせるには？

1　国旗の価格が高い。安い価格で配布できるように、教職員会で斡旋してもらいたい。

2　祝祭日には必ず各家庭で掲げよう。祝祭日について今後、部長会で研究し、全島一斉に掲揚できるようにする。

3　貧困家庭には学校でつくってあげたい。

沖縄教職員会は各戸への「日の丸」の購入斡旋までをも担って、この運動の組織化に心血を注いでいたことがわかる。

この時点の沖縄教職員会にとっての「日の丸」とは、たとえ同じ「日の丸」であったとしても、日本による沖縄支配、沖縄戦下の軍国主義のシンボルとしての「日の丸」であってはならないものであった。沖縄教育史の事実に刻印されつづけてきた、抑圧性や権力性のシンボルとしての「日の丸」は忘却されなければならなかった。それは直接的には米国民政府への抵抗のシンボルとして、そして、新たに創造されるべき「日本国民」アイデンティティのシンボルとしての「日の丸」でなければならなかった。

沖縄教職員会が発足して間もなくに直面した組織的運動が、「日の丸」掲揚運動であったことは、たとえ偶然とはいえ、沖縄近代の教育史がもつ特質の一側面を顕著に反映するものであるように筆者には思われる。その特質とは、「日本」からの差別（行政分離）を教員などのインテリゲンチャを牽引車とした沖縄からの自発的な「同化」運動によって解消するというものであった。この特質の一側面にかぎっていえば、沖縄における教育の「近代」は、一九五〇年代初頭においても依然として確実に機能し、持続していた。

（3）沖縄における四・二八認識

占領による言論と政治的活動への制約下においては、教育関係者においても例外なく、対日講和条約に直接的に論及することは、きわめて困難な状況にあった。とはいえ、同条約第三条に対する、いわば事実上の態度表明は対日講和条約の調印前後を起点とした、いわば萌芽的な形態での復帰運動として教育関係者のあいだで共有化されていた。また、それと不可分のものとして、沖縄教育関係者による「日本」を志向する思考様式と態度が、沖縄復興の立ち遅れという切実な実感に基づいて存在していたことは本章の課題に照らして注目される。

一九五〇年代から次第に組織化されていく復帰運動においては、沖縄に支配・統制を加えつづけ、沖縄の言語や文化を抑圧してきた、記憶のなかの「日本」は封印の対象とされなければならなかった。沖縄教育関係者にとっての「日本」とは、歴史のなかで省察すべき対象とはされず、あくまでも依願すべき対象であった。沖縄教育関係者による四・二八認識を、以上のように特徴付けることができるのではないか。

ただし、本章で対象とした、一九五〇年前後の状況は、これ以後の沖縄史をめぐる推移といちじるしく異なる特質をもつものであったことをここで併せて指摘しておかなければならない。

以下においてその詳細をみるように、一九五〇年代以降には東西冷戦構造が日本国内の教育関係に持ち込まれていた。教育の内容や教職員の身分、教育行政制度などをめぐって、文部省と日教組との対立構造が次第に確定的になりつつあった。このこととは対照的に、本章でみてきたように、四・二八に前後する時期の沖縄教育関係者のおかれた立場は、この対立構造をそのままに踏襲するものではなく、むしろ両者に依願しようとする、いわば横断的なものであった。次章において考察するように、一九五〇年代の日教組にとって、「逆コース」と看做された路線を行きつつあった国家権力としての「日本」はあくまでも対決・批判すべき対象でありながら、沖縄教育関係者にとってはまさしく一体化すべき対象であった。先述の「日の丸」掲揚運動を例にして、屋良朝苗はこの両者の対比性を次のように懐旧している。(68)

教職員会時代に日教組と手をとりあってやるが、一線を通して、向こうがやるものは必ずやる、やらんものはやらんということではないんです。たとえば、国旗掲揚運動は本土ではタブー、ところが我々は堂々とやったんだ。復帰への一里塚として、たてる自由を獲得するために。

沖縄の教育関係者によって対立構造が踏襲されはじめる時期を明確に区切ることはむずかしいが、後述するように一九六〇年代から激しさを増した「教公二法」の立法をめぐる対立が教育関係者の態度決定における大きな契機となったことはたしかであろう。前引した沖縄教職員会によって推進されていた「日の丸」掲揚運動が一九六〇年代半ば以降に転換を遂げていくことは、このことと軌を一にしている。この転換は、沖縄教職員会だけのものではなく、復帰運動自体の転換でもあったことについては、第4章で考察を加える。

以上のかぎりでいえば、本章において使用している「沖縄教育関係者」という術語は、少なくとも一九六〇年代以降にはもはや成立しえないことはたしかであろう。本章で取り扱っている、一九五〇年代までの事象にのみ使用されるべき限定的な性格のものであることを付記しておきたい。沖縄から一体化の対象と目されていた「日本」において、対日講和条約をめぐって教育関係者がどのように対応していたのか、わたしたちは次にこの点に目を転じてみたい。

三　「全面講和」論の展開

対日講和条約に関連して日教組は、一九五〇年代以降、さまざまな機会にその主張を提示してきた。組織上の問題や基盤政党の分裂などが原因となって、その主張内容には相対的な振幅があったことは否めない。ただし、「全面講和」と非武装中立を堅持すべきであるという点では大局において組織的に一致しているとみてよい。こうした日教組による主張が出された背景には、民主主義化と反共政策というふたつの政治的意図をもった、米国による占領下の教育改革への組織的な対応という政治的契機が存在した(69)。

以下、一九五〇年代初頭における日教組による「全面講和」論の展開過程の特質を具体的に考察する。

（1）一九五一年九月以前

［ふたつの声明］

一九五八年に刊行された日本教職員組合編『日教組十年史』での記述によれば、日教組が、日本の軍事基地化に対して反対の意思表明を初めて明確に行ったのは、一九五〇年二月に開催された第十四回中央委員会においてであった。[70] 同委員会において決議された「講和問題に関する声明書」がそれである。同声明書は、以下のように記されている。

民族の独立を確保し、世界平和に寄与せんとするわれわれはすべての連合国との間に一日も早く講和の締結されんことを熱望する。〔……〕

われわれが講和を熱望しその実現の一日も速かならんことをねがう所以は、われわれが政治的にも経済的にも名実ともに独立の実を完うし、世界人類とともに平和と幸福を享受せんが為にある。

したがつて、講和が連合国すべての国との同意と協力によつて達成されることなく、それが相対立する一方の陣営に日本を投じ、他の陣営との間にさらに深い対立と憎悪を醸生するが如きものであつては、われわれのねがいと全く相反するものである。

吉田首相の過般の議会における答弁の如く、特定国に軍事基地を供与するが如き主張は、戦争放棄を宣言せるわが憲法に違反するばかりでなく、自ら進んで新なる戦禍にわれわれを投げこむ結果となるであろう。
われわれは日本の安全保障と世界平和への道は、日本を永世中立の地位におく以外にはないと信ずるが故に、すべての連合国がその友愛と正義に基く対日講和への措置の急速なる実施を望むものである。(71)

同声明書は、軍事基地の提供反対、日本の非武装中立とともに、全面講和論を主張するものであり、ほぼ同じ時期に表明されていた「平和問題談話会」による対日講和条約に関する一連の声明(72)と軌を一にしていた。こうした主張が出てきたのには、相互に絡み合った次のふたつの必然的な背景があった。第一に、一九四七年二月の二・一ゼネストへの中止声明としてもすでに顕在化していた、米国の占領政策の「転換」への対応という側面であり、第二には、いうまでもなく、次第にあきらかになりつつあった対日講和条約の内容への政治的な懸念があった。

このうち米国の占領政策にかかわる第一の点に関していえば、一九五〇年六月二五日に、いわゆる「逆コース」(73)への転換を決定付けたとされる、朝鮮戦争が開戦していた。開戦直後の緊迫する状況下において、第十六回中央委員会(一九五〇年七月)(74)が開催された。同委員会では、五号議案「平和声明に関する件」が決議され、中立と戦争への不介入に加えて、前記「講和問題に関する声明書」と同様に、軍事基地提供への反対と全面講和論があらためて強く打ち出されていた。

一九五〇年代初頭に表明された、これらふたつの代表的な声明は、日教組の対日講和条約に対する基本姿勢を明確に提示するものであったとみてよいだろう。事実、一九五一年一月の第十八回中央委員会において採択された、「講和に関する決議」は両文章の方向性を踏襲した以下のようなものであった。

朝鮮事件の発展と国際情勢の進展は、対日講和の早期締結を各国の間に決意させるに至り、今やアメリカの草案をめぐつて、関係国間に真剣な討議が加えられている。しかしながら現在の危機的段階にある国際情勢の中にあつては、講和条約はその形式内容においてわれわれの所期する全面講和、日本の完全独立とは遥かな程遠いものとなることは想像にかたくないところである。

〔……〕

今こそわれわれは次の方針に従って平和へのゆるぎなき願望を全世界に宣明して、日本の完全独立を確保するために、全労働階級とともに強力な運動を展開する。

一　われわれの講和に対する基本的態度として、去る二五年二月発表せる「講和に関する声明書」ならびに、七月の平和声明にもられたる全面講和、中立堅持、軍事基地提供反対を再確認する。

二　右の基本的態度から再軍備に反対する。

三　講和内容については政治的、経済的自主権を完全に保持し、真に独立の名に値する内容条項の決定を強く要望する。

四　これについては、われわれが先に講和に関する声明書に提示した基本線を骨子として、総評ならびに勤労階級政党にはたらきかけ統一的に決定し、闘争を展開してゆき、広く国民大衆の世論を結集する。

五　困難なる講和を通してかち得られる民族の完全独立は、国民一人一人の精神的自立を基盤とした積極的且広般な平和運動によって達成されることを信じ、再び教え子を戦場へ送らない決意のもとに日常教育活動に努力を傾注する。(75)

講和条約の草案作成の時点とはいえ、冷戦構造からの強い呪縛を受けた同条約の内容に関する日教組の反対の姿勢は指摘するまでもなくあきらかである。この決議文のうち、とりわけ「教え子を戦場に送るな」との文言は、日教組による平和教育運動を象徴するスローガンとして爾後に汎用され、今日まで広範に知られることとなった。この意味では、日教組による平和教育運動の基礎骨格は、ひとつには対日講和条約に関する一九五〇年代初頭の組織的討議の過程で実践的に形成されていたことが窺える。つまり、対日講和条約への取り組みは、日教組にとってたんに政治的な対応として外在的にあったのではなく、平和教育運動の内容と質にも深くかかわる内的な契機となっていた。

[声の〈不在〉]

対日講和条約に対する日教組の組織的な動員や論策は、一九五一年三月の「指令第六号平和署名運動展開に関する件」(76)として組織化されるとともに、同年五月に開催された第八回定期大会においても大きな論点とされた。同大会の「一九五一年度運動方針書」では、「われわれは真の平和と自由と独立をかちとるために全面講和の締結、軍事基地提供反対、中立堅持、再軍備反対の平和四原則を労働階級の立場として」[77]堅持した運動を展開することが決議された。

ここでいわれる「平和四原則」とは、一九五一年一月に開催された日本社会党第七回大会および同年三月の総評第二回大会において採択された同名の決議に基づいている。「平和四原則」は、総評をはじめとした諸団体によって、一九五一年七月二八日に結成された日本平和推進国民会議のスローガンにも組み入れられ、「全面講和」運動のさらなる「国民」的な組織化が図られることとなった。

しかし、こうした日教組などの革新勢力による一連の取り組みにもかかわらず、批判されつづけてきた多くの問題点を抱えたままに、サンフランシスコにおいて対日講和条約は調印された。

この調印によって、本章の冒頭にも掲げておいたように、沖縄などの日本からの施政権分離が確定した。ここであらかじめ注意を促しておきたいのは、以上でみてきたように、「逆コース」に対応するための「全面講和」論、非武装中立論の主張に日教組の組織勢力が割かれたことで、沖縄などの分離がなにを意味するのかを問い直す声が起きることは、少なくとも日教組での公式の討議では皆無であったということである。この声の〈不在〉という、ひそやかではあるが決して看過しえない事態は対日講和条約の調印以後、どのように展開していくのか、以下でさらに考察を進める。

(2) 一九五一年九月以後

対日講和条約調印直後の一九五一年九月十日、日教組は以下の声明書を発表した。

一九五一年九月八日結ばれた米、英草案にもとづく対日講和条約ならびに翌九月九日に結ばれた日米安全保障協定に対し、わが日本教職員組合は教師としての良心と知性の上にたつて絶対に反対を宣言する。いまを去る六年前、戦争の放棄と世界の平和に貢献する日本の義務と責任は、連合国全体がこれを規定し、これにこたえて日本国民全体が互いに誓いあつた不動の倫理であり、かつ不変の実践目標であつたことは、世界の人類が知り尽してきた事実である。対日講和条約は当然これを前提として、日本の平和と完全独立を実現するものでなくてはならない。しかるにサンフランシスコ講和条約に示されたものは、平和の概念を戦争によつて求める以外にないという理論をおしつけ、これが手段として日米軍事協定を結び、明日の日本に大量の駐兵と再軍備を実施し、三千万にのぼる青少年の肉体と労働を、無限の犠牲に供与させる結果をもたらし、このことは第三次大戦に対し、教え子を戦場に送りこみ、国土を原爆と水爆の惨禍にさらす危険性をなしとしない。さらにこの条約内容によれば、日本の自主権が完全に回復されたとはいえないばかりか、アジア諸国との真の提携はのぞまれず、この結果は四島にとじこめられた八千万の大衆を飢餓生活に追いやり、子供の生活を破壊し、やがては民族を自滅に導くであろう。われわれはすでに今日あることを予想し、五十万の教師の知性をもととし教壇に街頭に立つて、全面講和、軍事基地提供反対、再軍備反対、中立堅持の平和原則を主張し、これを大衆に力強く訴え、政府に対しては善処をせまり、かつ提言してきたのである。

しかるに、九月八日十一時五十五分、ついに吉田内閣は民族の犠牲を覚悟し、平和願望を裏切つて、自ら進んでこの条約に調印した。われわれは過去の一切の戦争に追いこんだ責任が、飽なき軍閥と大資本家に対する知性と良心の敗退であつたことを銘記し、来るべき条約批准を通じ、さらに生命の存続する限り平和を求め、二千万学童、生徒の幸福のために平和原則を確認して闘うものである。[78]

こうした対日講和条約への日教組の反対の意思表示や批准反対の運動[79]にもかかわらず、同年十月二六日には衆議院、十一月十八日には参議院において、同条約は承認・批准されるまでにいたった。これを受けた日教組は、同年十二月開催の第二二回中央委員会において、対日講和条約批准後の組織的な対応方針（「平和運動推進に関する件」）を以下のように確認・決定した。[80]

① 基本態度　十二国会で一方的に批准された講和、安保両条約は日本の平和、自由、独立を保障するものでないことは明らかである。われわれは城崎大会（前引した一九五一年五月の第八回定期大会――引用者）で決定された全面講和を中軸とする平和四原則を再確認し、両条約に反対の態度を堅持して反動政府の戦争準備の諸政策の強行を粉砕するため、広汎な国民運動を展開する。

② 闘争目標　全面講和達成に障害となる条約条項と日本の主権を制限する条項の削除および日米安保条約の破棄を要望する。平和非武装憲法を擁護し生活権を確保する。朝鮮の休戦を実現するよう世界に訴える。国際連携を強化する。平和教育の徹底と大衆化を図る。

ここでも再確認された「平和四原則」は、同大会の開催に際して同時に発表された「五十万教職員諸君に訴える」平和声明[81]とともに、再軍備論への対応など、講和条約調印以後の平和運動を方向付けるうえでの組織的な指針とされた。

沖縄などの諸地域の分離を合法化する対日講和条約の発効は、すでに目睫の間にまで迫っていた。さきに沖縄側での動向を考察したように、沖縄では復帰運動の組織化が急速に進められつつあった。だが、以上においてできるだけ多くの原文を引証してみてきたように、同条約の調印と国会での批准を経てからでさえも、日教組の教育運動において、条約第三条のもつ決定的な意味が主題として問題化されることはなかった。つまり、日教組の教育運動は、さきに考察した、沖縄側において四・二八を迎える政治的論策や心情的態度とは、いちじるしく様相を異にするものであったと判断できる。

次章において詳細をみることになるが、日教組の公式の会議の場に、講和条約第三条に基づいて分離された、琉球諸島に関する問題が初めて本格的な議題として取り上げられたのは、講和条約の発効後、約二カ月を経た、一九五二年六月十六日から新潟市で開催された第九回定期大会でのことであった。そして、翌年の第十回定期大会（一九五三年五月十一日から宇治山田市で開催）にいたって、運動方針案中の「闘争の目標」の項目に「沖縄、奄美大島等をはじめ、講和条約で失つた領土の復帰をはかる」ことがようやく掲げられるにいたった[82]。

同じく対日講和条約を論じながらも、沖縄と日本で四・二八認識の大きな懸隔と差異が生じたのはなぜか。日本と沖縄との戦後史の起点をめぐるこの問いが慎重に解明されなければならない。

四　重なる蹉跌

一九五〇年代初頭の日教組は、「全面講和」論の展開に組織的な勢力を集中していた。だが、以上で詳細をみてきたように、もうひとつの政治的争点であった、講和条約第三条のもたらした琉球諸島などの分離という事態を問おうとする声は日教組においては大きく遅れて登場する。ここであらためて指摘するまでもなく、講和条約第三条は、敗戦後の沖縄人にとって、「全面講和」以上にゆるがせにできないことであった。まさに四・二八認識をめぐって、沖縄における復帰運動は孤立的状況にあった。対日講和条約というひとつの事象をめぐって、沖縄側と日本側において、なぜこのような決定的ともいえる捉え方の差異が生じたのであろうか。

まず、沖縄の教育関係者にとっての四・二八とはいかなる意味をもつものであったのか。沖縄において四・二八とは、日本志向のシンボルであったといえよう。「日本志向」とは、沖縄が帰属すべき所属先としての「日本」を絶対化することと同義であった。「日本志向」は、日本と沖縄との関係史認識にも必然的に影響を与えていた。この背景にあったのは、日本の戦後復興と比較した、一九五〇年前後の時点における沖縄復興の立ち遅れの実感であった。沖縄の教育関係者による復帰運動は、こうした実感に根ざすものであった。このため、米国によって、日本から強制的に分離させられたという実感が教育関係者には強かったものの、日本によって米国に売り渡されたという歴史的事実に即した認識が醸成されることはなかった。このことで日本への批判的視点は軽視されるか、あるいは封印されていたといえる。

次に日本側認識についていえば、日教組による「全面講和論」の主張があったにもかかわらず、沖縄を分離したことの問題は結果として看過されつづけていた。同時に、四・二八によって沖縄が行政的に分離されたことで、それまでの沖縄に対する「差別支配」や沖縄に対する教育の権力性をきびしく問い直す具体的なきっかけを喪失してしまった。

こうして四・二八というシンボルは、沖縄と日本とにおいてふたつに重なった認識の蹉跌を経験してきたと思われる。のちの日本と沖縄との関係史にこの蹉跌がどのような影響をおよぼすのかは、次章以降に検討される。

一九五〇年前後の東アジアのなかの沖縄という、冷戦体制に強く規定された政治状況をつぶさにみれば、日本の沖縄支配を問い直すための契機が放擲されたことは、いわば不可避的であったといえるかもしれない。しかし、この見方は日本と沖縄との歴史的背景の差異を混同し、両者を無前提に同一の地平におくことで歴史事象を一般化しようとしている点で決定的な限界がある。この限界を見据えつつ、筆者がとりわけ焦点化すべきだと考えるのは、あくまでも日本側における沖縄認識の歴史性であり、その権力性である。少なくとも主観的には政治的な革新性を保ちつつ、国家権力への対抗性を強めつつあった日教組に代表される戦後日本の左派勢力は、四・二八認識の蹉跌を経て、沖縄にどのように向かい合っていったのか。次章以下ではこの点に焦点化しつつ、さらに考察を進めていくことにする。

補註（第2章）

（1）一九五六年十二月十八日の国連総会において日本の国連加盟が承認されたことで、対日講和条約第三条に定められた、米国からの信託統治制度の提案が示される可能性は法理的にも低くなっていた。このことの国際法学的検討として、皆川洸「日本の国際連合加入と南方諸島」吉田嗣延編『南方諸島の法的地位』所収、南方同胞援護会、一九五八年、一〜十七頁、参照。

（2）毎日新聞社図書編集部編『対日平和条約』毎日新聞社、一九五二年、五頁、による。

（3）たとえば、福島鑄郎「占領下における検閲政策とその実態」中村隆英編『占領期日本の経済と政治』所収、東京大学出版会、一九七九年、春原昭彦「占領検閲の意図と実態」（上）（中）（下）『新聞研究』No・三九五〜三九七所収、日本新聞協会、一九八四年、あるいは、John W. Dower, Embracing The Defeat: Japan in the Wake of World War II, W. W. Norton and Company/ The New Press, 1999（ジョン・ダワー『増補版　敗北を抱きしめて』（下）三浦陽一・高杉忠明・田代泰子訳、岩波書店、二〇〇四年、第十四章）などを参照。

（4）この点について筆者は、比較的近年に刊行された研究にしぼっても、以下の諸研究の成果に負うところが大きい。渡辺昭夫・宮里政玄編『サンフランシスコ講和』東京大学出版会、一九八六年、河野康子『沖縄返還をめぐる政治と外交――日米関係史の文脈――』東京大学出版会、一九九四年、宮里政玄『日米関係と沖縄　一九四五―一九七二』岩波書店、二〇〇〇年、Robert D. Eldridge, The origins of the bilateral Okinawa problem: Okinawa in postwar U.S.- Japan relations, 1945-1952, Garland publishing, 2001（ロバート・D・エルドリッヂ『沖縄問題の起源』名古屋大学出版会、二〇〇三年）、進藤榮一『分割された領土』岩波書店、二〇〇二年。

　なお、これらに先行する基礎研究として、宮里政玄『アメリカの沖縄統治』岩波書店、一九六三年、同『アメリカの対外政策決定過程』三一書房、一九八一年、同「沖縄の戦後」歴史学研究会編『歴史学研究』No・545所収、青木書店、一九八五年九月、渡辺昭夫『戦後日本の政治と外交』福村出版、一九七〇年、山極晃「アメリカの戦後構想とアジア――対日占領政策を見直す――」『世界』一九七六年九月号所収、岩波書店、大田昌秀「アメリカの対沖縄戦後政策――日本からの分離を中心に――」坂本義和・R・E・ウォード編『日本占領の研究』所収、東京大学出版会、一九八七年、などがある。

関連する基礎的な資料集として、南方同胞援護会編『沖縄問題基本資料集』南方同胞援護会、一九六八年、南方同胞援護会編『沖縄復帰の記録』南方同胞援護会、一九七二年、などを参照。

（5）「沖縄に関する決議」の全文につき、沖縄県祖国復帰闘争史編纂委員会編『沖縄県祖国復帰闘争史資料編』沖縄時事出版、一九八二年、一四三頁、参照。同決議の発端となったのは、一九六二年二月一日に琉球政府立法院議会が出した「施政権返還に関する要請決議」（「二・一決議」）であった。二・一決議については、第4章において論及する。

（6）SOCIAL REHABILITATION: HANNA/ WATKINS, Papers of James T. Watkins R6-811. ワトキンス文書刊行会編『沖縄戦後初期占領資料』第四一巻所収、緑林堂、一九九四年、二二二～二二三頁。なお、ここでの訳出は筆者による。

宮里政玄らの研究がこれまであきらかにしてきたように（補註4参照）、この時点での米国国内、米軍政府の沖縄統治政策の策定過程は必ずしも一元的とはいえなかった。むしろ、沖縄の占領と統治をめぐっては、政治的に不確定の要素が存在していた。このかぎりでいえば、初期米軍政下の教育法制度の整備過程に関する分析は、一次史料に遡及して、誰がどのような意図をもって策定にあたったのかにまで今後さらに深められる必要がある。現代沖縄教育史に関する従来の研究は、本書でも頻繁に用いている、文教局研究調査課編『琉球史料』各編などに代表される、一部の史料に偏重する傾向を強くもつように思われる。第1章でも述べたように、米国側の一次史料を中心として、こうした史資料面での限局状態を打開することが、これからの研究における基礎的課題のひとつである。ワトキンス文書などに依拠した初期軍政についてのこれまでの分析として、玉城嗣久・川井勇「戦後沖縄教育の一考察」『琉球大学教育学部紀要』第26集所収、一九八三年、三〇一～三一〇頁、宮城悦二郎「初期軍政（一九四五―

一九四六）――ワトキンズ・コレックションより――」『琉球大学法文学部紀要』創刊号所収、琉球大学法文学部、一九九五年、七一～九六頁、などを参照。

先述のように沖縄の復帰をめぐって価値意識をあまりに先行させがちであったこの分野の研究において、史実の着実な把握という課題は基礎的でありながらも現時点において依然として切実である。

（7）TECHNICAL BULLETIN, Head Quarters Tenth Army Office of the Commanding Genaral, 5 February 1945. ワトキンス文書刊行会編、前掲『沖縄戦後初期占領資料』第二二巻所収、一五五～一五六頁、参照。同史料の紹介と分析については、川井勇「沖縄占領と米軍の教育政策に関する一考察――米国第10軍関係資料の検討を通して――」九州教育学会編『九州教育学会紀要』第11巻所収、一九八三年、九五～一〇二頁、参照。初期軍政に関する川井勇の研究として、「戦後沖縄教育『再建』の意識と構造」沖縄大学教養部『沖縄大学紀要』第10号（通巻30号）所収、一九九三年、四七～六九頁、を併せて参照のこと。同稿において川井は、軍政に対応した教員層の「意識」を中心的な検討素材として、沖縄における戦前と戦後の連続性を問題化している。

（8）「終戦直後の文教部の変遷」文教局研究調査課編『琉球史料』第三集所収、琉球政府文教局、一九五八年、四頁。

（9）沖縄文教部は「沖縄人教育家を以て組織し米国海軍政府将校監督の下に活動する」べく設立されたものであり、学校の設置・認可、学校への訓令等の公布、教職員の任免、教育課程の立案、教科書・教材の編集等を担う教育行政組織であった。同部の設立により、沖縄群島での中央教育行政機構が組織化された。文教局研究調査課編、前掲『琉球史料』第三集、四頁。なお、同部の設立された直後の一九四六年一月十日には、教員速成機関として沖縄文教学校など、各種の職業訓練学校が設立されるにいたった。

（10）文教局研究調査課編、前掲『琉球史料』第三集、十～十一頁。なお、『文教時報』については、那覇市役所企画部市史編集室編『沖縄の戦後史料（一九四五―一九七二）』第1集、一九七六年、に目次細目が収載されている（一九五二年六月三十日からは『琉球文教時報』と改題）。第一号については、沖縄県教育委員会編『沖縄の戦後教育史』一九七七年、十六～二十頁、に写真撮影原文が収載されている。

(11) 文教局研究調査課編、前掲『琉球史料』第三集、五一〇頁。

(12) 宮古群島では、一九四八年四月一日、宮古教育基本法と宮古学校教育法が、また、一九四九年四月一日には、八重山群島において、八重山教育基本法と八重山学校教育法がそれぞれ施行されている。これらは一九四七年に公布・施行されていた日本の教育基本法・学校教育法を模して作成されたものであり、構成・内容において類似しているが「日本国憲法」や「国民」といった用語は注意深く削除あるいは他の用語に代替されている点で特徴的である。沖縄群島においては、一九五一年に沖縄群島教育基本条例・沖縄群島学校教育条例・教育委員会条例が同様の特徴をもつ法令として施行されることになる。これらの群島別に定められた法制度の体系は、後述する琉球列島米国民政府の設立に伴い、一九五二年二月二八日に公布の琉球教育法に一元化されることになる。

(13) 上沼八郎『戦後沖縄教育小史――教育民立法成立の過程――』南方同胞援護会、一九六二年、十二～十三頁。

(14) 「初等学校教科書編纂方針」の内容は、「一、偏狭ナル思想ヲ去リ人類愛ニ燃ヱ新沖縄建設ニ邁進スル積極進取ノ気魄ト高遠ナル理想ヲ与エルコト。二、沖縄ノ向上ヲ図リ其ノ道徳、風習、歴史、地理、産業経済、衛生、土木等ニ関スル教材ヲ多ク採リ以テ教育ノ基礎ヲ茲ニ置クコト。三、東亜及ビ世界ノ事情ヲ知ラシメ特ニ米国ニ関スル理解ヲ深クスルコト」などとされている。文教局研究調査課編、前掲『琉球史料』第三集、二四六頁。

(15) 同書は「琉球列島の沖縄人――日本の少数民族――」として他の米軍の沖縄作戦関係文書とともに日本語訳のうえ、沖縄県立図書館史料編集室編『沖縄県史　資料編2』(琉球列島の沖縄人・他　沖縄戦2）和訳編、沖縄県教育委員会、一九九六年、として刊行されている。米軍による軍事戦略的な沖縄研究については、大田昌秀「占領下の沖縄」岩波講座『日本歴史23　現代2』所収、岩波書店、一九七七年、二九五～三〇一頁、竹前栄治『占領戦後史』岩波書店、二〇〇二年、六～五七頁、などを参照。

(16) 同書は「民事ハンドブック」として日本語訳のうえ、沖縄県立図書館史料編集室編『沖縄県史　資料編1』(民事ハンドブック　沖縄戦1）和訳編、沖縄県教育委員会、一九九五年、として刊行されている。なお、同書と関連した、米陸海軍の占領地域における軍政指針を定めたマニュアルとして、United States Army and Navy Manual of Military Government and Civil Affairs, FM27-5, 1943 が知られている。同マニュアルは、『米陸海軍　軍政／民事マニュアル』竹前栄治・尾崎毅訳、みすず書房、一九九八年、として日本語訳のうえ刊行されている。

(17) 米国側の沖縄研究でしばしば使用されていた「cleavage」という語句については、たとえば、前記「琉球列島の沖縄人――日本の少数民族――」を訳出した、沖縄県立図書館史料編集室編、前掲『沖縄県史　資料編2』でも踏襲されているように、これまで「亀裂」という訳語が多く適用されてきた。この訳語は、たとえば、鹿野政直『戦後沖縄の思想像』朝日新聞社、一九八七年、三二頁、などにおいても適用されている。だが、「亀裂」という日本語には、元来、整合的で一体であったものに生じた断線というニュアンスがあることから、米国側の研究が「cleavage」という語彙に託した意味を正確に訳出できているかは筆者には疑問である。「琉球列島の沖縄人――日本の少数民族――」をはじめとした米国側の沖縄研究は、むしろ、日本と沖縄との歴史的な非整合性、一体感のなさをとくに強調するものであった。このことから筆者は、米国側の政治的意図を勘案したより正確な訳語として、「断絶」を適用すべきであると考えている。

(18) 中野好夫編『戦後資料　沖縄』日本評論社、一九六九年、六頁。こうした沖縄少数民族論は、米軍を解放軍と看做した日本共産党の規定に依拠したものであった。「講座派」の流れをくんだこの解放軍規定は一九五〇年のいわゆるコミンフォルム批判によって改められる。こののち、革新勢力において対米従属論が支配的になることと軌を同じくして、沖縄少数民族論は政治的な異端扱いを受け急激に影を潜めていく。このため敗戦直後に生じた離日化の趨勢は、米国の政治的策動に因るもの、あるいは「理論的混乱」などとして一蹴されてしまう傾向にあった。その結果、沖縄少数民族論が提起していた、日本と沖縄との関係史を省察しようとする、いわば潜在化された意図は復帰運動の盛り上がりとともに忘却されるにいたったと筆者は捉えている。

(19) 戦後沖縄の政治史、政党史に関する分析は多岐にわたっている。たとえば、比嘉幹郎『沖縄――政治

と政党――』中央公論社、一九六五年、同「沖縄の復帰運動」日本国際政治学会編『沖縄返還交渉の政治過程』（国際政治52）所収、有斐閣、一九七四年、十一〜十六頁、宮里政玄編『戦後沖縄の政治と法――一九四五〜七二年――』東京大学出版会、一九七五年、第一部収載の各論稿、新崎盛暉『戦後沖縄史』日本評論社、一九七六年、鹿野政直、前掲『戦後沖縄の思想像』三〜一一二頁、我部政男「占領初期の沖縄における政軍関係」日本政治学会編『近代化過程における政軍関係』（日本政治学会年報）所収、岩波書店、一九九〇年、四七〜七三頁、などを参照。

近年の研究成果には、鳥山淳「揺らぐ『日本人』――敗戦から日本復帰運動の始動までを中心に――」沖縄関係学研究会編『沖縄関係学研究論集』第3号所収、一九九七年、四九〜六五頁、同「『沖縄の自治』への渇望――戦後初期政党関係史料を中心にみる政治意識――」沖縄県教育委員会編『沖縄県史研究紀要』第4号所収、沖縄県教育委員会、一九九八年三月、六一〜八十頁、同「復興の行方と沖縄群島知事選挙」『一橋論叢』第一二五巻第2号所収、二〇〇一年二月、六九〜八五頁、同「戦後初期沖縄における自治の希求と屈折」『戦後日本の民衆意識と知識人』（年報・日本現代史）第8号所収、現代史料出版、二〇〇二年、若林千代「占領初期沖縄における米軍基地化と『自治』、一九四五〜一九四六年」日本国際政治学会編『国際政治』第一二〇号所収、一九九九年、十〜二七頁、同「第二次世界大戦後の沖縄における政治組織の結成、一九四五年〜一九五一年――沖縄人民党を中心にして――」『沖縄文化研究』28所収、法政大学沖縄文化研究所、二〇〇二年、二九一〜三五〇頁、同「ジープと砂塵――占領初期沖縄社会の『変容』と『変位』――」前掲『沖縄文化研究』29所収、二〇〇三年、二三三〜二八六頁、などが挙げられる。

(20)『一九四八年一月以降　沖縄人民党に関する書類綴』（沖縄県公文書館所蔵）、頁数記載なし、参照。戦後沖縄の各政党の綱領と政策につき、文教局研究調査課編『琉球史料』第二集、琉球政府文教局、一九五六年、二〇八〜二一九頁、などを参照。政党関係の史料状況については、鳥山淳「沖縄群島の戦後初期政党関係史料について」沖縄県文化振興会公文書館管理部史料編集室編『史料編集室紀要』第24号所収、五一〜六六頁、一九九九年、参照。

(21) 中野好夫編、前掲『戦後資料　沖縄』九頁。

(22) 戦後沖縄の言論統制史に関する先行研究として、辻村明・大田昌秀『沖縄の言論――新聞と放送――』南方同胞援護会、一九六六年、に加えて、門奈直樹『アメリカ占領時代沖縄言論統制史』雄山閣、一九九六年、がある（同書は一九七〇年に現代ジャーナリズム出版会から刊行された『沖縄言論統制史』を増補したものである）。とくに前者の五七～一一二頁、後者の第二、三章を参照。

(23) 沖縄県文化振興会公文書管理部史料編集室編（沖縄県史研究叢書12）『沖縄県史料　沖縄諮詢会記録（影印本）』沖縄県教育委員会、二〇〇一年、四一九頁。なお、同史料は、沖縄県沖縄史料編集所編『沖縄県史料』戦後1　沖縄諮詢会記録、沖縄県教育委員会、一九八六年、を元版としている。

(24) 沖縄戦終結以前の一九四五年五月頃、沖縄島中部の石川収容所では米軍の組織化によって、石川市城前初等学校（いわゆる「石川学園」）が沖縄島で最も早く開校していた。同校校長の山内繁茂は、開校から約一年後の時点で、開校当時の社会状況、児童の様子について、以下の記述を残していることはよく知られている。

当時日本軍ハ島尻、国頭ニ奮戦シ居ル最中ニシテ教育尚早ノ世評等モアリシガ、〔……〕戦場ニ捨ツベキ生命ヲ児童教育ニ捧グベキナリト、戦禍ニ親兄弟ヲ失ヒ家財ヲ失ヒシ不幸ノ同胞ノ子弟ヲ保護スベク、孤児院ヲ設立シ又児童教育ノ一日モ忽ニスベカラザルヲ説キ、万難ヲ排シテ五月七日現在ノ石川市位一区第三班ノ地ヲトシ（ママ）、地均ヲナシ事務室ヲ開設シ開校ノ運ビトナレリ。〔……〕

校舎ナク教科書、学用品モナク只燃ユルガ如キ教育愛ノミニテ、顔色青白ク弊衣蓬髪ノ栄養不良児ヲ如何ニ養護スベキカニ苦心セリ（「学校設立当時ノ状況報告」文教局研究調査課編、前掲『琉球史料』第三集所収、三十～三一頁）。

「石川学園」については、当事者への聞き取りを素材とした、曾根信一「石川学園の記録」『琉球の文化』第五号所収、琉球文化社、一九七四年、四十～四五頁、阿波根直誠「『戦後』沖縄教育開始時の一動向に関する試論的考察――『石川学園日誌』及び『記録簿』を中心に――」『琉球大学教育学部音楽科論集』第2集所収、一九九七年二月、一九五～二二三頁、を参照。

なお、基礎史料となる『石川学園日誌』〔琉球大学附属図書館所蔵〕には、一九四五年五月から十月頃にかけての学校行事、職員の動向、出席状況などが記録として残されている。

(25) 戦渦による教科書の不足は、沖縄戦終結前後からの沖縄の教育関係者にとっての最も大きな問題のひとつであった。すでに一九四五年八月一日には石川、東恩納の焼け残った民家に「沖縄教科書編修所」が設置され、米軍政本部主導によって教科書作成が着手されていた。同編修所では、米軍からの検閲を受けながら、山城篤男（のちに沖縄民政府文教部長）、安里延、仲宗根政善、喜久里真秀らによって、「ガリ版刷り」教科書づくりが行われた。教科書作成にあたっての米国側の編修方針についてのちに仲宗根政善は、「われわれに示された基本方針の一番目は『日本的』教材はまかりならぬ。二番目は『超国家的』教材はまかりならぬ。三番目は『軍国主義的』教材は全然載せてはいけないということでした。とくに一番目の『日本的』教材は絶対にまかりならんと一番厳しいものでした」と述べている。「米軍制約下の教科書編修――ガリ版教科書編修体験座談会――」『沖縄の慟哭（戦後・海外編）』（那覇市史資料篇第3巻8）所収、那覇市企画部市史編集室、一九八一年、二三五～二三六頁。

(26) 「八重山群島戦後の歩み」仲村栄春編『市町村自治七周年記念誌』所収、沖縄市町村長会刊、一九五五年、九八二頁、による。なお、八重山諸島における校舎破壊の実態につき、「一九四五年終戦直後の校舎調」文教局研究調査課編、前掲『琉球史料』第三集所収、一四頁、からも同様の実態を読み取ることができる。

(27) 宮古群島での校舎破壊状況につき、「宮古群島の歩み」仲村栄春編、前掲『市町村自治七周年記念誌』所収、九四七頁、参照。

次章においてやや詳細にみるように、沖縄における戦災校舎の復興運動と教科書など学用品の不足解消は、沖縄の教育関係者による最初期の復帰運動における主要な達成課題とされていた。

(28) 読谷村役所総務課編『村の歩み』読谷村役所、一九五七年、三七頁。

(29) Report of Military Government Activities for period from 1 April 1945 to 1 July 1946. ここでは、財団法人沖縄県文化振興会編『沖縄県史 資料編9』現代1(原文編)沖縄県教育委員会、二〇〇〇年、十三頁、による。

(30) 「校舎建築の状況」文教局研究調査課編、前掲『琉球史料』第三集所収、一八八〜一九〇頁。

(31) 日本政府による財政援助の統計については、沖縄県総務部財政課編『琉球政府財政関係資料』上巻、沖縄県総務部財政課、一九九四年、三一四頁、参照。先行研究として、松田賀孝『戦後沖縄社会経済史研究』東京大学出版会、一九八一年、三一一〜三二七頁、での分析が挙げられる。日本政府財政援助は、一九六二年会計年度から一九七二年会計年度にいたって、額面でおよそ二〇〇〇倍にも達しているのに対して、米国民政府による補助金総額は、同期間中に最大でも四・五倍に増加しているのにとどまる。このため、一九六二年会計年度時点で、米国民政府補助の総額が日本政府援助の八十倍以上にもなっていたにもかかわらず、六〇年代半ばにいたって日米の額面が急接近し、一九六〇年代後半を境に逆転現象が生じた。

なお、先行して実施された、日本から沖縄への事実上の援助に該当する事例として以下のふたつが挙げられる。第一に、一九四八年六月に実施された日本からの教科書の搬送が挙げられる。これ以後、それまでのガリ版刷り教科書にかわって、日本の教科書が使用されるようになった。当時、前引した「沖縄教科書編修所」で教科書編集にあたっていた仲宗根政善はその間の経緯を次のように述懐している。「全教科の教科書編修はいちどにやれませんからね。最初は読み方、算数、理科、それから歴史という順でしたが、わずかの職員で小学校一年から高等学校までの全教科の教科書を執筆して、ガリ切りをして、印刷して全学児童生徒に配るというのは、絶対に不可能でしょう。本土から入れてもらいたいと、われわれ、とくに編修課職員が要求したんです。ところが、なかなか入れてくれない。〔……〕四八年六月でした。GHQで教科書関係の仕事をしていたハークネスという係官が沖縄に赴任して、彼が教科書を入れたようでした。何の予告もなしに、一三〇万冊の教科書が、六月十一日でしたか、知念民政府の文教部の大コンセットに運びこまれたのです。コンセットのほとんど天井にとどくまで積みあげられていたんです。ぼくは一人でこの教科書の山の上に寝ました。これで現場の要求が満たせて教育が出来る。喜びのあまり一睡も出来ませんでした」。「米占領下の教育裏面史――仲宗根政善氏に聞く――」新崎盛暉編『沖縄現代史への証言』下巻所収、沖縄タイムス社、一九八二年、一九二～一九三頁。

筆者の調査の範囲では、沖縄への教科書の搬送にかかわる事実経過の解明は今後の課題である。仲宗根の回顧で触れられている沖縄側からの教科書輸入の要求に対して、GHQと米軍政府とのあいだでどのようなやり取りがあったのかに関する解明がまずは必要であろう。

第二には、一九五二年に開始されることになる「留日琉球派遣研究教員制」など、日本政府からの直接支出に依拠した教育関連交流事業が挙げられる。これらの事業に関しては後述することになる。

(32) Recapitulation of GARIOA for the Ryukyu Islands FY47 through FY57, Civil Affairs Activities in the Ryukyu Islands vol. IX no.I, USCAR, p.3.

ただし、Civil Affairs Activities in the Ryukyu Islands vol.I no.2, USCAR, p.9. および、琉球政府統計部『琉球統計報告』一九五三年、一〇三頁、といった他の資料によれば、当該の費目は不記載となっており、現時点での筆者の調査の範囲では確定できてはいない。なお、ガリオア援助の分析につき、琉球銀行調査部編『戦後沖縄経済史』琉球銀行、一九八四年、一五二～一五五頁、三八四～三八九頁、などを参照。

(33) 琉球政府文教局編『琉球教育要覧』一九五五年度版、一九五五年、七頁、参照。

(34) 一九四六年四月から一九五〇年十二月までの四年八カ月の期間に、初等学校から高校まで、一五六八名の教職員が退職している。このうちおよそ六割にあたる、九四二名を男性教員が占めている(校長、教頭を除く)。「教員転退職状況」文教局研究調査課編、前掲『琉球史料』第三集所収、三七三頁。なお、一九五二年十月に刊行された、沖縄教職員会『沖縄教育の現状』(沖縄県教職員組合所蔵)によれば、ほぼ同じ期間の一九四六年四月から一九五一年三月までの五年間に全教職員の五二%にあたる、約二〇〇〇名の退職者があったと記されている。

また、一九四七年十二月末日時点での文教部による「初等学校教職員退職者調査」によれば、同年六月から十二月までの半年の期間には、四四八名の初等学校教職員が退職している。「退職理由」として、「生計困難」「軍作業に転ぜし者、その待遇は初等学校に於ける三三〇円級が凡そ四〇〇円乃至五〇〇円に厚遇され、また二二〇円級が凡そ三〇〇円乃至三六〇円の厚遇を受く」などと記されている。「教員俸給是正について」文教局研究調査課編、前掲『琉球史料』第三集所収、三九七〜三九八頁。

(35)「戦没職員数」沖縄朝日新聞社編『沖縄大観』所収、日本通信社、一九五三年、一九八頁、参照。

(36) 米海軍政府の調査によれば、一九四六年時点における沖縄の推定人口は三十万人とされ、この男女比はそれぞれ、三八・〇四%と六一・九六%とされている。このうち二十歳代から四十歳代にかけての男性の人口構成比率がいちじるしく低くなっている。Gordon Warner, History of education in postwar Okinawa, Nihon Bunka Kagakusha, 1972, p.40. 参照。同年時点における沖縄諮詢委員会社会事業部調査は、人口を三十二万六六二五人としている（沖縄朝日新聞社、前掲『沖縄大観』二八二頁）。このように、ここで指摘された、失われた「中堅教育者」とは、戦後の沖縄における人口構成上の歪みの一端を顕著に反映したものであったと考えられる。なお、ワトキンス文書には一九四五年七月時点での沖縄群島に限定した人口調査が記録されている。それによれば、同年七月一日時点で、二五万九千五百人、同月二一日時点では、三一万七千人とされている。数値の変動が激しいものの、この記録からも一九四六年時点の人口がおよそ三十万人であったことは推定できる。History of Military Government Operations on OKINAWA 1 July to 31 July 1945, Commanding General, Army Service Command I, APO331. ワトキンス文書刊行会編、前掲『沖縄戦後初期占領資料』第十一巻所収、二一頁。

(37) ただし、沖縄人による復帰運動は沖縄戦終結直後の時点にすでにみとめられる。このことは、よく知られているように仲吉良光（沖縄諸島日本復帰期成会会長、戦前期から首里市長を務め、戦後も初代首里市長）の手記から窺える。一九四五年八月に仲吉は「対日講和の際、沖縄は矢張日本の一部として残るよう、配慮方をワシントン政府に進言されたい。これには理論も理屈もありません。沖縄人は日本人ですから、子が親の家に帰りたがる如く、人間自然の感情からであります」とする内容の「陳情書」を知念の捕虜収容所から米軍側に提出した。翌年八月に東京に赴き、外務省条約局を訪れた仲吉は、「沖縄を取り戻してくれと頼んだ」。同年「秋の薄ら寒い日」には、漢那憲和らとGHQ司令部を訪問し、マッカーサー宛の陳情書を提出している。以上、仲吉良光『日本復帰運動記』沖縄タイムス社、一九六四年、三〜五頁、十五〜十九頁。

(38) 沖縄教育連合会の設立の日付については、一九四七年二月十四日と二四日のふたつの記述が残されており、現時点での筆者の調査の範囲では確定できなかった。たとえば、屋良朝苗編『沖縄教職員会16年』労働旬報社、一九六八年、十八頁、における記述や、沖教組十年史編集委員会編『沖教組十年史』沖縄県教職員組合、一九八五年、二五頁、六五〇頁、研究書では上沼八郎、前掲『戦後沖縄教育小史』十七頁、において前者が採択されるものの、「沖縄教育連合会会則」文教局研究調査課編、前掲『琉球史料』第三集所収、四二四〜四二五頁、では後者に依拠した記述がみられる。ここでは仮に後者に依拠した。

(39) 同上「沖縄教育連合会会則」、参照。

(40) 沖縄教育連合会の活動を分析するうえでの基礎史料である機関誌『新教育』は、筆者の調査の範囲では以下に掲げる所蔵が確認される（ここでは原版と複写版の区分を示さない。以下同じ）。関連する史料をふくめ、同誌の体系的な収集と整理は今後の沖縄教育史研究における基礎的課題と思われる。この点につき、田港朝昭「沖縄戦後教育史年表と年表作成の観点」沖縄教育実践史研究会編、科学研究費補助金一般研究（C）報告書『戦後沖縄の初等中等学校における教育実践（主に授業と生活指導）に関する研究』所収、一九八一年、六三頁、においてすでに指摘がなされていたが、研究の状況は依然として変っていない。

なお、同時期には、一九四八年三月に発足していた八重山教育会刊行の機関誌として『新世代』が発行されていた。八重山教育事務局編『戦後八重山教育の歩み』石垣市教育委員会ほか、一九八二年、九〇六頁、の記述によれば、同誌は一九四八年十二月二四日に創刊された。同誌は毎学期に一回発刊されており、「当初、八重山における総合雑誌として計画されたのであるが、第四号以降、専ら教育者自体による教育者の雑誌として」刊行されていた（記念誌編纂局編『新八重山』八重山民政府、一九五〇年、二七四頁）。なお、『新世代』の所蔵状況は以下のとおりである。『新教育』と同様にその体系的な収集と整理が望まれる。

表2—3 『新教育』所蔵一覧

通巻号数	刊行時期	所蔵先
『新教育』創刊号	一九四八年八月	那覇市歴史資料室
『新教育』第三号	一九四八年一二月	那覇市歴史資料室
『新教育』第六号	一九四九年五月	沖縄県公文書館
『新教育』第七号	一九四九年九月	那覇市歴史資料室
『新教育』第十二号	一九五〇年九月	沖縄県立図書館 琉球大学附属図書館
『新教育』第十三号	一九五〇年一〇月	那覇市歴史資料室 琉球大学附属図書館
『新教育』第十四号	一九五一年一月	那覇市歴史資料室
『新教育』第十五号	一九五一年四月	那覇市歴史資料室
『新教育』第十六号	一九五一年八月	那覇市歴史資料室

〔註記〕巻数表記の方法が一定していないため、仮に通巻での表記とした。

表2—4 『新世代』所蔵一覧

通巻号数	刊行時期	所蔵先
『新世代』創刊号	一九四八年一二月	沖縄県立図書館 石垣市立図書館
『新世代』第二号	一九四九年三月	石垣市立図書館
『新世代』第三号	一九四九年五月	石垣市立図書館
『新世代』第四号	一九四九年一二月	沖縄県立図書館
		石垣市立図書館
『新世代』第五号	一九五〇年二月	石垣市立図書館
『新世代』第六号	未詳	石垣市立図書館

〔註記〕巻数表記の方法が一定していないため、仮に通巻での表記とした。

(41) 前記した『新教育』『新世代』と併せて、沖縄教育連合会に関する分析を行ううえで、同会議事録など、関係する基礎史料の体系的な収集と整理が不可欠である。

(42) 以上、『琉球新報』一九五一年九月十三日、参照。

(43) 日本と沖縄との教育交流事業の濫觴となったのは、屋良朝苗によれば、前記した③会議において機関決定され、一九五一年八月から実施されていた、お茶の水女子大学教授・牛島義友による沖縄各地での教員再教育のための講習会であった。翌一九五二年には玉川大学学長・小原国芳、五三年には九州大学教授・仲村浩が同じく講師として招聘されている。屋良朝苗編『沖縄教職員会16年』労働旬報社、一九六八年、二十~二一一頁。

なお、一九四五年以降の日本と沖縄との比較を視点として、沖縄における教員養成・研修、教育実践がどのような特色をもつのかを考察した研究として、沖縄教育実践史研究会編、前掲『戦後沖縄の初等中等学校における教育実践（主に授業と生活指導）に関する研究』の他に、玉城嗣久『沖縄占領教育政策とアメリカの公教育』東信堂、一九八七年（第1部第1章）、が挙げられる。

(44) 儀部景俊「沖縄における戦争責任問題」沖縄歴史研究会編『沖縄歴史研究』六号所収、一九六八年、五八～六七頁、など参照。

(45) 屋良朝苗は、一九五一年五月三一日付の文部政務次官・水谷昇宛の書簡「日本派遣研究教員及び日本教育視察教員派遣についてお願い」において、「この制度（留日琉球派遣研究教員制――引用者）は、戦争前まで研究訓導制度として、実施され、沖縄教育の振興に多大な寄与をして来ました。沖縄より小学校の訓導を毎年各県に派遣し文部省の御斡旋によって各府県に配置勤務させて二年乃至三年研究を積ませて居りました」と述べている。文教局研究調査課編、前掲『琉球史料』第三集、一〇八～一〇九頁。なお、同制度によって派遣された教員の報告集は、『研究教員集録』として文教局学校教育課によって編集・刊行されていた。

(46)「沖縄ニ大学ヲ設立」文教局研究調査課編、前掲『琉球史料』第三集所収、三一七頁。

(47) 上沼八郎、前掲『戦後沖縄教育小史』二十頁、においては六名の派遣とされているが、沖縄県教育委員会編、前掲『沖縄の戦後教育史』六六六頁、では十二名の参加者氏名が掲げられている。屋良朝苗『屋良朝苗回顧録』朝日新聞社、一九七七年、七頁、および、同「沖縄における戦後教育の歩み」『沖縄の教育を拓く』所収、沖縄教育文化資料センター、一九七九年、九頁、では十名、福地曠昭『教育戦後史開封』閣文社、一九九五年、一六五頁、では、六名と記述されており一定しない。また、寿富一郎『奄美教育』海風社、一九八三年、一七一頁、には奄美から四名が派遣されたと記述されている。いずれの記述でも典拠史料が明示されていないため、今後の正確な調査が必要である。

なお、一九五二年三月まで計八回のセッションを数えたＩＦＥＬのうち、開催時期などから推定して、沖縄からの初参加は第四回目のセッションであったと推測される。ＩＦＥＬにつき、文部省大学学術局

教職員養成課『教育指導者講習小史』一九五三年、先行研究として、海後宗臣編『教員養成』（戦後日本の教育改革第八巻）東京大学出版会、一九七一年、三〇四～三〇七頁、などを参照。

(48) 以上、「日本教育視察座談会」文教局研究調査課編、前掲『琉球史料』第三集所収、七十～七五頁。なお、同頁には座談会記録の出典は記されていないが、筆者の調査によれば、前掲した沖縄教育連合会の機関紙『新教育』通巻第十二号に収載された「日本教育を視察して（教育座談会）」であると思われる（五～十一頁）。初出誌によれば、同座談会は「第三回」目のものである。

(49) 屋良朝苗、前掲『屋良朝苗回顧録』七頁。

(50) 屋良朝苗「私の履歴書」日本経済新聞社編『私の履歴書』第42集所収、日本経済新聞社、一九七一年、二〇八頁。

(51) 屋良朝苗編、前掲『沖縄教職員会16年』二一一～二一四頁。沖縄群島政府の文教部（文教部長・屋良朝苗）主催になるこの校長会については、以下でも考察することになるが、一九五〇年代初頭における開催のあらましを一覧化すれば以下のようである。

表2―5　全島校長会開催一覧（一九五〇年代初頭）

次数	時期	場所	主な内容・議題
第一回	一九五〇・十一	那覇高校	陳情書「教育行政を本土と一体化」
第二回	一九五一・四	不明	校舎建築、教員待遇
第三回	一九五二・一	琉球大学	決議「留日琉球派遣研究教員制」「復帰要求」

〔出典〕屋良朝苗編『沖縄教職員会16年』労働旬報社、一九六八年、二二一～二二九頁、屋良朝苗『屋良朝苗回顧録』朝日新聞社、一九七七年、十六～十九頁、文教局研究調査課編『琉球史料』第三集、一九五八年、九六～一〇〇、一一七～一二二頁。

(52) 屋良朝苗、前掲『屋良朝苗回顧録』十～十一頁。

(53) 「日本派遣研究教員及び日本教育視察教員派遣についてお願い」文教局研究調査課編、前掲『琉球史料』第三集所収、一〇八～一〇九頁。これを受けた文部省と沖縄側との折衝過程を示した沖縄教育連合会の史料として、一九五一年六月に開催された④会議の議事録に次のような記録がある。「今度は十四名、教連三、那覇三、糸（糸満地区——引用者）一、文（文教部——引用者）六。九月末、文部省より視察教員については全面的に支持をする電文、研究教員（については——引用者）研究中。在京先輩よりも激励あり」。なお、ここで「十四名」と記されているのは「留日琉球派遣教員制」に先行して、一九五一年九月十三日から東京などを訪問していた「日本教育視察団」を指すものと思われる。同視察団は同年九月十四日、高嶺明達とともに文部省を訪問し、文部大臣・天野貞祐と面会している。『琉球新報』一九五一年九月二十日、参照。

(54) 『うるま新報』一九五一年八月二五日。

(55) 『琉球新報』一九五二年四月五日。なお、第一回の派遣教員は、沖縄における教育状況紹介の記事を「琉球教員のルポルタージュ」（目次では「沖縄教員のルポルタージュ」）として、文部省調査局編集『文部時報』第900号、一九五二年八月、六〇～六九頁、に寄稿している。

(56) 戦後の教育学の理論的先導者であり、日教組運動にも深くかかわった梅根悟は、一九五三年四月から七月まで、認定講習の招聘講師として沖縄に滞在した。その際の滞在寸評として、梅根悟「琉球の教育界」日本教育学会編『教育学研究』第二十巻第六号所収、金子書房、一九五三年、七五～八十頁、がある。同認定講習の内容は、テキスト『琉球教育の前進を目指して』琉球大学研究普及部教育指導者講習会、一九五三年七月、にまとめられている。

なお、USCARは日本からの招聘講師の言動について詳細な内偵調査を加えていたことが、以下の一九六〇年代後半の機密文書から読み取れる。

National archives and record administration, Record group 260: Records of the United States Occupation

Headquarters WW II, Records of the U. S. Civil Administration of the Ryukyu Islands (USCAR), The liaison Department, 109 of HCRI-LN 9, Okinawa Teachers' Association (OTA), 1968. たとえば、このレポートでは、一九六二年十月九日から翌年一月十八日まで、沖縄各地で講習会を実施した日本側招聘講師団（団長・倉沢栄吉）二四名の動静が内偵調査員によって記録されている。同レポートでは、この時点では講習会の実施にすでに反対の立場をとっていた沖縄教職員会と日教組との関係、政治的事項が講習内容にふくまれているかどうかなどが主要な調査事項とされている。同レポートにおいて調査員は、沖縄教職員会による政治活動を低下させるために、沖縄の教職員の関心事を学校内部の事項に限定させることのできる、こうした講習会はより促進されるべきであると評価している。

ここではひとつの事例を挙げるにとどめざるをえないが、交流事業そのものや日本から招聘された教育関係者が、米国側からはどのように評価されていたのかについての調査分析は今後の課題のひとつに挙げられる。

(57) 琉球政府文教局研究調査課が刊行していた『文教時報』は、日本側との人的交流の実績や知見を沖縄に還流させるための記事がたびたび掲載されている。たとえば、「座談会　研究教員の観た本土の教育」『琉球文教時報』第五号所収、一九五三年六月、「(座談会) 本土教育の状況と沖縄教育に望むもの——第三回研究教員を囲んで——」『沖縄文教時報』第八号所収、一九五四年三月、「座談会　本土の教育を語る」『琉球文教時報』第十五号所収、一九五五年六月、などを参照。

(58) 候補者のひとり、平良辰雄は群島知事選挙中を回顧して、「日本復帰を主張することは、一種のタブーのようになっていた〔……〕。しかし、表むきには復帰問題を掲げなかったとはいえ、選挙中の各地での懇談会では必ずといっていいほど私は、この問題をまっ先に持ち出すことにしていた」と指摘している。平良辰雄『戦後の政界裏面史——平良辰雄回顧録——』南報社、一九六三年、一五七頁。この背景に関して比嘉幹郎は、選挙時点では対日講和条約の内容に依然として不確定な点があったことに加えて、米軍政府からの「見えざる圧力」があったためと説明している。比嘉幹郎「Ⅳ　政党の結成と性格」宮里政玄編、前掲『戦後沖縄の政治と法——一九四五〜七二年——』所収、二三四頁。

(59) 群島知事選挙への沖縄の教育関係者のかかわりについて上沼八郎は、「教師たちを含む沖縄インテリゲンチャは、祖国復帰をかかげる平良辰雄をおし立てて、琉球独立・信託統治論の代表松岡政保を排除する」と記述している(前掲『戦後沖縄教育小史』二十頁)。この記述は前引してきた事実経過に即していえば精細さに欠ける。

(60) 沖縄県議会事務局編『沖縄県議会史』第13巻資料編10、沖縄県議会、一九九五年、三三七~三五一頁。なお、「日本復帰論」を特集した『世論週報』(沖縄出版社、一九五一年七月)には、人民党書記長・瀬長亀次郎「日本人民と結合せよ」など、日本復帰促進期成会の主張を代表する論稿が掲載されている。

(61) 「日本復帰促進期成会趣意書」沖縄県祖国復帰闘争史編纂委員会編、前掲『沖縄県祖国復帰闘争史資料編』二二一~二二三頁。

(62) 同上、四七~五十頁。

(63) 文教局研究調査課編、前掲『琉球史料』第三集、一一七~一二二頁。

(64) 屋良朝苗「戦後沖縄の教育――私の歩んだ道――」『世界』第二七一号所収、岩波書店、一九六八年六月、一二一頁。前掲『屋良朝苗回顧録』においても屋良は「あとにもさきにも沖縄の校長会が復帰決議をしたのは、これしかない。このとき私は、沖縄教職員の向かうべき道は決まった、と確信した」(十六~十七頁)と述べている。

(65) 『沖縄タイムス』一九五二年五月十八日。

(66) 沖縄教職員会『一九五八年四月以降　青年部記録』(沖縄県教職員組合所蔵)、頁数記載なし、に原文と思われる書面の一部が収載されている。同記録に収載されている、一九五八年十二月九日付の別文書では、この運動が「日の丸をかかげよう運動」と沖縄教職員会によって呼称されていたことがわかる。

(67) 沖縄教職員会、前掲『一九五八年四月以降　青年部記録』頁数記載なし。

(68) 「屋良朝苗先生に聞く――私の教育実践――」聞き手、田港朝昭・浅野誠、『おきなわの教育実践』10号所収、一九七八年十月、十六頁。

(69) こうした占領下の教育改革の意図に関する分析として、宗像誠也・五十嵐顕・持田栄一「占領下の教

育改革」『日本資本主義講座』第二巻所収、岩波書店、一九五三年、三四五〜三七一頁、などを参照。

(70) 日本教職員組合編『日教組十年史』一九五八年、七九六頁。

(71) 日本教職員組合「講和問題に関する声明書」『教育新聞』第四八号、一九五〇年三月二日、二頁(第1巻、四二二頁)。

以下、本書では日教組刊行の同新聞からの引証にあっては、日本教職員組合編『日教組教育新聞縮刷版』労働旬報社、一九六九年、を資料として用いる。この場合、引用先を記載した末尾に括弧書きで縮刷版の巻数と頁数を付記する。

(72) 一九四八年七月十三日に発表されたユネスコのアピール「平和のために社会科学者はかく訴える」に呼応して、一九四九年一月に「戦争と平和に関する日本の科学者の声明」が発表された。一九四九年三月には「平和問題談話会」(議長・安部能成)が設立され、対日講和条約に関して、全面講和と中立不可侵を主張する旨の声明を発表している。これら声明につき、「講和問題についての平和問題談話会声明」『世界』一九五〇年三月号所収、「三たび平和について」『世界』一九五〇年十二月所収(のちに、『世界』主要論文選編集委員会編『『世界』主要論文選』岩波書店、一九九五年、一五一〜一七四頁に収録)、いずれも岩波書店、を参照。

なお、「平和問題談話会」の設立までにいたる経緯と当時の社会背景に関しては、久野収、丸山眞男、吉野源三郎、石田雄、坂本義和、日高六郎らによる討議「『平和問題談話会』について」『世界』一九八五年七月(臨時増刊)号所収、岩波書店、に加えて、同談話会の主要な構成員であった丸山眞男のかかわりを視点にして整理した、松沢弘陽「解題」『丸山眞男集』第五巻所収、岩波書店、一九九五年、三五四〜三五九頁、を参照。

(73) 周知のように、米国の対日占領政策の転換を指し示すうえで、「逆コース」という呼称がこれまでにもひろく使用されてきた。しかし、この呼称は、分析的な術語というよりは、むしろ政治的なスローガンとしての意味合いが強いのではないかと筆者は捉えている。

(74) 日本教職員組合「平和声明書」『教育新聞』第七五号、一九五〇年七月十三日、一頁(第1巻、四七七頁)。

(75) 日本教職員組合『教育新聞』第一〇四号、一九五一年二月二日、一頁(第1巻、五三九頁)。

(76) 同指令は、全面講和、中立堅持、軍事基地提供反対、再軍備反対を主張の内容とした、組合員やその家族などへの署名運動の実施を指示するものであった。日本教職員組合『教育新聞』第一〇九号、一九五一年三月九日、一頁(第1巻、五四九頁)。

(77) 日本教職員組合「第八回(定期)大会次第」(日本教育会館教育図書館所蔵マイクロフィルム「日教組大会議案報告資料集　第6~8回」所収)。

(78) 日本教職員組合『日教組教育新聞』第一三五号、一九五一年九月二六日、一頁(第1巻、六〇五頁)。

(79) 具体的には、第二一回(臨時)中央委員会における「第三号議案　批准反対に関する決議」一九五一年十月八日、などがある。同決議につき、日本教職員組合『日教組教育新聞』第一三九号、一九五一年十月十九日、二頁(第1巻、六一二頁)。

(80) 日本教職員組合『日教組教育新聞』第一四八号、一九五二年一月十一日、一頁(第2巻、五頁)。

(81) 平和声明「五十万教職員諸君に訴える」は、上原専禄、勝田守一、矢川徳光、大田尭、竹内好、大河内一男といった、代表的教育学者を中心とする知識人集団の手によるものである。同声明は、講和条約発効後の一九五二年十二月には、「再び教職員諸君に訴える」と題して再度呼びかけられた。これらふたつの声明につき、星野安三郎・望月宗明・海老原治善編『資料戦後教育労働運動史(一九四五~六九年)』労働教育センター、一九七九年、三二一~三二三頁、に収載されている。

(82) 日本教職員組合『日教組教育新聞』第二一九号、一九五三年五月二九日、四頁(第2巻、二一二頁)。

第3章　忘却の教育史
——一九五〇年代——

一　〈戦後教育〉と沖縄

〈戦後教育〉と一般に称せられてきた思想や教育運動・実践は、第2章で検討した対日講和条約を経て、とりわけ一九五〇年代以降、対外的には対米従属からの脱却を唱えると同時に、国内的には「逆コース」への対抗軸を鮮明に打ち出すものとして形成されてきた。それは、以下で敷衍するように、具体的には「国民教育」の言説として、思想的、運動論的に構築されてきた経緯をもつ。

本章は、〈戦後教育〉という輻輳する言説や運動から構成されてきた、ひとつの領域において、沖縄がどのように認識されてきたのかについての分析を、前章に継起させて試みる。この分析にあたっての筆者の方法視角をここで確認しておくならば、次のようである。すなわち、〈戦後教育〉は、「国民」あるいは「民族」としての一体性をいわば超歴史的なものとして自明視することによって、その主観的意図にもかかわらず、沖縄と日本との歴史的な断絶を深く捉え直すための契機を見失ってきたのではないかというものである。本書総体の課題設定に即して、やや敷衍してみれば、この方法視角は日本の文化的ヘゲモニーによる沖縄支配が一九四五年の敗戦によって形式のうえでは途絶したにもかかわらず、沖縄に関する認識や一般的な理解の様式、通念に内在するかたちで、教育権力として実質的に機能し、残存してきたのではないかという課題意識へと逢着する。

こうした方法視角の有効性を検証するための試みとして位置付けられる本章以下の各章では、日教組によって一九五一年からほぼ逐年開催されてきた教育研究全国集会での討議内容を収録した[1]『日本の教育』[2]を主要な検討素材として取り上げたい。このうち本章では、さしあたり検討の素材を一九五一年刊行の『日本の教育』(第一回)から一九五九年の『日本の教育』(第八次)までに限定して、主要には一九五〇年代に関する考察を進める。

いうまでもなく、日教組は〈戦後教育〉における教育運動上の組織的な主軸を形成してきた。日教組運動史を考察したロバート・W・アスピナルによれば、当事者による代弁的な言説、あるいは拒絶や敵対などといった日教組運動となんらかの関係をもった批評にかぎっていえば枚挙にいとまがない。にもかかわらず、著作として刊行された学術的な日教組研究はいちじるしく限定されると分析されている。[3]

本章の設定課題に直接重なる先行研究としては、高橋順子による研究が挙げられる。高橋は、一九五二年から一九七〇年までの『日本の教育』[4]を素材としつつ、日教組教研における「沖縄問題」言説を時系列的に考察した。同稿において高橋は、「無視」あるいは「利用」といった形態をもった、教研における「沖縄問題」にかかわる言説の政治性、権力性を描き出すことを試みた。高橋の研究をふくめ、言説の社会学と分類できる思考の枠組から筆者は示唆を受けてきた。非権力的なものと看做されてきた事象のもつ逆説的な権力性を捉え直そうとする課題意識に筆者はとりわけ共鳴する。このことを確認したうえで、本章における以下の考察においては、現代沖縄教育史にかかわる個々の史実の把握により重点をおくように努めた。換言するなら、言説に関する社会学のひとつの事例研究としてというよりは、沖縄にかかわる言説の政治性、権力性が作動した史的基盤そのものをできうるかぎりでの精細な個別性の記述を試みた。

なお、あらかじめ注意を促しておくならば、『日本の教育』での記述内容を検証することが、〈戦後教育〉における沖縄認識を総体として分析することに直接的にはつながらないことは明白である。なぜなら、第一に、『日本の教育』は、各地域支部などから選出されてきた教組の代表者による報告を直接の素材として、のちに選択のうえで執筆・構成されたものであるため、日教組の議論のなかでさえ掬いきれないものが多いからである。この点を少しでも補うために、本章では日教組関連の資料として、十年毎に刊行されてきた日教組記念誌、日教組の機関紙である『教育評論』『教育新聞』といった資料を傍証として用いる。そして、第二には、もっとも重要な要因として、日教組運動に〈戦後教育〉を典型化させることの予備的考察が本章において整理できてはいないからである。〈戦後教育〉と称される思想や運動の諸形態は、その定義を確定しえないほどに輻輳している。この点は本書の弱点として認めなければならないだろう。ただ、日教組運動、なかでも教研は教育者の課題意識がどのようなものであったのかを探る上で欠かすことのできない重要な位置を占めることはたしかである。

二　組織的介入

（1）日教組と復帰運動

［接触にいたるまでの前史］

第2章で委細をみたように、対日講和条約が調印されてから一カ月のち、一九五一年十月八日から開催された第二一回（臨時）中央委員会において日教組は、対日講和条約および日米安全保障条約の批准反対を決議した。

じつは同委員会には奄美大島教員組合の代表者が出席し、「万場の拍手をあびて壇場にたち日本復帰の悲願を訴え」(5)ていた。これを受けて、「奄美大島教組激励」が緊急動議され可決されたことが記録されている。同委員会における資料として提出された「第二十一回中央委員会経過報告」（日本教職員組合教育図書館所蔵マイクロフィルム）によれば、同委員会にいたるまでには、以下のような組織的経緯があった。

（一九五一年――引用者）七月十九日、奄美大島教員組合から次のような電報が日教組に打電されてきた。「奄美大島は元鹿児島県なり。住民の意思を無視せる講和条約草案に対し、我らは絶対反対なり。祖国復帰の熱□身をやく。教育者の名において、我ら死闘をつづけん。祖国同僚の御協力を願うや切」。翌、七月二十日、日教組は「貴組合の大会決議受取った。この歴史的総会にこたえるため、我々はあらゆる□力を惜しまず闘うことを誓う。御健闘を祈る」の激励の電報を以て□教組にこたえたのである。

同経過報告によれば、第二一回中央委員会の開催に先立って「沖縄、奄美大島等の島嶼住民の日本復帰運動との連携を強化する」ことが、「平和を守る闘い」の一環として日教組においてすでに討議されていた。

一方、よく知られた「教師の倫理綱領」(6)を決定した、第九回定期大会(一九五二年六月)においては、山口代表からの緊急提案「沖縄の日本復帰促進についての決議文を関係各機関に提出せよ」および、鹿児島代表からの「奄美大島の日本復帰促進の問題を付加せよ」との付随提案が満場一致で可決されていた(「沖縄、奄美大島の即時日本復帰促進に関する件」(7))。

筆者の調査の範囲では、これらの一連の動きは、日教組の組織的討議の場に琉球諸島にかかわる問題が取り上げられた事例として、敗戦以後のもっとも初期に位置付けられるものである。(8)

ところで、前記第九回定期大会における決議に基づき日教組は、第2章において考察した「留日琉球派遣研究教員制」の第一回派遣教員として東京都文京区立第一中学校で研修中であった与那嶺仁助らを招き「沖縄の実情」を聞き取りしている。そのうえで、以下の内容をもつ「指示第三号」(9)が各単組に発せられ、沖縄、奄美群島の復帰運動に関する全国的な組織的動員を図ることとなった。

指示第三号（要旨）

一、分会、支部、県の各機関で徹底的に討議し、決議文を地方理事者、地方議会に手交し、協力を要請する。

一、沖縄、奄美大島の実情を情報宣伝機関を通じて全組合に徹底する。

一、労組を中心として、他団体と提携し、PTAならびに一般大衆を啓蒙するとともに、平和勢力を結集して幅広い国民運動を展開する。このため沖縄、奄美大島の即時日本復帰に関する五千万署名運動を展開する。

一、沖縄、奄美大島の教組に激励文を送り、常に連絡提携して運動を展開する。

つづく同年十二月の第二六回中央委員会においても、「沖縄、奄美大島の復帰促進運動を強力に展開する」ことが日教組の「当面の闘争計画」として掲げられ、「復帰運動」を促進するという組織的方向性が踏襲されている。

これらの方策は実効性をもつ具体策というよりは、「啓蒙」的、あるいは心情的な傾向を強くもつものとして捉えられるべきものであるが、敗戦以後の日教組と沖縄との組織的な接触の濫觴として位置付けられるものである。

こうした経緯を前提として、正式な接触の基点となったのは、以下において記述する、日教組第二回教研であった。同教研は、奄美群島、沖縄などの日本からの分離を国際的に法定化した、対日講和条約発効（一九五二年四月二八日）の約十カ月のちに開催された。

［日教組と沖縄教職員会との接触］

一九四五年の日本の敗戦以後、日教組と沖縄教職員会との組織相互による正式な接触は、日教組の第二回教研をその嚆矢としている（一九五三年一月、高知県で開催）。本章での課題に接近するために、日教組と沖縄側とによるこの際の交錯の過程を必要なかぎり確認しておきたい。

すでに第2章でその経緯をみたように、沖縄教育連合会から組織移行して、一九五二年四月に発足していた沖縄教職員会の初代会長・屋良朝苗は、一九五三年一月二十日に喜屋武真栄らとともに東京に向かい、沖縄の戦災校舎の復興と戦災の実情に関する説明のため、半年間にわたって各地への巡回を続けていた。この派遣事業は、沖縄教職員会を中心として一九五二年十二月に結成されていた「沖縄戦災校舎復興促進期成会」によるものであった。この事業に呼応して東京で結成されていた「沖縄戦災校舎復興後援会」（会長・渋沢敬三）が、同期成会と協力して全国的な募金活動を展開していたのである。[10] 同年六月まで、およそ五カ月にわたって各地域の自治体や教育委員会関係者に加えて、民間団体、報道機関への訪問が行われていた。折しも開催されていた日教組の教研は、その訪問先のひとつであった。

『日本の教育』（第二回）では、日本と沖縄との教育関係者の組織的な接触の起点となった、この教研第一日目の全体会議の模様が以下のように描写されている。[11] やや長くなるが本章と関係する部位にかぎり、その一部を引証してみたい。

大会第一日目の全体会議において、本大会に招待され、特に正代表と同等の資格を以て参加した沖縄教職員会代表・喜屋武真栄、奄美大島教職員組合長・高元武両氏から、全参会者に対して「祖国復帰」の切々たる訴えがあった。いうまでもなく沖縄・奄美大島の問題は、講和、安保両条約のもとに、二九度線を以て本国と遮断され、最も直接に、露骨に隷属と軍事基地化をすすめられている〔……〕。

両代表による訴えは、沖縄、奄美大島の同胞の祖国復帰の切々たる声とともに信託統治下、言論の自由はもとより、民族の自主性の一片をすらはぎとられ、教育と文化を荒廃にゆだねている実情を伝え、全参会者の涙をさそったのであった。「草ぶきの屋根、土間の教室に机なく、腰かけなく学ぶ子どもたち」、想像外の低賃金に釘付けされて「世界無比の最低生活下に北の空を仰ぎつつ歯を食いしばっている教師」、そして生徒児童の学力と体位のおそるべき低下（第二回、四五八〜四五九頁）。

日教組の結成大会が開催されたのは、一九四七年六月八日であったが、その時点から同教研までの期間は、朝鮮戦争（一九五〇年六月〜一九五三年七月）、対日講和条約・日米安全保障条約の調印（一九五一年九月）、日本国内においては、第二次米国教育使節団報告書（一九五〇年九月）、政令諮問委員会の発足（一九五一年五月）と同委員会による「教育制度の改革に関する答申」（一九五一年七月）などが相次いで出され、敗戦以後の民主化政策が、〈戦後教育〉において呼びならわされてきた、いわゆる「逆コース」へと転換していく歴史時期として一般には特徴付けられている。

こうした政治的展開の過程において日教組は、たとえば、「講和に関する声明書」（一九五〇年二月、第十四回中央委員会）、朝鮮戦争に際しての「平和声明」の発表（一九五〇年七月、第十六回中央委員会）、そして、のちにスローガン化される「再び教え子を戦場に送らない」旨の決議の採択（一九五一年一月、第十八回中央委員会）など、第2章でみた、平和教育運動の戦後的な起点とされた諸活動を活発に展開し始めていた。これらの政治的展開の過程は、それ自体が現代沖縄史を考察するうえでも同様に欠かすことのできない政治的な契機であったはずである。にもかかわらず、これら一九五〇年代初頭の日教組による平和教育・運動の組織文章において、すでに米国の施政権下にあった沖縄への論及は、さきにもその委細をみてきたように、限定されるものでしかなかった。

ところで、同教研では「平和と独立のための教育体制の確立をめざして」という教研全体を統括する主題が掲げられ、八つの研究課題に応じて八分科会が設置されていた。このうち、本論の課題に即してとくに着目を要するのは、第五分科会「教育をめぐる社会環境」および第八分科会「平和と生産のための教育」であると思われる。

以下において、これらふたつの分科会における討議をひとつの糸口としながら、一九五〇年代における日教組による「沖縄問題」への組織的介入、およびその沖縄認識に関する分析を進める。

（2）「基地問題」と教育

日本の「植民地性」

第五分科会での討議は、『日本の教育』（第二回）に収録された討議集約の目次構成にも明示されているように、日本の子どもをとりまく「社会環境」の問題について、「封建性」「貧困性」「植民地性」の三点を柱に進められたことが濃厚に読み取れる（第二回、一二六頁）。

ここで問題視されていた「封建性」とは、家族制度、地域社会、生産関係、人身売買や部落差別であり、「貧困性」とは、長期欠席、不就学、幼少年労働といった諸問題であった。それらと並列するかたちで、米軍基地の存在が生み出すさまざまな問題（のちにみるように、自衛隊基地に起因する諸問題も「基地問題」の範疇にふくまれていく）を、日教組は日本の「植民地性」として捉えていた。同分科会では、米軍による校舎や校地の接収、さらに基地周辺の流弾、墜落等の事故にまつわる問題が各地からの切実な声によって具体的に報告されている。

「封建性」「貧困性」、そして「植民地性」という、これら三点の柱が同時期においてどれだけの客観的状況をもっていたのかを論ずることは本章での課題を超える。ただ、ここで確認されるべきなのは、一九五〇年代初頭の日教組での支配的認識は、自らをふくめた日本の大衆（「人民」）、子どもたちを、抑圧を受ける側、被害者、「植民地的」状況にあるものとして位置付ける傾向にあったということである。

このことを示すひとつの典型例として、一九五二年十月に日教組によって公表され、同月に開催された第二五回中央委員会において満場一致で可決された「日本文教政策の基本大綱」[12]などを挙げることができる。同大綱「前文」冒頭にある、

日教組は、日本の完全な独立をめざし、国民大衆の利益に即する教育文化政策の確立を要望する。講和と独立の名に便乗して台頭しつつある教育文化政策の反民主的、復古的、植民地的傾向に対決して、日本教育民主化の大道が、今こそ明白に再確認されなければならない。

とする文言に明確に託されているように、日教組は、同時期の教育政策の特徴・傾向を「反民主的、復古的」であると同時に「植民地的」な性質のものであると規定していた。日教組による教育運動は、こうした規定に軸足をもつものであった。こうした状況認識に基づいた基地問題に関する報告が、教研の場で活発化しはじめるのが一九五三年の第二回大会以降のことであった[13]。

［沖縄の基地問題への姿勢］

基地問題と教育に関する以下での考察の前提として、一九五〇年代における教研での分科会の組織構成がどのように変遷したのかについて、必要なかぎりでまずは集約しておく必要があるだろう[14]。

現在の教研にまで継承されている、学校での教育課程に対応した各教科・問題の領域別分科会構成が体制として確立されたのは、一九五七年の第六次教研からであり、この方向性が萌芽的に打ち出さ

れたのは、一九五四年の第三回でのことであった。(15)

基地問題についていえば、第二回を起点として複数の分科会にわたって議題化されていたものが、のちにも述べるように、一九五七年の第六次教研からは、他の問題事象とともに、「問題別領域」における特定の分科会で討議される傾向がほぼ確定されることとなった。

さて、第五分科会における基地問題の取り扱いにかかわって、次の点にとくに注意を促しておきたい。中華人民共和国の成立や朝鮮半島での軍事衝突といった、東アジアにおける冷戦体制を構成する政治的ブロックが形成されるなかで、同時期の沖縄ではすでに恒久的軍事基地化が急激に進捗しつつあった。にもかかわらず、基地問題が焦点化されていたはずの同分科会において、沖縄での基地問題は報告されてはいない。そして、基地問題を論ずるうえでの沖縄の不在という、この傾向は一九五〇年代の教研に一貫している。

たとえば、一九五四年の第三回教研の第三分科会「地域の特殊事情からくる教育上の諸問題とその打開策」を収録した『日本の教育』(第三回)の第三分冊では、基地問題がひとつの大きな柱として討議されている。にもかかわらず、沖縄の基地問題の現状については論及されていない。同教研では、第八分科会「平和的生産人の育成に直結する教育の具体的展開」において沖縄代表からの単発的な発言がある他、(16)のちに引証するような第二分科会での沖縄代表からの「特別報告」が記録されているのみである。

この傾向は、一九五六年の第五次教研においても同様である。(17)同教研では、奄美大島での実情について、各地域からの報告と並列するひとつの事例として、ごく些少に取り上げられているにすぎない

(第五次、四三一〜四三四頁)。

前述のように各教科・問題の領域別分科会構成が確立する翌五七年の第六次教研では、他の事象と並んで基地周辺の教育問題がはじめて独立の分科会形式(第十三分科会「基地教育同和教育ならびに特殊な環境における教育」)の下で討議された。それにもかかわらず、「沖縄の教育状況の研究も資料が手に入るかぎり誰かがくわしく研究してほしい」と課題提起的に記されるにとどまっている(第六次、四八六頁)。

つづく五八年の第七次教研には、基地問題を主要に取り上げた分科会(第十三分科会「同和教育・特殊環境の教育・基地の教育および在日朝鮮民族子弟の教育」)に沖縄代表が参加した。とはいえ、「沖縄代表が本分科会に一日をさいて基地の教育の討論に参加してくれたことは、われわれの沖縄基地にたいする認識と沖縄県人の愛国・独立・平和のための奮闘にたいする感謝を深め、われわれの民族的自覚をたかめることが大きかった」(第七次、三八四頁)と記されるにとどまる。いわば心情的な吐露が先行しているばかりで、沖縄における基地問題についての切迫した現実認識を伴ってはいない。実際にも、同教研においては基地と教育の討議において直接沖縄にかかわる具体的な事象は取り上げられていない。

以上のかぎりでいえば、一九五〇年代を通じて、沖縄における基地の問題は教研の公式の場において少なくとも本格的に討議されることはなかったと思われる。たしかに同時期における日教組の各年度の運動方針等には、たとえば、「沖縄、奄美大島等をはじめ、講和条約で失った領土の復帰をはかる」(一九五三年度運動方針)、「沖縄の祖国復帰運動を全面的に支援する」(一九五七、五八年度運動方針案）といったスローガンがつねに掲げられていた。しかし、これらのスローガンは抽象的であり、沖縄の基地被害の具体性に根ざしたものとはいえなかった。

以下での論述に先行してあらかじめ記しておくならば、教研において沖縄の基地問題が具体的な被害状況に即して本格的に論じ始められるのは、管見のかぎりでいえば、第4章にみるように、人的交流が本格化する一九六〇年代後半以降のことである。

いわば沖縄の状況と疎隔しつつあった、こうした教研での基地問題に関する状況にもかかわらず、米軍基地機能が沖縄へと移設されていく、一九五〇年代から一九六〇年代にかけて、沖縄における土地接収、基地被害はむしろ甚大化しつづけていた。

この背景には、一九五四年一月七日の一般教書における、アイゼンハワー米国大統領の在沖米軍基地の無期限保有宣言などにも顕在的にみられる、極東における米国の共産圏封じ込めのための軍事政策があった。また、こうした米軍による沖縄の軍事的包摂と同時並行的に、一九五八年九月の高等弁務官布令第一四号「通貨」（Currency）の発令によって、B円がドルに切り替えられ、沖縄経済そのものがドル経済圏へと完全に包摂されていた。

[沖縄の基地被害]

一九五三年四月に米国民政府布令第一〇九号として「土地収用令」（Land Acquisition procedure）が発令され、「銃剣とブルドーザー」といわれた土地の強制接収が行われていた。一九五六年に発表されたプライス勧告に対しては、「島ぐるみ闘争」がすでに激化していた。また、第4章においてその詳細をみるように、一九五〇年代後半以降には日本から沖縄への米軍基地の移設、移駐が急速に進みつつあった。

一九五五年九月の「由美子ちゃん事件」、一九五九年六月三十日に起きた石川市宮森小学校への米軍機墜落事件、さらには日常化する騒音被害など、一九五〇年代の沖縄は、教研での分析や討議の内容とはまったく対照的といってよいほどに、基地被害が頻発に繰り返されていた。

現在においても本質的になんら変わらないこうした沖縄での基地被害の実情の深刻さは、よく知られた、沖縄県学生会編『祖国なき沖縄』の刊行や同時期のいわゆる「朝日報道」など(18)によって、一九五〇年代半ばの日本社会において、徐々にではあれすでに社会問題として共有化されつつあった。

しかし、沖縄における「基地問題」を広く知らしめるこうした媒体の存在にもかかわらず、沖縄の基地被害の現実とは乖離して、一九五〇年代後半における教研での基地問題についての討議は、むしろ、縮小さえしていくことになる。このことは、一九五九年の第八次教研から設置され、一九六〇年代には基地問題が論じられる主要な場となる「人権と民族の教育」分科会においてさえ、

ただ基地の教育に関しては、第六・七次には三、四府県からの参加者があったのに、第八次は前から熱心に系統的に研究している東京だけしかなかった。これは米軍基地、ことに地上部隊のそれが縮小し騒音・風紀・交通事故などの日常的な基地悪の問題が以前ほど目立たなくなってきたためである（第八次、四九頁）。

としていわば傍観者的に記されていることからも明白に看取できよう。さきに記したように、この傾向は一九六〇年代半ばにいたるまで継続する。

（3）「民族の完全合一」のための教育

ふたたび第二回教研に立ち戻ろう。同教研において沖縄に関する直接的な論及は、第八分科会で行われた。ただし、その場合の論及とは、前述した分析と同様に、基地問題という沖縄のおかれた具体的な現実に端を発しているというよりは、むしろ、多分に心情的な傾向をもつものであったと判断できる。

第二回教研の第八分科会は、「駐留軍、基地及び保安隊の問題」「未解放部落と在日朝鮮人の問題」とともに、「沖縄・奄美大島の問題を民族解放・基本的人権の擁護という平和と独立の基本的観点より取上げ」るものであった。そこでの討議は以下のように進められた。

小分科会はこれらの報告（前掲した、全体会議における両代表からの発言――引用者）にもとづき、この問題について各県の認識と運動の進め方をまず討議したが、鹿児島は特に発言をもとめて、この問題は鹿児島県教組としては教育面においてもまた実際運動の面においても進めてゆくことが決議されており、日教組からも教育活動、さらに大衆運動において組織的に国民運動へ盛上げられたいと要望があり、和歌山よりは復帰の署名運動に生徒児童が関心を示さないのは奄美大島や沖縄がどこにあるかすら現在の社会科で学んでいないことが重要な障害となっているのであって、単なるつめこみ主義の復活を許してはならないが、民族の同胞が圧制に苦しんでいるそのことすら、学び得ない社会科の現状に対し、民族教育としての歴史・地理教育を充実せねばならない、こうしてはじめて沖縄・奄美大島の同胞に対して民族的共感と民族の危機の重大性をつかませることができ、この問題を国民運動にまで高めてゆくことができる旨の発言があった（第二回、四五九頁）。

このような討議を経て、同分科会では次の「結論」が提示されるにいたった。「両代表の報告を全面的に認め、同胞に対するこのような不当な圧迫に対しては断固日教組の組織を以てたたかい、これを全国民的な復帰運動にまで盛り上げ、圧制からの解放、民族の完全合一をかちとらねばならない」（第二回、四五九頁）。

同分科会を実質的な起点として、一九五〇年代以降の日教組は「沖縄問題」への組織的な介入を徐々に進めていくことになる。そうした介入は、一九五六年の任命制教育委員会制度の発足、五七年の勤務評定の実施、五八年の小中学校学習指導要領改訂と「告示」化、六一年の全国一斉学力テストの実施など、「逆コース」と目されていた教育政策との対抗関係がさらに鮮明化することと同時並行的に進められるものであった。換言するなら、日教組にとって「沖縄問題」とは、対外的には「民族の独立」という政治的課題としてありながらも、同時に対内的な教育の民主化運動と統一的に課題化されていたということができる。

ここで敷衍するならば、こうした対外的な課題と対内的な課題の統一化こそが、日教組によって主導されていた「国民教育」運動の骨格を成すものであった。「国民教育」運動においては、国家権力による「国民教育」への抑圧と介入、あるいは前近代的な社会諸関係の残存こそが問題と目されていた。このため、近代による沖縄の再「国民化」を問題として捉える視点は、「国民教育」運動においてはあきらかに欠落していた。日教組にとって沖縄の再「国民化」は、希求すべき理念ではあっても、批判的に問い直す対象ではありえなかった。あるいは、やや先駆けていうならば、日本資本主義による沖縄の再包摂に自ら関与しているという自己認識は日教組にはなかった。

前述した一九五六年のプライス勧告に対する沖縄での「島ぐるみ闘争」に呼応して、同年七月四日には日比谷で「沖縄問題解決国民総決起大会」が開催された。こうした動きを受けた同年八月の日教組第四十回中央委員会では、以下の各活動を展開することが「議案」として提案されていた[19]。

(イ) 沖縄住民の闘い、四原則(「一括払い反対」「適正補償」「損害賠償」「新規接収反対」を内容とする「土地を守る四原則」。一九五四年四月三十日に立法院が決議――引用者)を全面的に支持し、自らの闘いとして推進につとめる。

(ロ) 各県毎に当面労評を中心に四原則支持の運動を起し、決議を関係当局に送付すると共に、沖縄住民に対する激励を行う。なお、都道府県会等に働きかけ、広汎な県民運動、国民運動に発展させる。

(ハ) 政府、国会、各政党より早急に沖縄調査団を派遣するよう総評と共に働きかける。なお、総評を中心として労組代表派遣の運動を推進する。

(ニ) 国際問題として全世界の労働者、民主的諸団体、国際的諸機関等に訴えて闘う。
(ホ) 沖縄代表を再度日本に招請し、全都道府県で実態報告会を展開するよう沖縄教職員会を通じて働きかけ、県民大会を広汎に展開するよう運動する。
(ヘ) 沖縄教職員会を中心に沖縄の諸情勢の把握に努め、組織内外に宣伝活動を展開する。
(ト) 全分会より沖縄住民に対し激励及びカンパ活動を行う。

こうして、琉球大学学生会・沖縄教職員会への「激励電」などの発信、沖縄住民へのカンパ運動や「愛の教具」送付の実施など、日教組による実践的な施策が、一九五〇年代後半以降に実行されるにいたった[20]。さらに、同年十一月の第四一回中央委員会「一般経過報告」では、「当面の平和運動の推進については、砂川の原爆基地拡張完全阻止の大衆運動を展開し、沖縄住民の闘いを支援する」ことが提案され[21]、「沖縄問題」への日教組の組織的な介入を維持する方針が踏襲された。

以上のような具体的内実を伴いつつ、一九五〇年代に入って開始された日教組と沖縄側との接触は、徐々に組織的な運動へと広範に形成されていくことになる。

三 見失われる歴史

以上での一連の史実に依拠しつつ、ここで筆者が問いたいのは次の点である。すなわち、日教組はどのような沖縄認識に基づいて、「沖縄問題」への組織的介入を試みていたのかという点である。この解明にあたっての根拠となる史実を着実に論証していくことが本章をふくめた筆者の大きな作業課題であるが、この作業課題において重要と筆者が考えるのは、日教組による一連の組織的論策が構築されることで、なにが隠され、忘却されていたのかを考察していくことである。

このことを第八分科会での用語法を借用しつつ言い直せば、「最も直接に、露骨に隷属と軍事基地化をすすめられている」（第二回、四五八頁）ものとして日教組から位置付けられていた沖縄が、日本社会の対米従属性や「植民地性」を象徴し、その問題性を顕著に代弁するひとつの事例的要素として教育運動の討議のなかに組織的に組み込まれ、収まることで、なにが見失われてきたのかを吟味しなければならない。

一九五〇年代の教研における報告や討議からは、たとえ断片的なものであったとしても、こうした吟味の重要性を看取することができる。

（1）二重基準

まず、ひとつの事例として、前掲した第二回大会の第八分科会における討議の模様にここでふたたび着目してみよう。そこでは容易な了解を許さない、次のような難問が提出されていた。[22]

一部商業新聞が、沖縄・奄美大島両代表の訴えの中に、日の丸をかかげることを望み、「君が代」を歌うことのできる日を要求する感情の表れているのをいちはやく取り上げて、日教組が反動化への抵抗として行っている日の丸、「君が代」に対する批判を実情に副わぬものとし、矛盾するものであるかの如くに宣伝していることは、きわめて悪質の中傷であって、両代表の伝えている事実は同胞が七年間われわれと隔離されてきた条件の中から起ったことであって、この事自身が日本の民主化の前進から切り離された沖縄・奄美大島の同胞の悲況を物語るものであり、日の丸について語るのはその布地について語るのではなくて、祖国復帰、民族統一の悲願を語っているものである。われわれはこのように表現された真意を十分理解して民族解放、民族統一の重点を明らかにしなければならないのであって、これに関連するマス・コミュニケーションの悪意に満ちた中傷、宣伝、デマなどに対しては、今後ますます注意し、警戒し、たたかっていかなければならない。以上のように確認したのである（第二回、四五九〜四六〇頁）。

復帰運動の促進を組織的に最優先させることで、同時期の沖縄、奄美群島における「日の丸」「君が代」の位置付けに関して日教組は、米軍への抵抗のシンボルとして、これを事実上は容認していた。しかし、この容認は、同時期の日教組の「日の丸」「君が代」への一般的対応とは必ずしも整合性をもたないものであった。ここで、同時期における日教組の「日の丸」「君が代」への対応がどのようなものであったのかについて、若干ながらも補足しておく必要があるだろう。

一九五〇年十月十七日、文部大臣・天野貞祐は、「国民の祝日」に学校で「国旗」を掲揚し、「国歌」を斉唱することを求める旨の談話を発表した（文部大臣官房総務課長通牒「学校における『文化の日』その他国民の祝日の行事について」）。「天野談話」としてよく知られたこの発言に対し日教組は、「君が代」に対してはことにすばやい対応をみせた。つまり、同月二十日に中央執行委員会の緊急打ち合わせ会議を開催し、「①〝君が代〟を国歌として国民に歌わせることに反対する。②新国歌制定運動を展開する」ことが日教組の「基本方針」として決定された。つづいて同月二四日には同趣旨の「申入書」をもって文相と交渉した。(23)

さらに一九五一年一月の第十八回中央委員会では「君が代」への反対運動と「新国歌」の制定運動を内容とした議案「文化闘争に関する件」が取り上げられた。その結果、前者は議決されたものの、後者については採決の結果、時期尚早としてこの時点では否決されていた。(24) この「新国歌」の制定運動への取り組みは、その後も継続審議され、同年六月二二、二三日に開催された教育文化部長会議において「平和憲法の主旨を明確に表現し、国民の一人一人が愛誦できる明朗平易なもの(25)」を内容とした「第二国民歌」の募集実施が決定されることとなった（『君が代』反対闘争に関する件」）。応募作品の選考の結果、対日講和条約発効直後の一九五二年六月の第九回定期大会において公表されたのは、よく知られた「緑の山河」（原泰子作詞、小杉誠治作曲）であった。

その一方で、日教組による「日の丸」への対応は「君が代」へのそれと比較して、必ずしも旗幟を鮮明にするものではなかった。前記した天野文相への「申入書」においても、日教組は「戦後五ヵ年を経た今日、われわれは日本民族の自立精神を培養する必要性を痛感する。このために国旗の掲揚と国歌の斉唱はわれわれの等しく希求するところであるが、国歌即ち君が代と結合は絶対に容認できない」と記すなど、「国歌」斉唱の削除については要求しながらも、「国旗」掲揚に関しては明言を回避し、事実上、先送りにしていた。

以上の経緯を背景として、「逆コース」と目していた日本国内での教育政策に対しては基本的に抵抗の姿勢をとりつつ、同時に日教組は米国施政権下の沖縄、奄美群島での「日の丸」「君が代」についてはは黙認していたことになる。いわば二重基準をもって「日の丸」「君が代」についての対応をしていたことで、日教組は沖縄、奄美群島において「日の丸」「君が代」が果たしてきた機能についての歴史的な自己省察の機会を事実上喪失していた。たとえ、組織的な論策の一環として、あるいは事態への即応的なものとしては理解できたとしても、沖縄史についての歴史認識という観点からいえば、こうした日教組の二重基準は、少なくとも現時点において留保しなければならないことは明白である。筆者はこうした歴史事象について、現在という相対的な高みから裁断を下して終わらせたいのではない。そうした裁断は無意味なだけではなく、裁断する者自身を安全地帯に囲い込む役割を果たすという意味では有害でさえあるだろう。こうした二重基準が生じたことによって、沖縄への歴史認識に関して、日教組あるいは日本の革新陣営、そして〈戦後教育〉は、なにを見失い、どのような影響を受けてきたのか。このことこそが問い直される必要がある。

(2) 対米従属論

次にもうひとつの事例として、さきにも言及した、一九五四年の『日本の教育』(第三回)のなかから、沖縄人自身の声を取り上げてみよう。同『日本の教育』の第二分冊は、第二分科会「学校・家庭・社会における教職員の生活実態と民主的なありかた(PTAの批判・検討を含む)」での討議を収録している。同分科会では「沖縄における教職員の生活環境をめぐる諸問題、あるいは沖縄における変った《(ママ)》権力、そういう見地からどういう圧力があり、これに対して沖縄の先生がどのようにしているかということについて、沖縄のかたから御発表頂きたい」という司会からの要請に対して、沖縄代表からの以下のような切迫感を伴った報告がなされている。

私が発言すると多分調子のはずれたことになるだろうというわけは、同じ問題、同じ悩みにしても度合いと質がちがうことである。たとえばこれを具体的にいうと、みなさんは子どもを戦場に送っちゃあ困るという考えを持っている。まあこれは当然であるが、私どもは、戦争になると子どもを戦場に送るだけでなくて、恐らく沖縄が原爆や水爆の目標になる。全部が戦場に坐っておる。こういった具合にちがう。あるいはここ（日本各地——引用者）には基地がたくさんあるというが、この基地は点在している。私のところは全島あげて基地という状態である。〔……〕従って悩みは、はるかに深刻なものがある。悩みの度合いが非常にちがう。質のちがった悩みだと申したい（第三回第二分冊、一〇六〜一〇七頁）。

ここで訴えられている「質」のちがいとは、単純に米国の施政権下にあるか否かの形式的な差異にのみ極小化して捉えられるべきではない。拙速を恐れずにいえば、より深く沖縄認識にかかわる問題として解釈されるべきではないだろうか。「質」のちがいを生み出してきた歴史的な前提こそが、この報告者によって問いただされているのではないか。にもかかわらず、対米従属下という現象的な共有性を所与の前提として運営されているこの分科会では、悩みの度合いのちがいと同時に「質」のちがいを切々と主張していた、この報告の訴えている本質的内容についての吟味は、あらかじめ排除されざるをえないものであった。こうした認識上、あるいは運動上の傾向は、日教組の沖縄認識のあり方にかかわって、決して看過できない問題点を形成している。こうした問題点にかかわってさらに例証を続けてみよう。

たとえば、一九五五年の『日本の教育』(第四次)では、「民族分離による人権侵害」について、第一部会「人権を尊重し、国際理解を深めるための教育」の第一分科会「人権の尊重を中心とする教育(社会科を中心として)はどのようにすすめるか」で討議が行われた。奄美大島代表からの報告を踏まえつつ、同分科会での「結論」は以下のように記されている。

これ(奄美・沖縄の問題——引用者)を全国共通の問題として確認し、本土もまた基本的には同じ悩みを根底にもっていることを全員が正しく認識することが必要であるという結論に達した。そして人権を侵害するものの真の原因をつきとめるうえに、奄美大島の教育の現実は、われわれに深い示唆を与え、また奄美同胞のこれまでの健闘ぶりは、われわれにとっての尊い教訓であることが自覚された(第四次、四四頁)。

こうした見方を支えていたのは、これまでにも指摘してきたように、政治的位相としては、当時の革新陣営における支配的認識としての対米従属論であった。一九五〇年代における日教組の沖縄認識や組織的動員の意図・方法は、あえて集約的にいうならば、ここで端的に表出されているような対米従属論の直接的な適用から生み出されてきた傾向をきわめて強くもつものであった。「沖縄問題」への対米従属論の直接的な適用は、沖縄人と日本人をアメリカ帝国主義からの抑圧を被っている「われわれ」＝「国民」として、歴史的な経緯を省察することなく、一括化する点で特徴付けられる。

こうした特徴をもつことで、「革新」的として位置付けられてきた日教組の「沖縄問題」への組織的介入は、その主観的な意図とは裏腹に、日本と沖縄との「差別支配」の記憶、沖縄の言語と文化への「矯正」教育の記憶を曖昧化させ、沖縄認識についての反省的な吟味を欠落させていた。(26)

四　一九五〇年代の沖縄認識

本章でみた一九五〇年代における日教組の「沖縄問題」への介入の動向から確認されなければならないのは次のふたつの点である。

第一に、少なくとも一九五〇年代の教研における基地問題にかかわる議論において、沖縄での問題状況が個別具体的な討議の柱として本格的に取り上げられることはなかったということである。むしろ、一九五〇年代後半以降の沖縄への基地移設の進行とは対照的に、教研における基地問題についての関心は急速に低下していくことになる。この点の推移に関しては、第4章において詳述する。

第二に、教研における沖縄にかかわる事象の取り上げは、「民族分離による人権侵害」（第四次、四二頁）、「日本民族としての誇り」（第五次、四六頁）などといった、教研集会で語られてきた表現に端的に象徴されている、いわば心情的傾向をきわめて強くもつものとして、一九五三年の第二回教研を起点として本格的に着手されたことである。したがって、敗戦以後における日教組と沖縄との接触の展開過程は、敗戦以前の歴史的経緯や日本による沖縄への教育政策が沖縄人に対してどのような意味をもつものであったのかが反省的に省みられることを媒介としたものではなかった。

以上のような経緯をたどって生成してきた、沖縄への日教組の組織的介入が、この後どのような展開過程をたどるのか。次章以降では「復帰運動」の高揚期となる一九六〇年代から沖縄の施政権が日本国政府に返還され、「沖縄県」が誕生した一九七二年五月十五日前後にいたるまでの具体的な歴史状況へと視点を移してみたい。

補註（第3章）

（1）第三回大会までは「教育研究全国大会」と称せられ、一九五五年からは「教育研究全国集会」として改称され、今日にいたっている。なお、第九次からは、一九五六年五月十日に結成された日本高等学校教職員組合による教研と合同開催。この経緯については、日本高等学校教職員組合編『日高教運動史』労働旬報社、一九九一年、一五四〜一五六頁、などを参照。

本書と直接にかかわる一九七二年までの開催状況などについては、表3—1を参照のこと。以下、本書では、通称に倣い、教育研究全国大会（集会）を「教研」として略記する。

表3—1　教研の開催地・時期・報告書一覧

名称	開催地	開催年月	報告書刊行先
第一回教育研究全国大会	日光	一九五一年一一月	日本教職員組合教育文化部『教育評論』（一九五二年六月）
第二回教育研究全国大会	高知	一九五三年一月	岩波書店
第三回教育研究全国大会	静岡	一九五四年一月	国土社（全九分冊）
第四次教育研究全国集会	長野	一九五五年一月	国土社
第五次教育研究全国集会	松山	一九五六年一月	国土社
第六次教育研究全国集会	金沢	一九五七年二月	国土社
第七次教育研究全国集会	別府	一九五八年一月	国土社
第八次教育研究全国集会	大阪	一九五九年一月	国土社
第九次教育研究全国集会	千葉	一九六〇年一月	日本教職員組合
第十次教育研究全国集会	東京	一九六一年一月	日本教職員組合
第十一次教育研究全国集会	福井	一九六二年二月	日本教職員組合
第十二次教育研究全国集会	鹿児島	一九六三年一月	日本教職員組合
第十三次教育研究全国集会	岡山	一九六四年一月	日本教職員組合
第十四次教育研究全国集会	福岡	一九六五年一月	日本教職員組合

第十五次教育研究全国集会	福島	一九六六年一月	日本教職員組合
第十六次教育研究全国集会	三重	一九六七年一月	日本教職員組合
第十七次教育研究全国集会	新潟	一九六八年一月	一ツ橋書房
第十八次教育研究全国集会	熊本	一九六九年一月	一ツ橋書房
第十九次教育研究全国集会	岐阜	一九七〇年一月	労働旬報社
第二十次教育研究全国集会	東京	一九七一年一月	日本教職員組合
第二一次教育研究全国集会	山梨	一九七二年一月	日本教職員組合

〔出典〕日本教職員組合編『教研活動の10年――民主教育確立への歩み――』日本教職員組合、一九六一年、三五〇～三五五頁、各年刊行の報告書『日本の教育』など。

（2）以下、煩瑣を避けるため、同書の表記に際しては、たとえば、第二回大会を収録したものを、『日本の教育』（第二回）として略記する。なお、引用にあたっては引用文末尾などに括弧書きで頁数を示す。

（3）Robert W. Aspinall, Teachers' Unions and the Politics of Education in Japan, State University of New York Press, 2001, pp3-10. 同著においてアスピナルは、一九七〇年代に刊行された次の二著を数少ない先行研究として捉え、その発展的継承をめざしている。

Donald R. Thurston, Teachers and Politics in Japan, Princeton University Press, 1973. Benjamin C. Duke, Japan's Militant Teachers, University Press of Hawaii, 1973.

このうち後者については、『日本の戦闘的教師たち』市川博訳、教育開発研究所、一九七六年、として日本語訳のうえ刊行されている。

（4）高橋順子「『復帰運動』における『沖縄問題』言説の形成過程――教育研究全国集会を事例として

――」『日本女子大学大学院人間社会研究科紀要』第9号所収、二〇〇三年三月、六一～七四頁、同「『復帰』前後における『沖縄問題』言説の変容過程――教育研究全国集会の事例から――」関東社会学会『年報社会学論集』第16号所収、二〇〇三年、などを参照。

(5) 以上、日本教職員組合『日教組教育新聞』第一三八号、一九五二年十月十九日、二頁(第1巻、六一一～六一二頁)。

(6) 「教師の倫理綱領」は以下の十カ条から構成され、各条項には説明の文章が付されている。「一、教師は日本社会の課題にこたえて青少年とともに生きる　二、教師は教育の機会均等のためにたたかう　三、教師は平和をまもる　四、教師は科学的真理に立って行動する　五、教師は教育の自由の侵害をゆるさない　六、教師は正しい政治をもとめる　七、教師は親たちとともに頽廃とたたかい、新しい文化をつくる　八、教師は労働者である　九、教師は生活権をまもる　十、教師は団結する」。日本教職員組合『日教組教育新聞』第一七二号、一九五二年六月二七日、四頁(第2巻、七十頁)。

(7) 日本教職員組合「日教組教育情報」第二〇六、七合併号、一九五二年六月三十日、『日教組大会決定事項集　自第5回至第11回』所収、刊行年記載なし〔日本教育会館教育図書館所蔵〕、および、日本教職員組合『日教組教育新聞』第一七二号、一九五二年六月二七日、三頁(第2巻、六九頁)。

(8) 上沼八郎は「対日講和条約以来疎外されていた沖縄や奄美の祖国復帰の問題が、はじめて日教組のテーブルに提出されたのは、一九五二年十二月の第二十六回中央委員会であった」と指摘している。上沼八郎『沖縄教育論』南方同胞援護会、一九六六年、五四頁。

この指摘は、日本教職員組合編『日教組十年史』日本教職員組合、一九五八年、八二六～八二七頁、における記述に依拠したものと推測されるが、本章における考察に基づいて精確を期するならば、上沼の指摘よりも早い時点ですでに組織的な討議がもたれていたことが認められる。

(9) 日本教職員組合『日教組教育新聞』第一七九号、一九五二年八月十五日、二頁(第2巻、八六頁)。

(10) 同後援会は、「沖縄を主とする南西諸島の戦災校舎の復興を促進することを目的」とし、その目的を達成するための事業として「国会及び政府に対し強力なる財政援助の要請」「全国民及び諸団体に対し

戦災校舎復興の資金及び資材の寄付募集」などを掲げていた。「沖縄戦災校舎復興後援会会則」第二条、三条（戦災校舎復興期成会「戦災校舎後援会綴」一九五二年二月〔沖縄県教職員組合所蔵『沖縄教職員会史料　戦災校舎復興募金関係史料（一）』所収〕）。

なお、これら沖縄県教職員組合所蔵の史料群に関しては、中村高一「沖縄戦災校舎復興に関る史料紹介」沖縄県教育委員会編『沖縄県史研究紀要』第４号所収、一九九八年三月、一七一～一九〇頁、参照。同論文名についての表記は、収載誌表紙と論文に掲げられたものとで異なるが、ここでは後者を採択した。

屋良朝苗は、二十年経過したのちに当時を次のように回顧している。「上京して約二ヶ月間は、東京を中心に動いた。いちばん力を入れたのは、教育関係だった。全国民に訴える運動といってもその基本は、沖縄の教職員が総立ち上がりして全国の教職員に訴える、さらに教職員を通じて全国の児童、生徒に訴えるという順序を考えていた。だから日教組はもちろん、全国高校長会、中学校長会、小学校長会などにたえず顔を出した。一月末だったと思うが、日教組の教研集会が高知県であり、そこへ乗り込んで約五千人の参加者に訴えることができた。またこれを機に四国四県を回った」。屋良朝苗『屋良朝苗回顧録』朝日新聞社、一九七七年、二二一～二二三頁。

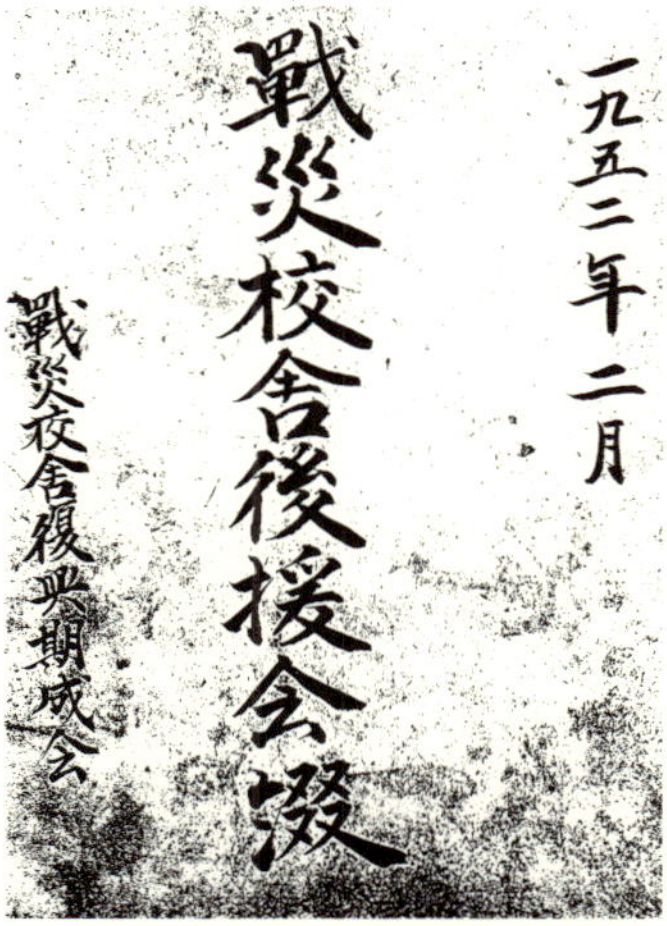
一九五二年二月
戰災校舎後援会綴
戰災校舎復興期成会

図３－１　戦災校舎復興期成会『戦災校舎後援会綴』表紙［沖縄県教職員組合所蔵］

当初、募金活動は三億円を目標に進められていたが、屋良の回顧によれば最終的に六三一二万円を集め、沖縄での募金活動と併せて、総額八千万円程度となったとされる。この募金は、米軍からの干渉によって、所期の目的であった校舎の復興費用としてではなく、期成会によって設置された戦災校舎募金処理委員会を通じて、のちにも触れる「愛の教具」

の購入費として充てられた。この間の経緯については、屋良朝苗編『沖縄教職員会16年——祖国復帰と日本国民としての教育をめざして——』労働旬報社、一九六八年、九三～一〇一頁、に詳しい。

ただし、正確な募金総額については、ほぼ同時代に刊行された、仲村栄春編『地方自治七周年記念誌』沖縄市町村長会、一九五五年、三二一頁、における記述に基づけば、約五八八三万円（これに沖縄での募金額四〇〇万B円が加わる）とされており、現時点における筆者の調査の範囲では正確に確定できていない。

(11) 日本教職員組合編、前掲『日教組十年史』八二六～八二七頁、によれば、奄美大島教職員組合長・高元武は「祖国復帰の悲願が実現される日に希望をもち、祖国の同胞に負けぬよう、およばずながら今後この面（教研活動——引用者）に十分努力したい」と発言し、沖縄教職員会長の屋良朝苗は「戦後八年の間に沖縄はまったく大きく変り果ててしまった。本島教師も極度の生活の苦しみから、転職者が五七パーセントにも及んでいる始末である。学校施設の貧しさはいうまでもなく、沖縄の教育はその動力源を閉ざされたと同じ状態にある。この沖縄教師が、高知大会の盛況ぶりをみて驚嘆するのも当然といえば当然であろうが、それだけに祖国復帰のはやる気持ちをおさえきれぬものがある。教師の自由なくして教育の進展はのぞめないことを痛感する」と発言した。また、喜屋武真栄は「本大会でえた感激をそのまま本島に持ち帰り、及ばずながらこの種の大会が開催しうる下からの自主的教育研究をすぐに手がけたい」としたためた「感想」をのちに寄せており、この日教組教研への参加が契機となって、さきに第1章でみた沖縄における教研活動が開始されることになったことがわかる。

(12) 「日本文教政策の基本大綱」（一九五二年十月）は、教育制度、教育内容、教育行財政などについて、いわゆる「逆コース」に対抗するための日教組からの代案を提示しようとしたものであった。日本教職員組合編『教育評論』一九五二年十一月号、において上原専禄と勝田守一は、同大綱をめぐっての総括的批評を対談形式で展開している（六～二七頁）。なお、同大綱全文については、日本教職員組合『日教組教育新聞』第一九〇号、一九五二年十月二四日、二頁（第2巻、一一〇頁）、参照。

(13) この点について『日本の教育』（第二回）では「日本の子どもをむしばむ軍事基地周辺の実態につい

て、北海道・青森・山形・千葉・埼玉・東京・神奈川・静岡・石川・奈良・大阪・兵庫・鳥取・広島・長崎の十五代表が、正式報告をおこない、山口・福岡・大分・宮崎の代表から追加報告的な発言があり、第五分科会（討議が行われた「基地をめぐる社会環境」分科会――引用者）のプログラムのなかでも、現状の報告と対策の討議に、もっとも多くの時間とエネルギーがついやされた。そのこと自体が、この基地問題の教育的重要性を物語っている。植民地的な社会環境にむしばまれていく子どもをだきかかえた教師の苦悩といきどおりのふかさを表現している」と記述されているとおりである。同書では「占領下にひらかれた第一回の日光大会で、基地問題にかんする発表者がまだ数府県にかぎられ、『処置なし』となげいていた時代にくらべて、すばらしい意識の成長と、研究の規模の全国的な発展がみとめられる」（以上、第二回、二五四～二五五頁）と記されている。この点については「軍事基地問題に関して、占領下の日光大会では、これはどうにもしようがないというあきらめみたいなものが大会の支配的な空気だった。それが、今回は五分科会とか八分科会で『基地をめぐる問題』というように堂々と報告され討議されたということなどは、口先だけの独立後とはいえ非常に情勢が変ったからともいえる」とする菅忠道による同時期の発言からも裏付けられる。「座談会　教育研究と教育実践――日教組第二回教研大会をめぐって――」『教師の友』第四巻第二号所収、一九五三年三月、十七頁（復刻版「教師の友」刊行委員会編『復刻版　「教師の友」』第2巻所収、桐書房、一九八八年）を参照。

(14)　この時期の教研における討議内容に関する分析として、たとえば、宮原誠一「平和教育の動向」『日本資本主義講座』第九巻所収、岩波書店、一九五四年、四二五～四五二頁、日本教職員組合編『「日教組の教研運動」についての研究』日本教職員組合、一九七一年、など参照。

(15)　この過程に関しては、「第三次《ママ》の静岡全国集会では、いわゆる教育問題とともに、たとえば『国語教育・数学教育における学習指導要領の批判検討と、基礎学力の向上をめざしての今後の具体策』というような日々の実践の問題をも直接にとり上げるようになった。したがって、各教科の領域における研究を深める、という方向をうち出したのである」と記述されている（「分科会連絡委員会報告」『日本の教育』第七次、六七七頁）。

（16）「この機会に沖縄からみえているのでお話をねがいたい」という司会からの要請に対して、「沖縄はいたるところ基地である。島は北部、中部、南部と三つにわかれ、中部に主として多い。北部は大したことはない。いろいろ問題があるが、主に青少年の犯罪が非常にふえた」として、基地周辺の子どもの状況を報告する沖縄代表からの簡略な発言があった（第三回、一六九～一七〇頁）。

（17）一九五〇年代に開催された教研において、基地問題に関する具体的な事例として中心的に論じられていたのは、砂川、内灘といった基地周辺の子どもたちや学校環境についてであった。望月宗明『日教組20年の闘い』労働旬報社、一九六七年、三二八～三三〇頁、などを参照。

なお、同時期には「基地周辺の小中学生の眼に、基地の生活の現実がどう映ったか、その生活感情をありのままに綴った」（三二八頁）作文集として、日教組の協力も得て編集された、清水幾太郎・宮原誠一・上田庄三郎編『基地の子――この事実をどう考えたらよいか――』光文社、一九五三年、が刊行されている。同書では、沖縄を除いたほぼすべての都道府県の小中学生による、日常生活からみる基地問題についての作文が収録されている。また、同年には、第二回教研における基地に関する報告を集録した、猪俣浩三・木村禧八郎・清水幾太郎編『基地日本――うしなわれいく祖国のすがた――』和光社、が刊行された。

（18）沖縄県学生会は、「本土」に学ぶ沖縄人学生によって一九五二年に結成された。同会による一九五三年夏から翌年春にかけての沖縄への「帰省活動」「帰郷運動」を通じて、沖縄県学生会編『祖国なき沖縄』が一九五四年六月に刊行された（日月社より刊行、初版三〇〇〇部）。同書の刊行は、日月社から沖縄県学生会に対する寄稿の協力依頼が、同会『沖縄学生新聞』に原稿募集記事として記載されたことに端を発している。その募集記事では「今夏の帰郷運動の活動振りもおりまぜて、基地沖縄のあらゆる面の実相を詳細に紹介する」ことを沖縄県学生会学生部が沖縄人学生に呼びかけている（以上、『沖縄学生新聞』第十九号、一九五三年十一月六日、二頁、および同書の刊行経緯に関する当間嗣光による記事「わが沖縄――その原点とプロセス――」『琉球新報』一九七三年九月二一日、などを参照）。

のちに復帰運動の最中に再刊されることになる同書に「解題」を寄せた新里恵二によれば、「本書は、発刊当時、戦後沖縄の実情を、本土国民に知らせた最初のそして唯一の単行本だった」とされる（新里恵二「解題　『祖国なき沖縄』以後の十四年」東京沖縄県学生会編『祖国なき沖縄〔再刊版〕』太平出版社、一九六八年、二七一頁）。同書では、沖縄人学生によるルポルタージュを中心として、米国施政権下の沖縄における基地被害や基地経済、文化の実態が克明に描き出されている。

一方、一九五五年一月には、沖縄における人権問題についての自由人権協会による調査報告の内容が『朝日新聞』の「米軍の『沖縄民政』を衝く」と題した特集記事によって公表された（一九五五年一月十三日）。よく知られた同記事は、沖縄における土地問題、労働問題などの実情について、具体的な数値を交えて克明に報告するものであった。『朝日新聞』は翌十四日にも「沖縄民政について訴える」と題した社説を掲載するなど、米国の施政権下にある沖縄の実情への日本国内の関心を広範に喚起させた。これらの一連の記事が、いわゆる「朝日報道」と称されてきたものである。同記事は、「『沖縄民政』へ世論動く」（一九五五年一月十四日）、「沖縄人権を語る」（一月十六日）、「沖縄問題　米極東軍の発表」（一月十七日）など、米国側の対応を含めた、その後の顛末を報道している。『沖縄タイムス』は「朝日報道」の推移と日米両国における反響を同時的に沖縄で伝えている（同、一九五五年一月十四日〜十六日）。

これらに付記すれば、「朝日報道」に先行して、一九五〇年代初頭には沖縄を喚起させるいくつかの動きがあった。一九五〇年八月には、非戦闘員の視点から沖縄戦を記録した、沖縄タイムス社編『鉄の暴風』朝日新聞社、が刊行された。また、広島文理科大学の古川成美による『沖縄の最後』中央社、一九四七年、「続沖縄の最後」と表紙に付された、同『死生の門』中央社、一九四九年、あるいは、石野径一郎による『ひめゆりの塔』河出書房、一九五一年、『ひめゆり部隊』出版東京、一九五二年、といった、沖縄戦を扱った文学作品が相次いで上梓されていた。一九五三年一月には、沖縄民政府文教部副部長（当時）を務めていた仲宗根政善が刊行した『沖縄の悲劇――姫百合の塔をめぐる人々の手記――』華頂書房、一九五一年、などを参考にして製作された、映画「ひめゆりの塔」（監督・今井正）が公開された。

なお、「朝日報道」が出された一九五五年の十月には、日教組の中国視察団が香港への途次、那覇空港に降り立ち、同月二一日早朝に屋良朝苗らと面会している。視察団団長の小林武・日教組中央執行委員長は、当日空港で発表された「沖縄教職員会に送るメッセージ」において「日本教職員組合は沖縄の祖国復帰と日本の完全独立のために今後も広汎な運動を展開します」と述べていた（『沖縄タイムス』一九五五年十月二一日）。

以上の沖縄内外でのさまざまな動きにもかかわらず、沖縄の基地問題は教研での討議に反映されてはいなかった。

(19) 日本教職員組合『日教組教育新聞』第三七一号、一九五六年八月三日、一～二頁（第3巻、九七～九八頁）。

なお、（八）に関連した日教組の調査報告のひとつに、『国際自由労連（ＩＣＦＴＵ）沖縄調査団報告書――一九五六年五月十五日～五月二十六日――』がある。日教組による奄美、沖縄への調査交流のための派遣事業は、のちに第5章で考察する「沖縄学習」と関連して一九六〇年代にとくに頻繁に行われることになる。戦災による学校の施設設備の破壊状況や復興の遅延による経済的貧困、教員の労働環境や子どもの学習環境の劣悪さ、そして米軍基地の存在によって日常的に直面させられる危険性が、それら調査交流を通じて、ようやく一九六〇年代以降に日本側に広く知れ渡る大きな契機となったと思われる。比較的早期のものには、復帰直後の奄美での調査報告である、日教組奄美派遣団『奄美派遣報告書』一九五四年三月、がある。

(20) 「愛の教具」については、日本教職員組合編、前掲『日教組十年史』八三〇頁、に簡略に記述されている。仲村栄春編、前掲『地方自治七周年記念誌』三二一頁、によれば、「愛の教具」として購入された物品は以下のとおりであった。「理化学備品（約九〇〇万円）、音楽備品（約三八〇万円）、保健体育備品（約三二〇万円）、視聴覚備品（約一三〇万円）、職業家庭科関係備品（約一八〇万円）、図書掛図（約三六〇万円）等」。なお、各備品の購入細目については、文教局研究調査課編『琉球史料』第三集、琉球政府文教局、一九五八年、一九二頁、に記載がある。

一九五五年十月十二日（夕刊）の『沖縄タイムス』は、十月十一日から、沖縄各地域の学校に「愛の教具」の「第一陣」が到着したことを伝えている。

当時、川平小学校に勤務し、「中型のオルガン」を「愛の教具」として受け取った宮里テツの記録によれば、「愛の教具」は単なる不足物品の供与としてだけなく、復帰を促進させ、「祖国のイメージ」を沖縄の子どもたちに与える役目を果たしたとして次のように回顧されている。「日本から『愛の教具』届くと全校生徒によびかけ、校長が全校児童を前に梱包を解く。ピカピカ光るオルガンの肌、プーンと鼻をつくぬりのにおい。『日本のみなさん！ありがとう！わたしたちは日本人、祖国を求めてがんばっています』。全児童の声が山へこだまする。シロジニアカク、ヒノマルソメテ、けんばんの上を指が走る。日の丸の歌の全校合唱、祖国の空へとどけとばかり。その日の感激を忘れることはできない。〔……〕祖国のイメージは、こうしてオルガンを絆として子らの心にやきついた。オルガンの果たした役割は大きく、『日本の子』の自覚をもたせるのに十分であった」。宮里テツ「戦禍は癒えず」日本教職員組合・沖縄教職員会編『沖縄の先生たち――本土との真の連帯をもとめて――』合同出版、一九七〇年、一三一～一三三頁。

(21) 日本教職員組合『日教組教育新聞』第三八三号、一九五六年十一月二日、二～三頁（第3巻、一三八～一三九頁）。

(22) この「難問」は、のちに論及するように、一九五〇年代の沖縄における「日の丸」「君が代」の取り扱いにかかわって、日教組が明確な組織的方針をもつことはなかったことに起因する。一方、第1章においても考察したように、沖縄教職員会は復帰運動の一環として、一九五二年以降、「日の丸」掲揚運動の組織化に着手していた。

同時期の教研での「日の丸」「君が代」に関する討議をみるならば、それらをどのように取扱うべきなのかをめぐっての多様な討議が行われていたのが教研の実際の姿であった。前掲した『日本の教育』（第三回）における第八分科会での、「君が代」に関する討議の内容をひとつの事例としてみてみたい。道徳教育の進め方についての討議の文脈における司会からの「民主主義的なモラルと『君が代』の感七〜一八八頁)。

覚はどうか」という問いかけに対して、以下のような各地からの報告と意見が噴出した(第三回、一八七〜一八八頁)。

鳥　取　君が代をうたわせろという命令らしいのがでている。うたわせない教員は首をきるといった報道もつたえられてくる。この際、日教組としてははっきりした線をだしてほしい。大将軍小学校では、運動会のとき、父兄たちが君が代をうたわせろと学校に申しいれがあり、教頭がことわったところ、あれはけしからん、赤だ、一方的だと新聞でやられた。

〔……〕

大　阪　一つの悩みを申しあげる。君が代はある意味では素朴な民族意識のあらわれで、どんな国でも、国歌の無い国はない、それを歌って何故わるいと身体でかんじている。これに対し、近代主義で割切ってしまってはどうか。そういう素朴な気持は、誰でも、どこかにもっているのだから。

長　崎　私、もと非常に僻地の五島列島の山中にいた。そこでは、はっきりうたっている。君が代をうたうと涙を流している父兄がたくさんいる。私自身そういうなかで、これをどうやってゆくかずいぶん苦しんだ。

〔……〕

秋　田　君が代は、専門家もいっているように、いろいろ疑問がある。とくに、君が代というのはどういう意味か、六年から中学にいったものでも満足にわからない。わからないものをうたわせるわけにはゆかない。それからあの曲はまたなつかしい。そこで考えるには、どんな国でも国歌はあるのだから、これから誰にでもわかりうたえるような新国歌運動を三年でも四年でもいいからやってゆくべきである。

東　京　ある分会で、父兄からどうも式に君が代をうたわないとさびしいから、ぜひうたわせてくれという要求があった。職員会議でも、いろいろと問題がでた。われわれ教師として憲法擁護という立場もあるし、それから一ぺんうたってしまうとあとから新しい国歌ができてもこれを普及することが困難である。そこで君が代というものが、新憲法の精神と全く反することをはっきり認識することが必要である。そうして校長からPTAの人に話して納得してもらったことがあった。

北海道　鳥取から日教組でうたわないという方針を出せという要望があったが、現実には何の根拠はないが、素朴な感情からこれをうたいたがっている。だから日教組の名において黒白をつけるのは大きな危険がある。ことさらだす必要はないと思う。

「君が代」に関する現場教員の実感と見解の大きな振幅は、すぐのちに述べる日教組の組織的決定が、少なくとも同時期においては統率的に履行されていなかったことを裏付けている。こうした振幅は、復帰運動下の沖縄における「日の丸」「君が代」への日教組の対応にも当然のように反映していたのであった。

(23) 日本教職員組合『教育新聞』第九一号、一九五〇年十月三十日、一頁（第1巻、五〇九頁）。新井恒易『日教組運動史』日本出版協同、一九五三年、二四二〜二四五頁、を併せて参照。

(24) 日本教職員組合『教育新聞』第一〇四号、一九五一年二月二日、二頁（第1巻、五四〇頁）。

(25) 日本教職員組合教育文化部「教育文化部長会議議案」『日教組運動資料（教育文化）1951.6〜12』〔日本教職員組合教育図書館所蔵〕所収。

(26) 本章での考察はなしえないものの、対米従属論にかかわってのこうした思考枠組は、他の諸問題に関する討議においても、この時期の教研で同様に適用されていたと考えられる。

たとえば、一九五三年の『日本の教育』（第二回）に収録された、第八分科会での討議では、在日朝鮮人教育について、「深い共感」が必要であるという次のような指摘がなされている。「在日朝鮮人教育の問題は決して朝鮮民族のみの問題ではなくして、とくに被圧迫民族の解放、植民地化に対する抵抗の問題として、われわれがめざしている平和と独立の問題との関連において、深い共感のもとにとりあげられなければならない」（第二回、四六九〜四七〇頁）。

また、『日本の教育』（第三回）に収録の第三分科会「地域の特殊事情からくる教育上の諸問題とその打開策」では、「二つの抵抗、二つの解放運動」という表現を用いることで、より包括的に次のような指摘がなされている。「この会全体を通じて非常に感じられたことは、基地の問題・未解放部落・朝鮮人の問題・僻地の問題、これは一つのつながりのある問題だということを、皆さん自身もお考えになったと思う。というのは、私どもは外（の——引用者）アメリカに対しては抵抗——つまり私どもが人間なみに取扱われていない、アメリカがわれわれを人間だと思っていない、これに対して基地のかたたちはアメリカに対する抵抗ということを非常に一生懸命考えている。これは必要なことである。しかし私たち自身も国内にうみを持っている。つまり、未解放部落・朝鮮人問題・僻地の問題。私たちはそうした差別待遇を国内でしているではないか。国内における差別待遇を撤廃しよう、すべての人民は平等であるという立場を主張しようということと、外に向ってわれわれは同じ人間であるということを押していくことは、まったく同じことだということをみなさんも感じとられたと思う。そして私ども一人一人の中の二つの抵抗、二つの解放運動というものを一つに結びつけることによって、私たち一人一人がほんとうの意味で抵抗体になることができると思う」（第三回、一〇八頁）。

「国民教育論」におけるこうした思考枠組については、たとえば、幼方直吉・森田俊男「教育における民族権利の問題」全書国民教育第1巻『国民と教師の教育権』所収、明治図書、一九六七年、二一八〜二七四頁、森川金寿「民族教育の権利と方法」講座教育法第7巻『世界と日本の教育法』所収、総合労働研究所、一九八〇年、一一九〜一二九頁、などにおいて顕著に提示されている。

第4章　回避される差異性
――一九六〇年代前半――

一　問題としての沖縄認識

一九六〇年一月十九日に調印され、同年六月二三日に発効した新日米安全保障条約（「日米相互協力および安全保障条約」）は、いうまでもなく戦後の日本社会に大きな社会的うねりをもたらした。このことは、もとより日教組運動においても例外ではありえなかった。本章においては、安保条約によって幕開けした一九六〇年代前半における〈戦後教育〉の沖縄認識を中心にして考察したい。

本章の課題に即してまず注意を促しておきたいのは、安保条約そのものにも反対し、〈戦後教育〉を守るべきものとして捉えていた、日教組をはじめとする一九六〇年代の「革新」の側において、沖縄への視点が十全にもたれていたのかについては依然として疑問が残るということである。

たとえば、新川明は「この国民的な規模の安保反対運動の中で『沖縄』問題がまったく抜け落ちている」ことに気付いたとしたうえで、以下のような同時代的認識をもっていたことを回顧している。ここで筆者が構築を試みる問題構成の要点を射抜くような指摘であり、やや長くなるが引用する。

「沖縄返還」を（安保反対派は——引用者）スローガンの一端に掲げているとはいえ、そこで主張されるのは要するに日本が米国に従属し、米国の軍事戦略の一翼を担うことに反対しているにすぎない、という現実であった。「日米安保は日本を米国の戦略に組み入れることであり、日本全体を〝沖縄化〟することが狙いである」という趣旨の訴えを聞いた時、私は耳を疑った。判りやすい言葉で安保反対の気運を盛り上げようとする単純な気持ちから出た言葉かも知らないが、単純であるだけにその言葉を発想させる意識は恐ろしく思えたのである。その論法は日本にとっての安保とは何か、という点では判りやすい理屈ではあるが、沖縄の現実が抱えている問題とは関わりのない議論であり、「沖縄返還要求」というスローガンの空虚さを浮き立たせるだけのものでしかなかった。安保問題とはすぐれて「沖縄」問題であり、「沖縄」問題とはとりもなおさず安保問題であるという、今日変わることのない極めて基本的な認識の欠如がその論法を成り立たせている。(1)

ここで指摘されていることは、「革新」側の沖縄認識の不足という、ありふれた一般論に尽きるものではないだろう。安保条約の存在による、直接的、物質的な被害をもっとも大きく受けていた沖縄への視点がないままに、安保条約についての政治的批判がなされているという、日本側の沖縄認識にかかわる歪みこそが問いただされているのではないか。国家の権力性や横暴を批判していたはずの「革新」側の認識のあり方こそがここではきびしく問い直されているのだ。

それでは、こうした意味における認識上の〈歪み〉は、日教組をはじめとした〈戦後教育〉において具体的にどのようなものとしてあったのか。前章にひきつづき本章では、一九六〇年代の『日本の教育』を主たる素材としながら、この点についての考察をさらに進める。

二　沖縄への共感基盤

第3章において詳細をみてきたように、一九五〇年代において、「基地問題」と教育に関する教研の討議は複数の分科会で散発的に進められていた。これを統合したのが、一九五九年の第八次を起点として設置されていた「人権と民族の教育」分科会（一九六〇年代までについていえば、年度によって「人権と民族」や「人権と民族教育」として分科会名称が一定しない）であった。同分科会は、「同和教育」「在日朝鮮民族の教育」などとともに「基地の教育」をひとつの柱として検討するものであった。

以下、まずは、一九六〇年代前半を中心とした同分科会での討議を中心的素材とすることで、一九六〇年代における日教組の「沖縄問題」への介入についての分析を進める。

（1）基地問題の変貌

［基地教育についての研究不振］

一九六〇年の『日本の教育』（第九次）における「人権と民族の教育」分科会報告では、

基地教育については、今次も東京の熱心な系統的研究のみがレポートされたに止まったが、討議の段階で宮崎が自衛隊基地の問題、鹿児島が沖縄基地の問題をもって参加したことによって、従属体制下の教育上の矛盾が明らかにされ、民族の独立達成と平和擁護の視点から基地問題が民族教育の視点にたって問題が深められていったことは第八次までにみられない成果であった（第九次、二〇六頁）。

と指摘され、沖縄での基地問題がひとつの議題として取り上げられたことが窺える。そこでの討議内容が具体的にどのようなものであったのかについては、資料不足のためここであきらかにできない。だが、この指摘にもかかわらず、同分科会における基地問題についての討議は十全に深められていたとは考えにくい。というのは、のちにみるとおり、米軍基地の日本から沖縄への移設が急激に進む同時期の客観的状況のなかで、本土における可視的な基地問題の質と量が大きく変貌を遂げつつあり、むしろ、基地問題そのものが教研での討議において縮小しつつさえあったからである。

この点に関して、同分科会の報告では以下のように指摘されている。この時期の教研における基地問題の位置、すなわちその問題化の相対的な低下を如実に示していることから引証する。

軍事基地周辺における教育の問題点は、まず全国的にアメリカ軍が自衛隊と交代しつつある状況下にあって、同じ日本人によって編成されている軍隊であることによる安易なスリ変えがされている事実である。そして自衛隊ならいいではないかという誤った基地観が起っていることである。こういう考え方は、要するに日本人のもっている全体的な弱さであるが、平和を愛するということに対する熱意が薄れ、日本民族としての自覚がしだいに弱いものとなっていることのあらわれでもあり、このことは具体的には東京砂川からは基地闘争が子どもたちにとって眼の前で行なわれているときはよいが、そうでないときは子どもたちの基地への関心が薄れて鈍っているという報告があった。ここにおいて基地の教育にとりくむ姿勢と方法が再検討されねばならない。こうした意味で「日本全土が基地にされているのだという基地観」のなかで基地の問題、基地の教育がとりあげられなければならないという提案は深い共感をもってうけとめられた。

基地教育の問題の系統的提起が東京、しかも砂川のみという実態、米軍基地・自衛隊基地を周辺にもつ学校が、全国に多数あるにもかかわらず、この分科会への集合が殆どみられない〔……〕。基地教育についての研究不振は率直にいえばむしろ教師における問題意識の低さに原因がある（以上、第九次、三二四〜三二五頁）。

ここから看取されるような教研における基地問題の取り上げ方の縮小化傾向は、前章でみたように、一九五〇年代末からすでに顕在化しつつあった。翌一九六一年の『日本の教育』(第十次)での同分科会総括において、「基地教育の問題がきわめて影を うすめていったことはまことに残念である」(三三八頁)と記述されていることからあきらかなように、こうした傾向は決して偶然や一過性の問題ではなかった。[2]

［沖縄への視点］

とはいえ、この時期の教研において沖縄への視点がまったく閑却されていたとすることは正確さに欠ける。たとえば、「しりすぼみの形」(第十一次、二九五頁)となっていたそれまでとは異なり、第十一次教研では六府県から「基地の教育」に関する報告が提出されていた。京都からは以下の発言があったことが収録されている。

アメリカによる基地政策が、日本人民を苦しめている状態は、沖縄を頂点として全国いたるところに具体的事実としてひろがっています。そしてどこが基地となるかは、アメリカの国際的な帝国主義政策のなかできまってくることです。その意味では日本全体が基地の要素をもっているといえます。米日独占の日本人民に対する収奪と搾取の軍事的側面が基地であると考えます(第十一次、二九六頁)。

この指摘はたしかに沖縄での基地被害に論及するものではあった。しかし、沖縄における基地問題がどのようなものであるのかということが、具体的な事実をもって同分科会で討議されていたわけではなかった。

その一方で、一九五〇年代以降に始まっていた沖縄における復帰運動との連携については、この時期の教研においても、一九五〇年代からひきつづき大きな議題として取り上げられていた。例示すれば、一九六三年の第十二次教研「人権と民族」分科会では、以下の事項を「共通の課題として、国民とともにたたかい抜くことを誓った」とされている。

一、在日米軍基地および自衛隊基地の撤去をかちとりましょう。
一、沖縄の即時日本復帰をかちとりましょう。
一、日韓会談を粉砕しましょう。
一、民族独立の国民教育を国民とともにかちとりましょう（第十二次、三〇〇頁）。

これに呼応して、たとえば同教研の「国民教育運動」分科会（一九六一年の第十次から設置）では、次のような沖縄の教師からの発言があり、「それに対して全員が同胞意識の連帯感をこめた万雷の拍手をもってこたえた」ことが記録されている。

沖縄では、愛国心のない子どもが育ちつつあるのが現状である。愛国心を育てることが最大の問題である。県民の九九%は日本復帰を熱望している。内地への自由渡航を保障せよというのが当面の要求である。八〇〇〇名の教師が沖縄の目だ。教育行政権を日本に返し、教師の交流を実現することをのぞんでいる。その他いろいろのことを申しあげたいが、その自由がないのが残念である（第十二次、四五六頁）。

ここで沖縄の教師の指摘する発言の「自由」への制限に関してはのちにも述べることになる。沖縄の復帰を心情的に訴える、これら日本と沖縄双方からの発言は、具体的な事実としての沖縄の基地問題、さらにいえば日本と沖縄との関係史を掘り下げることへとは展開しなかった。この背景には、沖縄の基地問題にかかわる情報の共有不足があったことはまちがいない。しかし、「基地教育についての研究不振」として分析されていた、一九六〇年代前半の教研における現象と認識は、結果としていえば、事実上、沖縄で生起している基地被害の現実を切り離したうえで合意された、いわば内閉的な性質をもつものであったといわざるをえない。のちの論証に先駆けて、日教組の側の問題に即していうならば、同時期の教研における基地問題についての議論は、沖縄の復帰運動と連帯しようとするその政治的な意図とは裏腹に、基地被害に苦しむ沖縄での圧倒的な現実に共感できるだけの切実さをすでに失いつつあった。

［脱基地化と基地固定化］

同時期の沖縄における基地問題は、前章においてもその一端をみたように、こうした教研における内閉的な傾向とはまったく反比例し、深刻化する一方であった。この背景には、日本国内における米軍基地の縮小化が、米国施政権下の沖縄へと移設されることによって進められていたことが挙げられる。ここでは試みに、一九五二年から一九七〇年までの期間における沖縄を除いた日本国内の在日米軍施設・区域の件数、土地面積、兵力人員の推移をまずはみてみよう（表4—1）。

表4―1　在日米軍施設・区域、兵力人員の推移

西暦	施設件数	土地面積（千平方メートル）	兵力人員（人）
一九五二	二、八二四	一、三五二、六三六	二六〇、〇〇〇
一九五五	六五八	一、二九六、三六四	一五〇、〇〇〇
一九六〇	二四一	三三五、二〇四	四六、〇〇〇
一九六五	一四八	三〇六、八二四	三四、七〇〇
一九七〇	一二四	二一四、〇九八	三七、五〇〇
一九七一	一一五	二一四、三〇七	―
一九七二	一〇三	一九六、九九一	―

〔出典〕朝雲新聞社編集局編・発行『平成15年度版防衛ハンドブック』二〇〇三年、四四三～四四五頁、参照。なお、沖縄県総務部知事公室基地対策室編『沖縄の米軍及び自衛隊基地（統計資料集）』二〇〇三年、八八～八九頁、に記載のデータは、同上ハンドブックによるものである。

〔註記〕土地面積のうち、一九五二年については四月二八日、その他は各年の三月三一日時点のデータ。施設件数、土地面積ともに一時使用施設・区域を除く。兵力人員は百未満を四捨五入。

表4―1からあきらかなように、在日米軍は対日講和条約以後のおよそ二十年のあいだに格段に縮小している。数値に依拠しつつ具体的にいえば、施設件数は約五パーセント以下に、土地面積はおよそ二十パーセント以下に、兵力人員については約十五パーセント以下にまでそれぞれ縮小していることがわかる。とりわけ一九五〇年代における縮小化傾向がいちじるしいものであったことがわかる。

一方で、一九五〇年代後半以降の沖縄においては、米軍基地は縮小するどころか、むしろ、一九五〇年代後半に増加のうえ、一九六〇年代以降には高い数値で推移していた（表4―2）。つまり、日本国内における縮小化傾向は、事実上、沖縄への基地移設によって担われていたことがわかる。

表4―2　在沖米軍施設・区域の推移

西暦	土地面積（千平方メートル）
一九五三	一七三、二八九
一九五五	一六二、一七七
一九五八	一七六、三一六
一九六〇	二〇八、七四〇

一九六二	二〇九、七四四
一九六三	二〇九、六五八
一九六五	二〇九、三二五
一九六六	二〇八、七八二
一九六七	二〇九、三八五
一九六八	二〇八、三二八
一九六九	二〇七、一三八

〔出典〕一九五三年の数値は、琉球政府主席官房情報課編『琉球要覧』一九五五年、八頁、参照。一九五五年の数値は、琉球政府立法院事務局議事課編『議会時報』第5号、一九五六年、付表、参照。一九五八年の数値は、『沖縄年鑑』一九五九〔復刻版 第1巻、日本図書センター、一九九六年〕八八頁。一九六〇年以降の数値は、琉球政府計画局統計庁総務課（分析普及課）編『琉球統計年鑑』各年版、参照。

〔注記〕土地面積の単位は、エーカー、坪など、資料によって異なっており、筆者が算出のうえで千平方メートルに共通化した。(3)

表4―2にみられる、日本から沖縄へと移設された米軍施設のなかから、一九五〇年代後半以降に使用が開始されたものを使用開始の時系列に即していくつか例示してみるならば、表4―3に掲げるとおりである。

表4―3　一九五〇年代後半以降に使用開始された米軍施設

施設名	使用開始年（面積：千平方メートル）
辺野古弾薬庫（海兵隊）	一九五六年（一、二一四）
黄尾嶼射爆撃場（海軍）	一九五六年（八七四）
赤尾嶼射爆撃場（海軍）	一九五六年（四一）
キャンプ・シュワブ（海兵隊）	一九五六年（二〇、六二七）
北部訓練場（海兵隊）	一九五七年（七八、三三二）
ギンバル訓練場（海兵隊）	一九五七年（六〇一）
沖大東島射爆撃場（海軍）	一九五八年（一、一四七）
津堅島訓練場（海兵隊）	一九五九年（一六）
金武レッド・ビーチ訓練場（海兵隊）	一九六二年（一七）
久米島射爆撃場（空軍）	一九六二年（二）
慶佐次通信所（陸軍）	一九六二年（一〇）

〔出典〕沖縄県総務部知事公室基地対策室編『沖縄の米軍基地』二〇〇三年、三一三〜三四五頁、参照。
〔註記〕使用・管理部隊を施設名下に括弧書きで併記した。

以上にみるように、一九五〇年代後半以降には、かつて日本国内にあった米軍基地が沖縄へと移設されていたことで、米軍基地問題が日本国内では少なくとも眼前からは縮小しつつあるようにみえていたことが窺える。さきにも例示したように、この現象は日教組教研に集う教師たちによっても実感されていた。

やや時代を下ることになるが、一九六八年に新潟で開催された第十七次教研に参加した沖縄代表が日本国内の状況を目のあたりにしたうえで抱いた実感をここでの傍証として挙げてみよう。同教研への二一名の沖縄からの参加者のひとりであった、沖縄教職員会教文部長・田場盛徳は、沖縄から鹿児島を経て、新潟へと向かう道中に沖縄からの参加者のあいだで交わされた次のような会話を記録している。

「本土は平和そのものだ、第一に米人をみかけない。たまに一人か二人みかけても、沖縄にいる米人に比較して非常に紳士的である。空には爆音もなく、道には軍用トラックも見当たらない。山にはレーダーも見当たらないし、まったく平和そのものだ」「沖縄の空は米軍機で充満し、道はベトナム行き弾薬、資材を満載した軍用トラックが我物顔に暴走し、いたるところで外人犯罪が起こり、人権侵害が行われている。本土もきびしいというけれども、家の中にいても道を歩いても安心感のない沖縄に較べると、何だか天国に来た感じだ(4)」。

「本土」と沖縄との対照性をめぐる実感が込められたこの会話に対して田場は、「全くその通りである」と書き連ねている。「本土」を「天国」とだぶらせて捉える、この実感にもみられるように、日本国内の脱基地化と沖縄の基地固定化は、まさに同時並行的に進められつつあった。

すでに一九五〇年代から始まっていた、日本と沖縄との教育面での接触・交流にもかかわらず、教研での基地問題に関する討議において、結果として、以上のような沖縄の基地（移設）をめぐる現実が正面から取り上げられることなく終わっていたのには、どのような背景・要因があったのであろうか。現実に基地を押し付けられていた沖縄への共感基盤は、どのようにして喪失されていたのであろうか。

（2）沖縄問題の一般化作用

［不足する情報］

教研での基地教育に関する討議において沖縄への視点が保持されていなかったのは偶然の事象ではない。まず、沖縄基地の安定的な支配維持は米軍にとっての重要課題であり、日本への復帰運動そのものが弾圧と抑圧の対象とされつづけてきたことが、その要因として挙げられるべきである。つまり、沖縄と日本との往来が制限され、相互の情報交流自体がきわめて困難な状況におかれていた。この点について、たとえば、森田俊男は「一九六三、四年ごろまでは（沖縄からの――引用者）代表者たちは、公開の席で報告活動をすることを避けねばならなかった。つねに監視されていたからである」[5]とする同時代的な指摘を残している。

あらためて指摘するまでもなく、米国施政権下の沖縄への出入域は、布令第一四七号「琉球住民の渡航管理」（Control of Travel to Japan by Residents of the Ryukyu Islands）などによって、米国民政府の判断に委ねられていた。米国民政府は、軍事基地反対の意向を示す者や復帰運動の関係者に対して、渡航制限を加えるなど、日本との人的な交流の活発化を好まなかったことはよく知られている。

さきにみた、一九五〇年代を中心とした教研における沖縄の基地問題の欠落という現象に対しては、米側の監視と統制、渡航制限といった、以上の背景からの説明がまずは有効であろう。しかしながら、情報の制約状況という趣旨のこの説明は、事態の大枠を示す、いわば必要条件にすぎないということに注意が必要である。さらにいえば、既述のように沖縄基地に関する情報がすでに一定程度共有化されつつあった一九六〇年代においては、こうした説明だけではあきらかに不十分である。

本書の課題設定に即してより重要なのは、教研における討議が、どのような内実をもった支配的認識枠組によって運営されていたのかという、説明のいわば十分条件にかかわることである。別のいい方をすれば、沖縄における基地問題の特質を歴史的な視角から捉えるための視点がどのような過程を経て見失われたのかを解明することこそが重要である。

[日本人の民族教育]

このことについて筆者は、一九六三年の第十二次教研に前後して、「人権と民族」分科会がそれまでの討議方式を転換したという、些細ではあるがひとつの事実に着目すべきであると考えている。この事実経過は、一九六三年の『日本の教育』(第十二次)において以下のように記述されているとおりである。教研での支配的認識枠組を分析するために欠かせないことから、長くなるが引証したい。

この分科会が、従前につづいて、(一)現代の従属的な独占資本体制のもとにおける児童・生徒に対する人権侵害の事実に対して、同和教育を中核にする人権教育においてどのようにとりくんでいくかという問題、(二) 在日朝鮮民族子弟の教育の問題、(三) 基地の教育の問題、を研究討議していったことは当然であるが、十一次までの (一) 同和教育を中心とする人権教育部会、(二) 民族教育部会、の二つの小分散会に日程の一部をわけたやり方を本年度は中止して、全員によって終始討議を深めていった。

このことは、民族教育の課題がたんに在日朝鮮人子弟の教育の問題にとどまらず、日本の子どもの、日本人自身の課題として、日本人教師の主体的な問題意識における自覚のふかまりとともに「朝鮮人の民族教育と、日本人の民族教育は教育労働者としての国際主義の立場にたつことによって統一されるものである」という第十一次集会の原則が、共通の教育意識としてたかまってきたことによる。そして、日本国民の主権と基本的利益をおかしているアメリカ帝国主義とそれに従属する日本の独占資本の反人民的な存在に対して、日本人の教育課題の一つとしての民族独立の課題の解決への実践とのかかわりあいにおいて、人権教育はおしすすめられていくべきであるという「人権と民族の教育」への自覚が、教師の共同財産となってきたためでもある(第十二次、二八六頁)。

ここから読み取れることは、まず、それまでの分科会内における問題事象別の「小分散会」運営形式を改めたことであり[6]、これに加えて重要なのは次のような内容上の転換が確認されるにいたったということである。それは、アメリカ帝国主義とそれに従属する日本の独占資本への反対闘争という

「国際主義の立場」から「人権教育」と「民族教育」の両者を「統一」していくという認識枠組が、一九六〇年代初頭における同分科会において定式化されることになったということである。ここでは「日本人の民族教育」という視点を基軸として、「人権と民族」に関する分科会を再編成していくことが唱えられている（こうした定式化の発想は次章にみる「沖縄学習」においても継承されることにあらかじめ注意を促しておきたい）。

このような転換がなされたことについて、ほぼ同じ時期における同分科会の報告は、たとえば、以下のようにその背景と意図を説明している。

従来「人権と民族」の分科会のテーマがとかく基地問題・同和教育あるいは在日朝鮮人子弟の教育などに限定される傾向があり、これらの問題に具体的な形で直面していない地域の教師は、ややもすると無関心のきらいがあった。しかし、人権と民族の問題は、これらの基地、同和、朝鮮人問題などのようにはっきりした問題だけにとどまらず、われわれの日常身辺に行なわれている教育の中に、むしろ大事なことが忘れられているのではなかろうか。〔……〕われわれは日常の身近な教育の中に目を注ぎ、人権と民族の問題を掘りおこし、それらをひとつひとつ点検してみることにした。アメリカ文化がいたるところに氾濫し、民族固有の文化が崩壊し去ろうとしている今の日本では、民族の問題は、ただたんに在日朝鮮人子弟の問題であるばかりでなく、われわれ日本民族自身の問題であり、日本人子弟自身にとって大きな問題なのである（第十三次、三〇〇頁）。

基地の問題がなければ、「人権と民族」の部会はなりたたない、といった偏狭なものでなく、われわれの身近な問題のなかに、現在の教育のおかれている状態をしっかりつかみ、日頃の教育実践の中にある問題をとりあげることが大切である〔……〕。そして子ども達と教師の人権を連帯の中で守り、日本民族としての誇りをもつ子どもたちを育てるための教育を、どんな組織の中で、どのように深め、ひろげていくかを話しあうことが必要である（第十四次、三〇八頁）。

「日本人の民族教育」を基軸とする同分科会の再編成は、たんにひとつの分科会の運営方法の改変というにとどまらない。前章でみた、一九五〇年代に出立していた対米従属論という日教組において支配的な状況認識を、「人権と民族」という同分科会での課題と内容に即しつつ、ときを経て精緻化したものとして位置付けられるべきものであろう。また同時にこの再編成は、先述の「基地教育についての研究不振」ともいわれてきた、一九五〇年代後半からの同分科会における閉塞状況を打開するために採られた現実対応的な方策であったとも位置付けられる。

この再編成は、沖縄の基地被害について、日本と沖縄との関係史における歴史的な個別性に起因するものとして捉える視点を醸成するものではなかった。むしろ、「日本人の民族教育」の問題として、そして、対米従属下のひとつの問題として、沖縄の基地被害を一般化させる作用をこの再編成はもたらしていた。沖縄の問題を一般化させて捉えることは、沖縄の被害性を無前提に日本の被害性としてそのままおき換えようとする、ある種の飛躍を伴うものであった。沖縄の基地被害への共感基盤は、

情報や人的交流の不足によってだけではなく、こうした一般化の作用によっていちじるしく喪失されていた。(7)

眼前からは減少しつつあった日本の米軍基地が、のちにどこに移設され、どのような影響をおよぼしていたのか、あるいはこの移設は、そもそもどのような歴史的経緯に基づいたものであったのか、こうした素朴な問いかけが求められていた。にもかかわらず、少なくとも教研での討議においてそれは未発のままに終わっていた。

〔復帰運動の質的転換〕

他方、米軍基地の移設が進行していた沖縄では、一九六〇年四月二八日の沖縄県祖国復帰協議会（復帰協）の結成によって復帰運動の大衆的な組織化が本格化しつつあった。当然のように、沖縄教職員会はその組織的な一翼を担っていた。新安保条約が自然承認された同年六月十九日、沖縄ではアイゼンハワー米国大統領に施政権の返還を求める復帰協などによる「請願デモ」が高揚していた。

次いで一九六二年二月一日には、施政権返還に関する日米両国および国連加盟各国、国連宛の要請が琉球政府立法院において決議されていた（二・一決議）。(8)

「祖国」日本への復帰を要求し、推進するという従前の立場を堅持しつつも、一方において、六〇年代における復帰運動は、日米両国の共同による沖縄管理という新たな事態への対処を迫られつつあった。

この新たな事態は、沖縄において党派を超えて全会一致で決議されたはずの二・一決議に対して、日本政府が抑圧的で冷淡な姿勢を堅持していたことに端的に表明されている。同様にこの変化は、結果として数カ月で霧消したものの、一九六六年の後半以降、機能別分離返還のひとつとして、総理府総務長官・森清による「教育権分離返還」の構想が提案されていたことからも看取できる。[9] つまり、「祖国」へのひたすらな依願を軸に進められてきた復帰運動は、徐々にその質的な転換を余儀なくされつつあった。これまでの記述に立ち返れば、対米従属論という政治認識の枠組だけでは捉えきれない事態が復帰運動を取り巻く客観的情勢となりつつあったと言い換えてもよいだろう。やや具体的にいえば、日本帝国主義の自立と沖縄の再包摂、ないしは沖縄の自立という観点の必要性が一九六〇年代の沖縄において少しずつではあれ生起しつつあった。[10] 第5章において具体的に分析するように、こうした新たな事態は、たんに政治的な方針の変化という次元にとどまらない大きな影響力を沖縄教職員会などにもおよぼすことになる。

とはいえ、この分析に立ち入るための前提として、こうした一九六〇年代の新たな状況のもとで、教研および日教組運動において、沖縄（基地）に関する問題事象がどのように取り扱われていたのかの委細をわたしたちはさらに立ち入って検証しておかなければならない。以下、一九六〇年代半ば以降の日教組による「沖縄問題」への介入についての具体的な分析へと立ち入る。

三 「沖縄問題」への取り組み

（1）人的交流の拡張

［一九六〇年代半ば以降の運動方針］

一九六五年五月に開催された第二八回定期大会において日教組は、同年度の運動方針の一項目に「沖縄、小笠原の祖国即時復帰を実現する」ことを従前どおりに掲げた。同大会の終了後、沖縄教職員会事務局長・喜屋武真栄から「祖国復帰」への協力を求める、以下の書き出しから始まる訴えが寄せられた(11)。

沖縄は、かつて四十七都道府県の一県であり、祖国日本の一部でありながら、今日アメリカの施政権下におかれており、そこにはれっきとした日本国民が百万人近くも生活している。しかもひたすら祖国復帰を悲願として、もう二十年の歳月に明け暮れてきているのに、祖国の親心も九千万同胞の兄弟愛も、未だに積極的に手を差しのべてこの私たちを抱き取ろうとする責任を感じてくれないことに私たちは不満をもち、悲しさと、情なさを感じつづけている。

この訴えには「あらゆる団体に次のことを心からお願いします」と記された、次のような具体的な依頼が添えられていた。

一　国会に沖縄問題特別委員会を設置させるよう努力してほしい。

二　貴組織内に沖縄問題対策委員会を設置してほしい。
三　貴組織内に沖縄担当者を配置してほしい。
四　貴組織の運動目標に施政権返還を採択してほしい。
五　貴組織の大会のあるたび毎に沖縄の施政権返還決議をしてほしい。
六　貴組織の大会スローガンに沖縄の施政権返還を掲げてほしい。
七　デモ行進の際に沖縄の施政権返還に関する文句のプラカードを数多く標示してほしい。
八　士気高揚の目的で歌をうたうとき、必ず復帰の歌をうたってほしい。
九　貴組織から年間を通じて沖縄へ活動家を派遣してほしい。
十　貴組織の機関紙（誌）に沖縄に関する（政治、経済、文化、教育）資料の投稿を歓迎し広く復帰世論づくりに役立ててほしい。
十一　沖縄を知り理解を深めるために「沖縄県祖国復帰運動史」の普及に協力してほしい。

この依頼を受けた日教組では、翌六六年度運動方針に「沖縄対策委員会」の設置に加え、「沖縄教職員会との交流を深め、沖縄に、中央、地方の各代表を派遣する運動を推進」することなどを盛り込んだ、さらに具体的な組織方策を採択した。(12) 同方針にも明示化されている、一九六〇年代半ば以降の日教組による「沖縄問題」への取り組みの際立った特徴は、第一に、「教公二法」をめぐって、それまで共同歩調をとっていた琉球政府との対立構図が顕在化していた、沖縄教職員会との連携を特段に強化しつつあったこと、(13) 第二に、沖縄との人的な派遣交流を活発化しようとしていたこと、というふたつの点にあったと考えられる。

これらふたつの特徴は、一九六七年五月に青森市で開催された第三二回定期大会における同年度運動方針案において一挙に具体化される。同方針案の内容は、激化していた、ベトナム戦争への反対を強く打ち出すとともに、「沖縄問題」に関しては、以下の組織方策を提示するものであった。同時期の「沖縄問題」への日教組の組織的介入の特徴を知るうえで重要なことから、やや長くなるが関係部位をできるだけ引証する(14)。

(1)沖縄の祖国復帰を要求するたたかいは、安保体制打破の鍵であり、平和条約第三条は無効であることを確認し、沖縄の祖国復帰要求を国民運動の中心におき、沖縄のベトナム侵略基地化と土地接収に反対し、軍事基地撤去、沖縄の即時返還、日本国憲法の適用を日米両政府に要求します。同時に、沖縄における教育二法反対のたたかいを積極的に支持し、沖縄教職員会に対する弾圧に反対する連帯行動を強化します。

(2)沖縄基地の恒久使用と、祖国復帰運動の分裂を意図する「教育権の分離返還論」や、「機能別返還論」に反対し、あくまでも「全面返還」を要求し、沖縄祖国復帰協議会、沖縄教職員会との提携を強化し、共同の闘いを推進します。

(3)沖縄祖国復帰要求のたたかいを強化するため、沖縄返還要求国民運動連絡会議(沖縄連)の中央、地方の組織強化と、宣伝啓蒙運動を積極的に推進します。特に、「沖縄対策委員会」の活動を強化し、沖縄の即時返還要求を中心に沖縄連との連携を強めます。同時に、沖縄における祖国復帰協議会、沖縄教職員会との交流、提携を強めます。

（4）沖縄連で計画する四・二八中央集会、海上集会、沖縄県民大会に積極的に参加し、運動を地域、職場にひろげ、米国の沖縄占領の不法性を国民に訴え、特に組織としては、沖縄を正しく理解し、正しく教える運動を推進します。そのため「沖縄調査団」の派遣、沖縄教職員会代表の招待、青年、婦人の独自計画による交流の促進、第四回沖縄県平和友好祭参加、自主的教育課程編成のための資料の作成、沖縄問題の出版、作文集〝沖縄の子ら〟の十万部購読運動の推進、「石のうた」をはじめとする沖縄映画、スライドの購入、上映運動を計画的に実施します。

これらの組織方策のうち、（4）に記載されている「沖縄を正しく理解し、正しく教える運動」の具体的な展開過程に関しては、次章における主題として考察を加える。このため以下では、一九六〇年代後半以降における日教組の組織方策のひとつの特徴であった、教研を基軸とした人的交流が具体的にどのようなものであったのかに焦点化して考察を進めたい。

人的交流と『怒りの島沖縄』

沖縄教職員会との組織的連携を強化していた日教組が、沖縄へのはじめての正式な訪問団を派遣したのは、一九六六年四月に九名の日教組代表団による沖縄訪問が行われたことに端を発している[15]。この事業を嚆矢として、日教組による沖縄への派遣調査事業は六〇年代後半以降とくに頻繁に進められることになる。たとえば、一九六六年八月と一九六七年十二月、一九六八年七月などには日教組青年部沖縄交流代表団が、一九六七年八月には日教組青年部沖縄調査団が、一九六七年十二月などには日教組婦人部沖縄交流代表団が相次いで沖縄を訪問し、沖縄教職員会との交流事業、教育実態調査を実施している。こうした人的交流事業によって、沖縄の基地被害や教育環境の実態が生々しい実例や具体的な数値をもって日教組へと還流することとなった。

その代表的な実例として、前記した日教組婦人部沖縄交流代表団によって編集された、運動パンフレット『怒りの島沖縄』(16)が挙げられる。『怒りの島沖縄』は沖縄における教育の概況に加えて、沖縄各地域の学校訪問についての報告、施設設備といった教育環境や教員の職場環境の本土との格差、さらには騒音や犯罪などの基地被害が網羅的に解説・提示される構成となっている。『怒りの島沖縄』第一集では「報告書発刊によせて」において、その刊行の意図が、

第一回日教組婦人部沖縄交流団一行十八名は、昨年(一九六七年――引用者)暮、沖縄本島全域にわたって基地沖縄の実情を見、文字通り悲憤、慷慨して帰ってきました。沖縄の教職員会の方たちが、沖縄祖国復帰のたたかいの先頭にたち、その中心となっているのと同じく、本土内での沖縄返還闘争の中核としての役割を、私たち日教組に終結する六十万の教師が果たすためには、まず日本国中の人たちに、本当の沖縄を知らせることからはじまると思います。(17)

として記されている。ここに記されているように、こうした交流事業の実施は、教研における、米軍

基地をはじめとする「沖縄問題」の論じ方に大きな影響を与えることになる。つまり、これまでに考察を加えてきたような、「沖縄問題」についての情緒的、抽象的な論じ方は、人的交流事業の活発化をひとつの契機として、以下で例示するような具体的事実に根ざした内容を伴って論じられるように変化を遂げていくのである。

〔教研への沖縄代表の正式参加〕

教研での「沖縄問題」の論じ方にかかわるこうした変化は、管見のかぎりでいえば、一九六六年に福島県で開催された第十五次から顕在化している。この背景には、沖縄から日本へと流入する情報の量的拡大に加えて、同教研を起点として、教研の場における沖縄代表の身分が正会員として認められるようになったことがある。(18)

こうした教研での討議内容に関する分析に立ち入るための前提として、まずは教研への沖縄代表の参加状況とその背景について、簡略にも論及しておく必要がある。

先行して「復帰」を遂げていた奄美群島からの代表による正式報告の先例やこれまでにも紹介してきた、各分科会での沖縄代表からのいくつかの発言などの前例がみられるものの、沖縄代表による報告が「正会員名簿」(「レポート提出者名簿」)に正式に記載され始めるのは、一九六六年に正会員資格を得てからのち、一九六八年に新潟で開催された第十七次教研以後のことである。試みに同教研から一九七二年までの、教研における沖縄代表による各分科会での正式報告数をカウントしてみれば、表4―4のようである。

表4−4　教研における沖縄代表による正式報告数の推移（一九六八〜一九七二）

年（次数）	報告数
一九六八（一七）	一三
一九六九（一八）	一三
一九七〇（一九）	二三
一九七一（二〇）	二五
一九七二（二一）	三八

〔出典〕逐年刊行の『日本の教育』巻末収載の「正会員名簿」（「レポート提出者名簿」）より筆者作成。ただし、「特別分科会」については算入していない。

沖縄教職員会と日教組との提携強化は、少なくとも教研においては、一九六〇年代半ば以降に確定的になっていた。この両者の提携強化は、沖縄での政治的背景からみるならば、これまでにも重ねて指摘してきた、沖縄における「教公二法」をめぐる対立が大きな契機となっていた。戦災校舎の復興運動や復帰運動を最優先課題として進めるために、琉球政府や日本の保守系政党とも協調路線を保っていた沖縄教職員会は、「教公二法」への反対闘争を進める過程で、一九六〇年代半ば以降、日教組との関係をさらに深めていたのであった。

両者によるこの政治的な関係の強化は、日教組教研への沖縄からの参加によってさらに内実を伴って強まると同時に、沖縄教職員会の活動にも反映していた。このことにかかわっていくつかの例証を提示してみよう。

一九六七年の第十六次教研に沖縄代表として参加し、「国民教育運動」分科会に出席した平良宗潤は、おりしも大きく問題化していた、「期待される人間像」（中央教育審議会答申、一九六六年十月）や後期中等教育制度改革をめぐって、教育政策への対決姿勢を先鋭化させていた日本各地での教育実践に触れた感想を沖縄での教育実践に照らし返して、

沖縄における国民教育の研究と運動は何とたちおくれていることか。特別分科会として、「国民教育」が（沖縄教職員会の教研集会に——引用者）おかれてすでに五年、未だに日の丸や君が代から抜け出られない「沖縄における国民教育」は「どうあらねばならないか」再検討しなければならない。日本国民の意識を育てることだけが国民教育のすべてではない。(19)

と記している。また、同教研への参加者である上原源栄は、日教組教研と沖縄での教研の違いを以下のように明瞭に比較した「総括」を残している。

日教組教研は組合教研であり、権力側のはいりこむすきまはないが、沖教研は文教局や教育委員会と一体となった官製教研である。いかにすれば指導要領に忠実に教えることができるかを話し合い、例えば小学校の体育では、体育教育の進歩を阻害するものを分析しようとはせず、いか

にすればボールを上手に蹴ることができるかという技術の研究に終始している。さらに指導要領を金科玉条とする講師などの指導を受けてますますおかしくなっている。(20)

こうして、日教組教研への沖縄からの参加は、沖縄教職員会自体の活動のあり方を反省し、それまでの復帰運動のもったナショナリズムへの傾斜を批判的に再考させるという、いわば遡及的な影響力を同時におよぼすものであったと考えられる。

それでは、同時期における日教組教研での討議内容は、沖縄側との交流を媒介として具体的にどのように変化しつつあったのか。以下で考察を進める。

(2)「正しい日本国民育成」の教育運動

[沖縄基地被害のリアリティ]

沖縄代表が正会員としての参加をみた『日本の教育』(第十五次)には、「人権と民族教育」分科会において沖縄代表から、たとえば、以下のような切迫した報告が収録されている。

ベトナム戦争の激化・長期化につれて、基地沖縄では、婦女暴行、強姦、ひきにげ、誤投などの米軍人による殺傷が日ましにめだってきている。これらの米兵は、米軍の手で裁かれ、本国に帰還している。立法院議員選挙における民主勢力への極度の不当弾圧にみられるように、政治的にも、経済的にも異民族支配をうけ、人間としての基本的権利をも認められていないのが、沖縄の現実である。核ミサイルは持ちこまれ、原潜寄港は当然のこととなっている沖縄で、「人権」を守り、確認させることは、日本復帰の実現とともに、日本の真の独立と不可分のものである（第十五次、三二五頁）。

沖縄では文部省から指導員としての教師が送りこまれ、ボーイ・スカウト、ガール・スカウトが権力側によって強力に組織され、米軍による米国留学の推奨、民政府発行のPR、パンフの無料配布、誤った民族意識や大国意識のうえつけが行なわれ、子どもと教育への攻撃が日増しにはげしくなっている。そうしたなかで教師たちは、①祖国復帰を願い祖国愛をもつ子ども、②異民族支配に属せず、しかも国際連帯を強める子どもを沖縄における教育の人間像として、民族的・民主的教育の方向を位置づけ、たたかっている（第十五次、三三〇頁）。

また、同教研では、既述のように一九六一年の第十次から設置されていた「国民教育運動」分科会においても、初めて同分科会への正式参加をみた沖縄代表から、「全島米軍基地化した沖縄の実態」、生活環境、法制度、教育についてなど、以下のような、一九五〇年代以降の沖縄の現実を素材にした生々しい報告が提出されている。

① 米軍の人命軽視

伊江島のL・C・T爆発事故で死者一〇六名、中には学童もふくまれている。由美子ちゃんが米兵による拉致強姦致死。米軍車両が女学生六名を轢殺、一人重傷。小学校にジェット機墜落、一〇二名の学童死傷。米軍車両、コザの学童六名轢殺。青信号路上歩行中の中学生を轢殺した米兵無罪、等々枚挙にいとまない。

② 植民地的治外法権

各種の法令が雑居し、人権保障なく、民政府の布告布令指令書簡が絶対優位をもつ。税制上米人の特権がある。

③ 渡航制限

本土への旅行はアメリカ弁務官の許可制によってきびしく制限されている。

④ 公民権剝奪

今回の立法院総選挙で投票後、革新四候補の失格宣言が布令によってなされた。

⑤ 自治権の剝奪と政治不信

知事公選はつよい県民の要望であるにもかかわらず、いまだに民政府が許さない。歴代主席の政治姿勢はアメリカ軍事優先政策に追従して県民の側に立たない。

⑥ 平和教育をおびやかす基地の実態

全耕地の四六％は軍用地に接収されている。

⑦ 教科書の中の国籍不明

検定教科書は沖縄が日本の国土であることを教えない。日本地図からの抹殺。

⑧ 生活のドルと教材の円とのくいちがい

⑨　国旗掲揚の問題
　弁務官の許可がなければ掲揚できない。
⑩　植民地的経済支配と県民生活への重任
⑪　植民地的環境からくる教育への影響
⑫　教育条件の貧困性

　このような「正しい日本国民育成」を阻む諸問題を考えるとき、沖縄における「国民教育」は全日本国民にとって道義的にも民族的一大課題だと思う。根本的解決策は施政権の返還である。日本国憲法・教育基本法に明示されている「正しい日本国民育成」は、いかにいばらの道程にあろうとも全沖縄県民と全国民が連帯のもとに「たたかいとる」べきである。「不当な異民族支配に屈することなく、国際的視野に立ち、勇気をもって、人間解放の道を歩む人間」――これがわれわれの教育のめざす人間像である（第十五次、四六二〜四六三頁）。


報告で示されている事象の内実について、ここで逐一立ち入ることはできないが、沖縄における基地被害は、一九六〇年代においてさらに甚大化しつづけていた。

翌六七年の第十六次教研では、十一名の沖縄代表が正式参加した。[21]「人権と民族教育」分科会においては、沖縄代表が初めて正会員としてのレポートを提出し、日常化する苛烈な基地被害と教育への影響を具体的に報告している。（第十六次、三一七頁）。

また、次章で詳細を分析する「社会科」分科会において、基地被害を中心とした「沖縄問題」が、ひとつの討議の柱として本格的に取り上げられはじめるのも、この第十六次以降のことである。
以上のような人的交流の活発化や沖縄代表からの報告増加を受けて、一九六〇年代の半ば以降、「沖縄問題」に関する教研での討議内容は、ようやく具体的でリアリティを伴うものとなり始めていた。この段階へといたるまで、沖縄との人的な交流が敗戦後に再開されてから、すでに十年以上の歳月を要していた。

だが、それでもなお、日教組や教研における沖縄への眼差しには、日本と沖縄との差異性を忘却することがまるで影のようにつきまとっていた。この忘却の影は、復帰運動の質的な転換が意識化されつつあった一九六〇年代半ばにおいても、依然として存在していた。

[差異性への敵対]

取り上げられる事例や素材、分科会を異にするとはいえ、一九六〇年代の教研における「沖縄問題」の論じ方には、ひとつの傾向があった。それは、「沖縄問題」を「正しい日本国民育成」を阻まれていることによって生じる「問題」としてもっぱら捉えているということである。ひとつの事例として、第十六次教研の「人権と民族教育」分科会における沖縄からの報告を取り上げてみよう。

ベトナム戦時体制下の沖縄における基地被害を論じたのちに、米国の施政権下にあることで沖縄の子どもの教育にはどのような影響があるのかを分析する同報告は、以下のように展開される。

こうして沖縄県民は生命の危機にさらされ、財産は奪われ、不安と恐怖の巷におかれている。

こうした現状は、沖縄における教育に深刻な課題を生みだしてくる。八年間のドル生活で子どもたちの意識はいつのまにか異常であるはずの沖縄の社会を正常と考え、逆にドルを使っていない本土の生活こそ異常とさえ思いこむようになりつつある。琉米親善という名の宣撫工作は、ややもすると沖縄が米軍支配下におかれていることを忘れさせ、子どもたちは知らず知らずのうちに現実を肯定するようにしむけられる。〔……〕教科書のなかには沖縄が独立国（琉球王国）であるかのような誤解を招きやすいもの、明白な誤述があって、教科書を通じて本土の子どもたちに沖縄の真実の姿、正しい理解を得させることはむずかしくなっている（第十六次、三二七頁）。

この指摘において取り上げられている「沖縄が独立国（琉球王国）であるかのような誤解を招きやすい」教科書が、具体的にどのようなものであったのか、あるいは、ここで例示されている琉球王国が、歴史学や教科書などにおいてどのように分析、記述されてきたのかについては立ち入らない[22]。

ここで重要なのは、日教組、そして沖縄教職員会の至上課題としての「正しい日本国民育成」にとって、たとえば琉球王国に象徴される、日本と沖縄との文化的、歴史的な差異性が「沖縄の真実の姿、正しい理解」とは整合性をもちえないと理解されていることである。むしろ、沖縄のもつ歴史的、文化的な差異性は、復帰運動にとっては敵対視すべき対象として位置付けられてさえいた。沖縄の差異性は歓迎されるべきものではありえず、あくまでも忘却されるべきものであった。

第1章においていくつか例示しておいた、沖縄の言語や文化への「矯正」、あるいは「日の丸」「君が代」の学校教育への持ち込みが、「国民教育」の名のもとで沖縄教職員会によってとりわけて強固に推進されたのは、まさしく一九六〇年代のこの時期においてであった。

あらかじめ記せば、こうした傾向は差異性をとくに意識せざるをえない、沖縄戦下の日本軍兵士による沖縄人への加害行為に関する歴史表象のあり方にも同様に指摘することができる。沖縄教職員会が、この問題を意識化し始めるのは、ようやく復帰の前後にいたってからのことである。この点については、日教組による「沖縄学習」運動に関する次章での考察に譲りたい。

四　一九六〇年代の沖縄認識

以上でみてきたように、一九六〇年代の教研における「基地問題」にかかわる討議は、在日米軍の削減に比例して沈滞化しつつあった。この沈滞化とは対照的に、沖縄における「基地問題」は、沖縄への基地移設に伴って深刻化していた。教研では沖縄代表からの正式参加および報告を得ることによって、一九六〇年代の後半以降、「沖縄問題」は、教研における複数の分科会で採択されるとともに、基地被害といった具体的な内容を伴ったものへとようやく変化を遂げていくこととなった。だが、その変化を遂げたのちにおいてさえも沖縄のもつ差異性への論及は注意深く回避されていた。本章での考察をこのように概括することができるであろう。

「日本人の民族教育」の重要性やアメリカ帝国主義批判を鮮明に打ち出していた、教研における支配的な認識枠組において、沖縄は「日本民族」という歴史事象からは相対的に区分される事象として認識されるべきものではなかった。むしろ、それとは対照的に「日本民族」の問題性を端的に代弁させるためのひとつの象徴的な事例として理解されていた。換言するならば、教研での認識枠組は、沖縄の基地問題を「日本民族」としての共通の問題、「日本」の基地問題一般と質的に同一のものとして捉えようとする基底的な願望をもつものであった。こうした願望のあり方は、沖縄側との接触が再開された一九五〇年代を起点として、討議内容の水準にいくばくかの変化があったとしても、一九六〇年代においても教研での討議に一貫する傾向であったと考えられる。願望先行的ともいうべきこの認識枠組に基づくならば、沖縄をも無前提的に包含させた「日本民族」とは、歴史性を帯びた問い直されるべき対象というよりは、あくまで先験的で、希求されるべき価値概念として捉えられていた。

そして、この認識枠組においては、〈戦後教育〉にとっていわば制御可能な「個性」としての沖縄は許容されても、日本との歴史的、文化的な差異を発見し、〈戦後教育〉をも相対化する、制御不可能な沖縄は、無意図的にではあれ、あらかじめ注意深く排除されていた。したがって、同時期に沖縄教職員会によって行われていた、沖縄の言語や文化を「矯正」するための教育実践や「日の丸」「君が代」の教育実践について、その権力性に想像力を働かせるだけの素地は日教組にはなかったといえる。すでにみてきたように後者については、日教組内部での一定の議論は存在したものの、前者についていえば、日教組は「矯正」のもつ意味を反省的に捉えることはなかった。

次章においては、一九六〇年代後半の教研において盛んに論じられた「沖縄学習」にとくに着目して、〈戦後教育〉にとっての沖縄の差異性に関する分析を進めてみたい。

補註（第4章）

（1）新川明『沖縄・統合と反逆』筑摩書房、二〇〇〇年、八八～八九頁。

（2）日本教職員組合編『教研活動の10年――民主主義教育確立への歩み――』一九六〇年、二〇六頁、に収録された「人権と民族」分科会についての記述では、「この問題は累年、報告の減少をなげかざるをえない。それも日本の完全独立、従属体制の清算によって基地問題が具体的になくなったのならばともかく、米軍基地の縮小があったとはいえ、依然存在し、かつそれが自衛隊基地と変っていくなかで、従属的な軍事体制は強化されている現状において、基地問題が日本の教師の自主的な教研活動の課題から後退しつつある傾向は、まことに関心事とすべきである」とされている。

（3）統計によっては、旧国有・県有地で米軍によって使用されている土地を算入していない場合などがあり、統計上の誤差が生じている場合がある。このため土地面積の精確な統計をここでは必ずしも提示できていないことを注記しておきたい。

（4）田場盛徳「早く日教組に結集したい――教育研究全国集会に参加して――」日本教職員組合編『教育評論』一九六八年三月号所収、八九頁。

（5）森田俊男『資料「沖縄教育」研究のための文献と解題』国民教育研究所、一九六六年三月、六頁。

（6）同分科会において問題事象別の討議を深めるか、あるいは「人権と民族」という大枠からの広範な討議を進めるのかについては、従前からの議論の経緯があった。この経緯につき、たとえば、井上清「人権と民族の教育にどうとりくむか――同和教育・在日朝鮮人教育・基地教育など――」日本教職員組合編『教育評論』一九五八年十月号所収、一二六～一二九頁、参照。

（7）たとえば、中野好夫・新崎盛暉『沖縄問題二十年』岩波書店、一九六五年、一〇三～一〇六頁、においては、沖縄の「島ぐるみ闘争」に呼応すべき「本土における沖縄救援運動」が「実際的な効果を挙げえぬまま、急速に退潮していった」要因のひとつとして、沖縄の基地問題の「特殊性」が「本土」側で明確に理解されていなかった点がすでに指摘されている。ここでいわれる「特殊性」とは、日米安保条約下の日本とは異なる、米国施政権下の沖縄の状況を指す。こうした「特殊性」への想像力の欠如によって沖縄への共感基盤は掘り崩されていたのではないか、と筆者は考えている。同著において、「本土の、革新的で指導的な立場の人」の「特殊性」への想像力の欠如が指摘されていたことは慧眼であった。この点につき、新崎盛暉『沖縄現代史』岩波書店、一九九六年、十二〜十三頁、を併せて参照。

(8) 二・一決議は、一九六〇年十二月十四日に国連総会で採択された「植民地諸国、諸人民に対する独立付与に関する宣言」(植民地解放宣言)をひきつつ、米国の沖縄統治の不当性を訴えるものであった。同決議は、「日本領土内で住民の意思に反して不当な支配がなされている」と米国の沖縄統治を批判した。中野好夫編『戦後資料　沖縄』日本評論社、一九六九年、四一五〜四一六頁。

(9) この間の経緯について、たとえば、大浜信泉『私の沖縄戦後史――返還秘史――』今週の日本、一九七一年、七二〜八〇頁、などの当事者近辺の回顧を参照。

(10) 中野好夫・新崎盛暉『沖縄戦後史』岩波書店、一九七六年、一二〇〜一二一頁、では、一九六一年一月二一日に結成された「琉大マルクス主義研究会」に着目して、未成熟であったとはいえ「復帰運動を批判する異端の政治的潮流が形成されはじめた」と分析されている。ちなみに同研究会は、日本帝国主義自立論に基づいて、対米従属論では説明できない、日本資本の沖縄への流入や琉球政府の変質といった現象にとくに止目していたとされる。この他、新崎盛暉編『ドキュメント沖縄闘争』亜紀書房、一九六九年、一五九〜一六〇頁、など参照。なお、沖縄の総合雑誌『新沖縄文学』沖縄タイムス社、が相次いで「反復帰論」を特集したのは、一九七〇年十二月の18号、一九七一年三月の19号、においてであった。

(11) 日本教職員組合『日教組教育新聞』第七五四号、一九六五年五月四日、二頁(第5巻、四三四頁)。以下、喜屋武真栄による訴えについては同所に基づく。

(12) 日本教職員組合『日教組教育新聞』第八〇四号、一九六六年五月十日、九頁(第6巻、九一頁)。

(13) 沖縄教職員会との連携が、日教組の運動方針案に明示されるようになったのは、筆者の調査の範囲では、一九六四年度方針において「全国基地連を中心に軍事基地撤去、基地拡張反対の運動を推進するとともに、総評、沖縄連とともに、沖縄の労働者、住民とくに沖縄教職員会との提携を緊密にし、祖国復帰の運動を展開します」と記されたのが最初の事例であった。日本教職員組合『日教組教育新聞』第七一一号、

一九六四年四月十四日、六頁（第5巻、二二六八頁）。

（14）日本教職員組合『日教組教育新聞』第八五二号、一九六七年五月二日、九頁（第6巻、二八一頁）。

（15）この日教組代表団による最初の正式な沖縄訪問の経緯と感想を綴ったレポートとして、相馬信一「沖縄・この現実」日本教職員組合編『教育評論』一九六六年七月号所収、七二〜七五頁、がある。

（16）『怒りの島沖縄』は日教組婦人部沖縄交流代表団による第一次から三次までの交流事業をそれぞれ集約したもので、第一集が一九六八年、第二集が一九六九年、第三集が一九七〇年にそれぞれ刊行されている。いずれも日教組の編集によるパンフレット形式。

（17）奥山えみ子「報告書発刊によせて」日本教職員組合編『怒りの島沖縄』第一集所収、一九六八年、一頁。

（18）沖縄教職員会『教育新聞　号外　月刊情報』（日教組第十五次・日高教第十二次　教育研究全国集会参加報告）一九六六年二月十日。

（19）沖縄教職員会『教育新聞　号外　月刊情報』（日教組第十六次・日高教第十三次　教育研究全国集会参加報告）一九六七年九月二五日。

（20）同上

（21）宮之原貞光「刊行にあたって」『日本の教育』第十六次、一九六七年、一頁、による。同大会では、木下順二による記念講演「伝統と創造における世界と日本」、および星野安三郎による特別報告「沖縄は日本の教師に二つの責任を要請する」における論及など、教研全体を通じて「沖縄問題」への積極的な介入が試みられたことが窺える（記念講演と特別報告は、日本教職員組合編『教育評論』一九六七年三月号所収、にも収録）。ただし、特別報告において「歴史的にはわれわれは、本土の者として反省しなければならないわけです。つまり沖縄をまさに植民地的な収奪の場として利用したために、沖縄の産業の発達がおくれた、という事実がある。たとえば、戦前沖縄県では、本土からいった職員と、沖縄出身の職員では、身分的、給料的にも差別された。また、戦前の関西の下宿屋で『朝鮮人と沖縄人お断り』というはり札を出しておいたことにも象徴されますように、まさに沖縄県を、日本の一県だとしながら、実質的には植民地的な収奪の対象にしてきたわけです」とする、日本と沖縄との権力的関係史についての星野安三郎による指摘（第十六次、四八〇頁）は、沖縄史認識のあり方として教研全体において深められることはなかった。復帰運動のもっとも昂揚する一九六〇年代においては、日本と沖縄との文化的、歴史的な一体性こそが絶対的な価値と看做されていた。したがって、こうした指摘はもとより、日本と沖縄との文化的差異性、差別と抑圧という歴史的な断絶の事実を注視することは、復帰運動を促進する日教組の立場から深められることはなかった。

（22）この論点に関しては、教科書などにおける琉球史・沖縄史の位置付けを知識社会学的に分析した、ましこひでのり『増補新版　イデオロギーとしての「日本」』三元社、二〇〇三年、を参照。

第5章　「国民化」の教育実践
——一九六〇年代後半から一九七〇年前後——

一　「七〇年安保」と「沖縄学習」

沖縄の施政権返還は、「七〇年安保」におけるひとつの大きな争点とされていた。もとより、このことは日教組運動においても無関係ではありえなかった。たとえば、一九六九年六月の第三六回日教組定期大会において日教組委員長・宮之原貞光は、

七〇年安保は沖縄安保といわれるほどに沖縄問題とは不可分の関係にあります。沖縄の即時無条件全面返還のたたかいは、アメリカ帝国主義の軍事的植民地支配から日本国民の主権と基本的人権をとりもどすための民族闘争であります。同時に、アメリカ帝国主義のベトナム侵略を頂点にするアジア侵略政策に反対するアジア諸国民との連帯のたたかいであり、平和を守るたたかい

であります。

それだけに沖縄の祖国復帰のあり方は、日本はもとよりアジア全体の平和・独立とも極めて深いかかわりを持ちます。

それが十一月の佐藤訪米によって決着をつけられるのであります。沖縄闘争が七〇年安保の当面の最大の課題であるといわれる所以はここにあるのであります。

〔……〕沖縄闘争をたたかうことなしに七〇年闘争を語ることは、およそナンセンスであります。(1)


として、「七〇年安保」への運動論的な展望を「沖縄問題」を軸にして述べていた。このような展望に基づいて、「沖縄の即時無条件全面返還」を促進するためのいくつかの政治的目標項目と並んで、以下のような教育実践上の具体的な方策を採択することが同大会で決定された。(2)


沖縄を正しく理解し、正しく教える運動を組織的に推進します。

そのため沖縄教職員会との交流を本部、ブロック、各県、専門部で実施します。

また『沖縄読本』、『沖縄の子ら』、『沖縄の母親たち』、『沖縄の教師たち』の購読、学習運動、生徒の作品交換、教育実践の交流を促進します。


あらかじめ記せば、教研における「沖縄問題」に関する討議は、一九五〇年代における討議水準とは大きく異なり、「七〇年安保」を基軸的な争点としながら、六〇年代後半から施政権返還までの期間にその量的側面のピークを迎えることになる。この背景には、日本における沖縄返還運動はもとより、三大選挙と呼ばれた沖縄での行政主席選挙、立法院議員選挙、那覇市長選挙への支援活動、そして、ベトナム反戦運動など日教組による一連の組織的な取り組みがあった。本章の冒頭に掲げた、日教組委員長・宮之原貞光の発言があった一九六九年二月には、戦後はじめて日教組委員長としての沖縄訪問が実現するなど、沖縄教職員会との人的な交流はさらに進捗しつつあった(3)。

そして、同時期には「沖縄問題」はたんに政治的な争点としてだけではなく、本章において取り上げる「沖縄を正しく理解し、正しく教える運動」という、教室での教育実践の構築として、六〇年代後半の日教組運動にとって焦眉の課題となっていた。本章ではこうしたきわめて社会的な志向性をもった教育実践を「沖縄学習」として範疇化しておきたい。

以下、本章では、日教組による「沖縄学習」がどのような内実をもつものとして展開してきたのかについて、一九六〇年代後半の教研における討議を中心に分析する。本章での考察を通じて筆者がもっとも直接に解明したいのは、「沖縄学習」ではなにが語られ、同時になにが語られないままにあったのかという、教育実践的な観点である。このことが解明されることによって、一九六〇年代後半における〈戦後教育〉による沖縄認識の特質がどのようなものであったのかが浮き彫りにされるであろう。

二　「沖縄学習」の生成と展開

（1）「沖縄学習」の出発

［三部作の刊行］

一九六〇年代後半にいたって日教組は、「沖縄学習」の展開を組織的な方針として唱導するようになっていた。この方針を具体化させるために日教組は、沖縄の現状を広範に知らせ、復帰運動を支援するという観点から、沖縄教職員会との協力によって、一九六六年から三種類の作文集を一般向けに刊行した。教研における「沖縄学習」の推移を考察する前提として、まずはこの事業に関して若干ながらもみておく必要がある。なぜならば、この刊行事業は、教室における「沖縄学習」と並行する、いわば教職員および一般向けの「沖縄学習」という位置付けをもつからである。よく知られたこの刊行物は、冒頭に引いた日教組委員長の発言にもあった、以下の三部作である。

①日本教職員組合・沖縄教職員会（共編）『沖縄の子ら』合同出版、一九六六年
②同（共編）『沖縄の母親たち――その生活の記録――』合同出版、一九六八年
③同（共編）『沖縄の先生たち――本土との真の連帯をもとめて――』合同出版、一九七〇年

このうち①は沖縄教職員会が沖縄で募集し、寄せられた五二九編（小学生三〇二編、中学生二〇七編、高校生二十編）の子どもたちによる作文のなかから、五八編を編成して刊行したものである。②

は「上は九十三歳の山村に住む老婆から、下はうら若い都市の娘まで」（同書、十頁）の二十編の生活史から構成されている。③は沖縄人教師の生活史などから構成されている。

こうした構成内容からあきらかなように、これら作文集は、政党や政治団体による主張の展開とは、やや趣を異にした特徴をもっている。つまり、沖縄人自身の戦争体験、基地被害、復帰運動への思いなど多様な素材が、沖縄人自身の口から語られ、綴られているのである。たとえば、③には、それまで復帰運動において少なくとも組織的には取り上げられることのなかった、沖縄戦下の沖縄人への日本軍の虐待、虐殺行為の記憶が綴られている。また、同じく③には復帰運動のもっていた「祖国」の偶像化を批判的に見つめ直そうとする思想的な営みすら盛り込まれているのである。

組織的な政治言説ではなく、生活者の観点、日常の視点から沖縄のたどってきた歴史と現実を広く知らしめるうえで、三部作の刊行は少なくない意味をもっていたと筆者は考えている。ここでいう意味が、沖縄と日本との関係史において具体的にどのように結実するのかに関しては後述することになる。

ただ、ここではこれらの三部作が日教組の復帰運動への組織的介入の一環として構想されたものであり、「沖縄学習」を学校教育実践に導入していくことと同時並行的に着手されるものであったことを補説するにとどめておきたい。

〔「沖縄学習」の原基〕

他方、教研においては、「沖縄学習」を、いずれの教科・領域で、どのような方法で進めるかということが教育実践上の具体的な課題として、討議の対象とされ始めつつあった。それがとくに本格化し始めるのは、管見のかぎりでいえば、一九六八年に開催された第十七次以降のことである(4)。

同教研では「まず『沖縄』を知る運動の展開を」と題した、中野好夫による「沖縄問題特別報告」が行われ、教研全体として「沖縄問題」への取り組みが強く意図されていたことが窺える。同教研の「人権と民族教育」分科会の記録では、「沖縄学習」の必要性が以下のように記されている。

「沖縄をなぜ正しく教えなければならないのか」ということは、次の理由による。沖縄の現状を科学的に認識し、その諸矛盾を認識することは、日本が現在おかれている安保体制のもとでアメリカ帝国主義に従属させられ、沖縄の即時無条件全面復帰が実現しないかぎり、日本の民族的独立は完全に実現されないのであり、沖縄問題こそが日本国民の基本的人権を守り民族的課題を実現するための、そして、祖国が分断され帝国主義との対決をせまられているアジア諸民族との真の民主的な国際連帯を確立するための、基本的な条件であるからである（第十七次、三三五頁）。

「民族闘争」としての「沖縄問題」という、これまでにも論証を重ねてきた認識枠組に依拠しつつ、同教研においては、同分科会やこれ以外の分科会においても、「沖縄学習」を取り上げた各地域からの実践報告が提示されている。同じく「人権と民族教育」分科会から、具体的な実践例がどのようなものであったのか、その一端を引証してみよう。

宮城の一教師は、「沖縄は日本の領土であり、沖縄住民は日本人である」ことを徹底して教えなければならないと、授業のなかで積極的にとりくんで、沖縄の地理的環境、産業、生活風俗、沖縄の歴史と現状、祖国復帰運動などを教え、まとめとして作文をかかせている。福岡でも同様に、沖縄がアメリカの一部や独立国と思っている子どもが意外に多いということである。しかも、教科書でさえ「わが国は一都・一道・二府・四二県にわかれている」と沖縄をはずしている。教師は沖縄の欠落を子どものなかから発見させ、沖縄の真実を訴えていった。

〔……〕このように、沖縄についての教師の関心の深まりとひろがりは、この一ヵ年にずいぶんと進展し、昨年この分科会が「職場と地域に沖縄と小笠原の即時無条件全面復帰運動を広げ、沖縄を正しく教える運動を進めよう」と提起した課題の実践とつみあげは、本年度に少しずつではあるが実らせてきている。その結果、沖縄は「日本の民族主権がうばわれ、人権侵害のもっとも激しく行なわれている拠点地域」として捉える捉え方が共通化し、アメリカ帝国主義とそれに従属する日本の独占資本とのたたかいのすじみちが明らかにされてきた。たとえば、岡山では『沖縄の子ら』を学級で読むことによって、子どもたちのあいだにある、「沖縄の子どもたちはかわいそうだなあ」という同情感の噴出を出発点として、かわいそうなのは沖縄の子どもだけだろうかと、学級のなかにある差別をみいださせ、そのことを自分たちのこととして考える学級づくりにもっていった実践が報告されている（岡山報告）。また、長野でも、沖縄を正しく学ぶことのなかに、戦後のアメリカの占領政策を正しく把握し、みずから問題の本質をつかんでいった中学生の自己形成が述べられている（長野報告）（第十七次、三三六頁）。

「沖縄学習」に関するこうした実践報告はいずれも、既存の教科書における沖縄記述を問題視したうえで、社会科を中心とした各教科活動はもとより、教科外の諸活動においても、沖縄のおかれている政治的、軍事的現状を平易に解説する内容となっている。そして、沖縄の歴史・文化・風俗や習慣を「日本民族」を構成する不可分の要素として提示しようとする。その沖縄が米軍によって占領支配されている状況を教育運動として打開するためのひとつの方策として「沖縄学習」が位置付けられていたのであった。

こうした意図を組み込んだ教室実践の集約された実例をさらにみてみよう。ここでは多岐にわたる「沖縄学習」の内容的側面を比較的、包括している実践例として、四月二八日の「屈辱の日」（対日講和条約の発効した期日。第2章参照）をテーマにして、毎月二八日に特設時間を設定し、「28日沖縄授業」運動を展開した鹿児島の中学校における教室実践の八回におよぶ年間計画案を掲げる（表5—1）。

表5—1「28日沖縄授業」年間計画案

時間	単元とねらい	学習の内容	備考・資料
第一	4月28日 民族の屈辱の日	4月28日は、どんな日だろう	『われらの沖縄』

第二	沖縄のあゆみ	作られた異民族観 廃藩置県の過程でとられた差別政策	
第三	第二次大戦と沖縄	第二次大戦の経過	
第四	沖縄の文化 強いローカルカラー	レコードを聞く 「沖縄方言の解説・沖縄の民謡」	沖縄新響レコード
第五	基地と人権	土地接収による貧困化	
第六	沖縄の政治 軍事優先の異民族支配	民政府と琉球政府	
第七	県民の経済生活 基地と産業	武力による土地強制接収 土地を奪われた人びと	
第八	復帰運動	伊江島の闘い	

〔出典〕鹿児島県教育サークル連絡協議会編『沖縄で教える』労働旬報社、一九六九年、一七五〜一七六頁、参照。
〔註記〕読みやすさを考慮し、一部の表記を省略した。

注意を要するのは、「沖縄学習」の提示しようとする「日本民族」としての沖縄という観点は、教育政策におけるナショナリズムとは区別されていたということである。第4章においても触れたように、一九六五年一月十一日に中央教育審議会第十九特別委員会によって「中間草案」として発表され、一九六六年十月三一日に答申された「後期中等教育の拡充整備について」に「別記」として付されていた「期待される人間像」が教育界において大きな争点とされていた。この「期待される人間像」に象徴されるような教育政策側からの復古的なナショナリズムの動向が顕著になっていた一九六〇年代では、日教組の構想する「日本民族」とは、少なくとも主観的には復古的ナショナリズムと峻別されるものであった。この主観的な峻別の有効性そのものに疑義が提示され、復帰運動に付随したナショナリズムの否定性ないしは国家権力との融合性が復帰運動側において組織的に意識化されるのは、先述のように一九六〇年代後半以降のことになる。このことが「沖縄学習」に対して具体的にどのような影響をもたらしたのか関しては本章において後述する。

以上のような経緯で生成し、一九六〇年代後半の教研において盛んに討議された「沖縄学習」の運動は、当初、沖縄に関する基礎的な「知識」を子どもたちに伝えるという発想のもとで始められていた。このかぎりでいえば、「沖縄学習」とは、〈沖縄を教える〉という教育実践をそもそもの原基として開始されたといえるであろう。この〈沖縄を教える〉という原基が、日教組運動のなかでどのような具体的展開をみせたのかを次にみる。

(2) 自主編成運動としての「沖縄学習」

日教組は、一九六八年に組織的パンフレット『沖縄をかえせ——沖縄をただしく教えよう——』を刊行した。沖縄の軍事・政治・経済の現状解説と「沖縄学習」のための視点などから構成されるこのパンフレットは、「沖縄問題」への広範な組織的取り組みを強く意識したものであった。

また、教室での「沖縄学習」実践教材として、沖縄教職員会によって『わたしたちの沖縄』および

『われらの沖縄』が編集・刊行されていた。『わたしたちの沖縄』は小学校四年生以上を対象に、『われらの沖縄』は中学生および一般向けに、それぞれ編集されたものであった。両者は一九六九年の第十八次教研が熊本で開催された際に紹介され、その購読運動が全国に波及し、(5)「沖縄学習」の基本資料として広範に使用された。

日教組による「沖縄学習」にとって、同教研は質量ともに大きな位置を占めている。同教研における「社会科教育」分科会においては、「沖縄学習に対する関心と成果は、昨年(一九六八年開催の第十七次——引用者)にくらべて格段のちがいがあった」(第十八次、一一五頁)として記述されていた。このように各地域の教室において実践されてきた「沖縄学習」は、一九六九年の第十八次教研において、ひとつの主要テーマとして報告・討議されるまでに拡張していた。(6)このことは同分科会に提出されていた「沖縄学習」に関連した正式レポートの数量として顕著に反映している。たとえば、翌一九七〇年の同分科会では、「提出されたレポート約七三点のうち、沖縄を主題としているものが六、他の問題と並列して沖縄をとりあげているものが十一、全体のほぼ五分の一にのぼっていた」とされている(第十九次、一二四頁)。

また、こうした量的な拡張と同時に、「沖縄学習」は第十八次教研の前後を契機としてその質的内実においても変化を遂げつつあった。こうした変化は、同教研の「社会科教育」分科会における沖縄代表からの「沖縄を教えるのではなくて、沖縄で日本の平和と独立・民主主義を教えてほしい」とする旨の発言がきっかけとなって起こったという見方がある。(7)この見方の是非は措くとしても、第十八次教研に前後して「沖縄学習」の論じられ方には変化が生じていたことはたしかである。たとえば、同教研の「社会科教育」分科会において報告された、「10・21国際反戦デー」に際しての大阪における「沖縄を一時間教える運動」の組織的実践は、以下のような課題意識をもつものであったことが記録されている

「われわれは沖縄の教育実践（沖縄学習を指す——引用者）を通じて、われわれの教育全般を点検しなければならない」という、現在の教育全体における沖縄学習の重大な位置付けを明確にしたうえで、一方では、沖縄返還要求運動および三大選挙支援活動への主体的なとりくみ、他方では、新教育課程批判闘争の展開の過程での自主編成運動の環としての沖縄学習の位置付けをとおして、組織的にこの運動を展開していった（第十八次、一一六頁）。

また、第十九次教研の「人権と民族教育」分科会における鹿児島からの次の指摘は、〈沖縄を教える〉だけにとどまるのではない、教育実践上の意図がきわめて明瞭に示されている。

沖縄を教えることとの最大の課題は、沖縄をとおして現在の日本の最大課題である民族の独立と反戦平和を教えることに他ならない。その基本にたつべきものとは平和憲法であり、この憲法と相矛盾する安保体制の破棄をたたかいとることが最大の課題であろう（第十九次、三六六〜三六七頁）。

これらの実践例に顕著にみられるように「沖縄学習」は、沖縄にかかわる事象を直接の教材としながらも、日本国内の各地域における「民族的」課題を可視化させるための、いわば格好のモデル学習素材として組織的に活用されていく。前述したように、沖縄学習は、〈沖縄を教える〉という教育実践を原基として開始されていたが、ここに掲げた実践例に示されている「沖縄学習」を実践するうえでの課題意識は、〈沖縄を教える〉だけではなく、〈沖縄で教える〉あるいは〈沖縄で学ぶ〉ことを明確に視野に収めようとするものであった。その内容は、既述のように、沖縄の歴史、政治、経済、文化や教育の現況に関するものであり、その方法は、社会科（歴史、地理）や国語科（読み聞かせ等）といった教科活動、さらには学級活動などを通じた、グループ学習や討論、文化祭、沖縄の子どもたちとの文通交流など、年齢段階や手法に応じて各種各様なものになっていた。(8)

このような教室実践として展開されてきた「沖縄学習」は、一九六〇年代後半を中心とする教研においては、まさしく欠かすことのできない一大テーマとなっていた。「沖縄学習」が日教組によって積極的に取り組まれたのには、復帰運動を支援するという直接的な要因に加えて、教育運動上のいわば内在的で必然的な背景があったことにわたしたちはとくに留意しなければならない。その背景とは、教育政策と教育運動という対立構図が、教科書を中心とした教育内容の選択・配列のありかたを主要なせめぎあいの場としていたということである。

「沖縄学習」が教研においてもっとも拡張していた時期にあたる一九六九年頃には、一九六八年五月に浦和市で開催された第三四回定期大会などにおいて、教育政策に対する「総学習・総抵抗運動」の組織化が「大会宣言」に盛り込まれていた。(9) これは、同大会に先行して催された、第十八次教研の方針を討議するための全国教文部長会議（一九六八年三月）での議案（「第二号議案　第十八次教育研究活動推進の方針」）に基づくものであった。同会議では「総学習・総抵抗運動」が以下のように位置付けられていた。[10]

権力は教師を政治から遠ざけ、教科書採択からも教育課程の編成そのものからも遠ざけ、おろかにする政策をとり続けている。権力の教育支配政策に抵抗する道は、教師自身が学問・研究に挑むところに大きく開かれることを確信する。このような学習活動を組織すること自体が現状ではたたかいである。〔……〕職場における抵抗闘争をどう組織するか、教育課程の自主編成をどうすすめるかを、たたかいとともに学んでいくことをめざす総学習・総抵抗運動に全組織を挙げてとりくむ。

教育内容の選択・配列は、ここで強く意識されているような「権力」側とのきびしい対立構図のもとにあった。「権力」側からは「偏向教育」という非難を受けていた日教組による「沖縄学習」の推進は、こうして日教組による教育課程の自主編成運動の一環として、教育内容への国家の介入を批判し、「教師の教育の自由」を促進させるための具体的で組織的なひとつの手立てでもあった。[11]「総学習・総抵抗運動」の組織的取り組みとして各地で開催されていた日教組の学習会に対し、沖縄教職員会は二人一組のオルグ団を派遣することで、「総学習・総抵抗運動」に積極的な呼応を試みていた。[12]こうして「沖縄学習」は「総学習・総抵抗運動」の欠かすことのできない一環として、日教組と沖縄教職員会との協同によって推進されていた。

三 「沖縄学習」の推移

(1)「沖縄問題」の霧散

一九六〇年代後半以降に教研での討議が活発化していた「沖縄学習」は、一九七〇年代に入ってからは、早くもその沈滞化が危惧されつつあった。一九七一年の第二十次教研では、いくつかの分科会において「沖縄学習」に関する報告がなされているものの、「沖縄学習」が主要な課題から外されつつあることへの不満が同時に出されていたことが注目される。

たとえば、「職場の民主化」分科会では、「沖縄の人たちは『沖縄問題は終わった、つぎは公害問題だ』という考えになっているのではないかという危惧をもっている」(第二十次、一二八頁)という沖縄代表からの声が収録されている。同様に、それまで「沖縄学習」が論じられてきた主要な分科会であった「社会科教育」分科会では、

沖縄問題の討議のなかで、沖縄と長崎とから、昨年度まで沖縄問題が(分科会においては――引用者)圧倒的であったのに、本年度は、公害問題にうつってしまっている点について疑問が出された。沖縄は、〔……〕いま政府の手ですすめられている七二年返還そのものに問題があるのに

という点に重点をおいての指摘であり、長崎は、昨年までの沖縄学習の成果が、きちんと整理されていないのにという点での指摘で、力点のちがいはあったが、沖縄問題が公害問題にうつっている点についての疑問が出されたのである。また、教研集会終了後の一般新聞のなかにも、重点が沖縄から公害へうつってしまったことを時流にのる軽率なものであるかのように報じているものもあったのである（第二十次、二二八頁）。

と記述されているとおりである。

たしかに、教研での討議は、現実に取り組まれている教育実践をそのままに反映したものではない。個々の教育実践の現場では「沖縄学習」の遂行がこの時期においても試みられていたことは想像に難くない。だが、沖縄の「復帰」がもはや間近となった時点において、「沖縄学習」の切迫感や必然性が眼前からは霧散しつつあったことはたしかであろう。

こうしたなかで「沖縄問題」が解決済みと看做されてしまうことへの危惧の声は、復帰の直前、一九七二年一月に山梨で開催された、第二一次における同分科会においても同様に散見される。沖縄代表は同分科会において、

「復帰すれば、沖縄はあくまでも日本の一地方であり、したがって、政治も教育もすべて本土並みだ」とする意見に従えば、苛酷をきわめた沖縄戦も異民族の支配下に苦しんだ二六年間の足あとも、そして、安保条約のもとで、ますます強化の方向を示す基地公害のなかの県民生活も日

本の戦後史のひとこまとして、簡単にかたづけられ、時を待たずして、国民の、いや、県民の脳裏からさえも、忘れられるにちがいない（第二一次、一八二〜一八三頁）。

と切々と指摘していた。「沖縄学習」の沈滞化を憂える、こうした声は決して一時の印象批評として、根拠に基づかないまま提出されたものではなかった。こうした危惧が表明された背景としては、すでに一九六九年十一月の日米共同声明によって、「本土並み」、核なし返還の展望が望めないことが明白化していたことが挙げられる。[13] 同声明に対して日教組は、中央闘争委員会名で反対の「アピール」を同年十一月に発表していた。しかし、日本政府への施政権の「返還」が、復帰運動の希求してきた「平和」をもたらすものではなく、新たな「沖縄問題」を生み出すにすぎないことは、もはや既成事実となっていた。かくして施政権の「返還」が、すなわち「沖縄問題」の終焉と看做されてしまうことへの危惧が沖縄代表から切迫感をもって提出されていたのである。

(2)「沖縄学習」の臨界点

[「本土＝加害者観」]

一方、施政権返還の内実が次第にあきらかとなる過程において、「沖縄学習」の内容そのものへの疑問が教研の場において微弱ではあれ提出されつつあった。その疑問は、復帰運動下では一枚岩であることを理想化されてきた日本と沖縄との関係をどのように捉えるべきかという観点に立脚して提出されていた。

たとえば、日本による沖縄への加害の史実を直視すべきであるという指摘が教研の場で、少なくともその報告書である『日本の教育』において相応な紙幅を割いて扱われた最初の例は、復帰直前に開催された、一九七二年の第二一次における「人権と民族の教育」分科会でのことであったと思われる。同分科会の鹿児島代表のレポートは、「沖縄県民に対する加害者としての自覚を本土のものはもたねばならない」とする考え方を示していた。これに対し、他の代表からも「本土＝加害者観」の必要性が示された。そして「あるものは、〝本土のわれわれには『沖縄を返せ』の歌はうたえないはずだ〟と述べ、あるものは〝アイヌと同様、沖縄も民族として自決していく方向が正しいのではないか〟という疑問」が出された。この「疑問」に対して、沖縄代表は次のように苦渋に満ちたことばで応じた。

「沖縄を返せ」の歌は、真の返還を要求してたたかう者の歌である。協定による「返還」で沖縄問題が終わるのではない。米軍基地は強化されている。日本の独立の問題は終わってはいない。それが民族問題ということだ。われわれは、米軍・自衛隊による軍事優先の政治のなかで、ふみにじられた人権をとりかえしていく運動と結びつけて正しい民族教育を深めたい。沖縄でたたかってきた者は、子どもたちに本土は差別者であるとは教えていない。本土で、沖縄を教えることに対する抑圧とたたかい、〝沖縄はかわいそうだ〟という子どもの認識を克服させていってほしい（以上、第二一次、四六九頁）。

既述のように復帰の内実が明白となりつつあった時点で、具体的な事実の提示を欠いた、抽象的な傾向をもつとはいえ「本土＝加害者観」が教研の場で提出され、討議されたことは、決して小さくはない画期をなすものであった。しかし、討議における認識枠組そのものにおいて「本土＝加害者観」が深められる素地は依然としてなかったと思われる。「正しい民族教育」といわれた教育実践の内実そのものを問い直そうとする「疑問」は、教研や「沖縄学習」についての討議の場において、深められることはなかった。むしろ、復帰運動の掲げる「日本民族」としての一体感を依然として最優先させることによって、「本土＝加害者観」は抑圧され封じ込められる傾向にあった。あるいは、「本土＝加害者観」は、軍国主義固有の問題として、限定的に理解されていたといえる。[14] 換言するならば、日本のなかの「沖縄差別」、沖縄への「加害」とは、日教組運動にとっては「日本民族」が分断され、日本国憲法から沖縄が除外されているという事実自体に限定的に集約されるべきものであり、日本と沖縄との関係を深く考察するという観点をもちえないものであった。

日教組による「沖縄学習」の推進は、〈沖縄認識〉にかかわるそうした思考の枠組において生成し、日教組運動の推進に整合するかぎりにおいて教育実践として展開されてきたものであった。したがって、日教組の「沖縄学習」において取り上げられる沖縄の歴史と文化には、日本と沖縄とのあいだの歴史的な差異性はあきらかに欠落していた。日教組運動にとって、沖縄における「矯正」の教育史は、「国民化」のための誇るべき教育史でなければならなかった。

だが、こうした思考の枠組を批判する動きが、沖縄においてすでに胎動しつつあった。帰るべきとされた「祖国」がこれまで沖縄にいったいなにをしてきたのか、沖縄人の記憶に向けられつづけてきた教育権力の抑圧がようやく解き放たれようとしていた。

問い直される「日本軍」

復帰運動下の沖縄において、沖縄戦の記憶は、どのように継承され、あるいは断絶を経験してきたのであろうか。新崎盛暉によれば、沖縄戦下の日本軍による沖縄人虐待や虐殺の事実が本格的に取り上げられ始めるのは、一九七〇年代以降のことである。その契機となったのは、復帰後の沖縄県への自衛隊配備への反対運動であったとして、新崎は次のような分析を加えている(15)。

自衛隊配備反対闘争のもっとも大きな成果は、沖縄の民衆に『日本軍とは何か』という問いを改めて突きつけたことであった。民衆が体験した沖縄戦に関しては、一九五〇年に出版された『鉄の暴風』（沖縄タイムス社）以来、多くの出版物が出されてきた。そこには、日本軍による沖縄住民虐殺や集団「自決」について多くの事実が記録されていた。しかしこれらの出版物には、日本軍を糾弾するような筆致はまったくといっていいほどみられず、極限状況のなかで起こった悲劇として描かれる場合がほとんどであった。

新崎の分析によれば、沖縄人の側から日本軍に対する批判的意識がかたちとして明確に示されたのは、沖縄教職員会から移行し発足していた、沖縄県教職員組合が、戦争犯罪追及委員会を設置し、その調査活動を基にして刊行したパンフレット『これが日本軍だ――沖縄戦における残虐行為――』(16)（一九七二年五月刊行、一九七五年六月再版）以後のことであった。同パンフの主要な内容構成は以下のとおりである。

「座間味島の集団自決」「渡嘉敷島の集団自決」「マラリアの島への強制移住（波照間島）」「軍刀で村びとの首を斬った日本兵（伊江島）」「泣く子をしめ殺した日本兵たち（浦添）」「喜如嘉での虐殺」「大宜味村渡野喜屋の虐殺」「三歳の幼児を毒殺（糸満）」「〝壕を出て行け〟と女、子どもを殺害（真栄平）」「少年を銃殺した敗残兵たち（伊是名）」「日本兵に殺された知念村の人びと」「久米島の殺りく」。

ここから明確に看取されるように、同パンフには沖縄戦下の各地域での日本軍の残虐行為についての克明な証言記録が収載されている。沖縄県教職員組合が、沖縄戦下の日本軍の行為に関する調査に着手した意図は、同パンフの「まえがき」に次のように明瞭に記されている。

> 復帰を目前にして、なぜ沖縄県民は二七年前の日本軍の残虐行為をあばこうとしているのか。それは自衛隊の沖縄配備と無関係ではありません。沖縄県民にとっては、あの沖縄戦は昨日の生々しい出来事であり、自衛隊即日本軍隊であるからです。

こうした意図は沖縄県教職員組合だけに特有の

図5－1　沖縄県教職員組合編『これが日本軍だ―沖縄戦における残虐行為―』表紙

ものではなかった。たとえば、いずれも同パンフと同時期に刊行された、革新共闘会議編『国民を対敵にした自衛隊の実態』一九七一年五月、沖縄県労働組合協議会編『日本軍を告発する』一九七二年一月、などは自衛隊を沖縄戦下の日本軍と重ね合わせて捉えようとする明確な意図を共有していた。

管見のかぎり筆者は、「日本軍」を歴史的に問い直そうとするこうした意図が、同時期の日教組教研での「沖縄学習」の討議に反映された形跡を見出すことができない。これらの意図が、あきらかに「沖縄学習」の思考の枠組を超え出る内容をもつためであろう。

「沖縄学習」においては正視されることのなかった沖縄戦の記憶、「日本」を理想化するかぎり復帰運動においては看過され、抑圧されつづけてきた戦場の記憶が、そして、日本と沖縄との歴史的な差異性が、こうしてようやく解放され、白日のもとにさらされることとなった。

これまでの行論に即して言い直せば、沖縄戦の記憶は決して国家権力の介入のみによってではなく、むしろ、「沖縄学習」や復帰運動に心を砕いてきた「良心」の積み重ねによって、結果として抑圧を受けつづけてきたのではないだろうか。ここにいたるまで、一九四五年からすでに二五年以上もの歳月が経過していた。

四　記憶の制御

〈戦後教育〉による沖縄認識の特質は、本章で検討を加えてきた「沖縄学習」においてどのように作動していたのであろうか。「沖縄学習」として取り扱われるかぎりにおいて、沖縄戦下における日本軍の虐待行為の事実といった、日本の沖縄への加害という事象は、日本と沖縄とのあいだの歴史的考察として深められることはなかった。なぜならば、「沖縄学習」はあくまで復帰運動の理念とされた「日本国民」を形成するための学習運動であり、それ以外のものではなかったからだ。このかぎりでいえば、「沖縄学習」は沖縄における記憶を制御し、こういってよければ、記憶を支配するための装置として作動していたといえるだろう。

本章において検討を加えてきた「沖縄学習」は、もとより復帰運動の推進と密接不可分な関係にあった。とすれば、復帰運動そのものの挫折が徐々にあきらかになりつつあった一九七〇年以降の時点で、「沖縄学習」が沈滞化していくことはもはや必然であった。

一九七二年五月十五日の「施政権」返還によって「沖縄県」はあらためて誕生した。復帰以後、最初の開催となる第二二次教研は、一九七三年一月に和歌山で開催された。同教研での沖縄にかかわる討議は、それ以前とは大きな変化を遂げていた。

たとえば、一九六〇年代後半以降を通じて沖縄にかかわる多様なテーマが取り上げられてきた主要な分科会のひとつであった「社会科教育」分科会において、それまで紙面を割いてきた「沖縄学習」に関する記述がほとんどみられなくなっている。同分科会のひとつの領域である、地理・産業分野についての討議では、「今年でていなかったのは、返還後の沖縄、軍事基地などの問題であった。〔……〕報告書が出る出ないというのは、かなり偶然も作用するのであるが、前記のものは、地理・産業の分野では、かなり重要な対象であり、報告書のあるなしにかかわらず討議をしてみたいもののように思われる」（第二二次、一〇七頁）とさえ記されている。

こうして、この第二二次教研を境として、「沖縄学習」そのものが教研での討議から次第に姿を消していくことになる。沖縄代表からの「沖縄問題」に関する提案は教研の場でその後も当然つづけられていた。だが、それはひとつの県によるひとつの提案という個別的な取り扱いの域を出ることはなかった。これまでにもしばしば事例として取り上げてきたように、教研において「沖縄問題」が論じられた主軸的な分科会のひとつは「人権と民族」分科会であったが、同分科会においてさえ、第二二次の以後には、もはや「沖縄問題」そのものが欠落していくことになる。

なお、付記すれば、「沖縄学習」は「平和学習」の一環として、一九七〇年代以降に再組織化されることとなる。これ以降の教研における沖縄に関する討議内容については、この「平和学習」の推移に即して分析を深めていく必要があるだろう。その際、「平和学習」が本章において分析を加えてきた「沖縄学習」の臨界点をどのように乗り越え出るものであるのか否か、この点の精細な解明が今後の課題として残されている。

一九七二年五月十五日の施政権返還によって、法制度的な意味での沖縄の「国民化」は基本的に完遂されることになった。しかし、「国民化」のための学習運動としての「沖縄学習」は、後年の観点に立てば、「日本国民」としての「平等」を渇仰しながらも、結果的にいえばそれを達成するにはいたらなかったといえる。なぜなら、この場合の「国民化」とは、第4章においてみたように、一九五〇年代後半以降に確定しつつあった沖縄への在日米軍基地の移設・遍在という圧倒的な差別的構造の構築と同時並行的に進行していたためである。本章を終えるに際して確認しておかなければならないことは、こうした形式的な「平等」と事実上の差別との同時的存在が、現在の沖縄と日本との関係において存続しているということである。このかぎりでいうなら、歴史的過去はわたしたちの前から決して過ぎ去ったのではない。それは、現在にまで依然として生きつづけている。

補註（第5章）

（1）宮之原貞光「七〇年闘争を教育労働者はどうたたかうか」日本教職員組合編『教育評論』一九六九年八月号所収、十三〜十四頁。

（2）同上、十七頁。

（3）日本教職員組合『日教組教育新聞』第九四四号所収、一九六九年三月十一日（第7巻、四五頁）。なお、訪問行程の詳細については、同巻収載の『日教組教育新聞』第九四五号、一九六九年三月十八日、同第九四六号、三月二五日、同第九四七号、四月一日、にある連載記事「深まった友情と連帯（沖縄ルポ）上中下」を参照。

（4）ほぼ同じ時期に「沖縄問題」を特集した『教育評論』一九六八年八月号では、「沖縄学習」の実践報告として、森田俊男「その基本的な視点」の他、中学校地理の実践である、木本力「現代の課題をふまえた沖縄学習を」、小学校での実践である、山本典人「教室と父母を結んだ小さな実践」、同じく、加来宣幸「自分のものとしてとらえ行動する目を」、川平永介「教科書以外の教材の活用を」といった教育実践上の試みについての論稿が収録されている。

（5）隈元勇「『沖縄で学ぶ』カリキュラムと実践」日本教職員組合編『教育評論』一九六九年八月号、五十頁。

（6）一九六九年に開催された同教研の「社会科教育」分科会に参加した沖縄代表は、「（一九四五年から——引用者）二四年にしてはじめて多くの県から沖縄学習の実践が出された。この二四年は長くきびしいたたかいだった」と感慨をもって発言していた。渡辺泰敏「沖縄を教える運動の推進を確認」日本教職員組合編『教育評論』一九六九年三月号所収、四一頁。「沖縄学習」に関連した同教研の位置付けや評価については、大田昌秀「沖縄の施政権返還と『日本人教育』」日本教職員組合編『教育評論』一九六九年四月号、十二〜十七頁、を併せて参照。

(7) さきに引証した、鹿児島県教育サークル連絡協議会編『沖縄で教える』についての図書紹介(原忠彦・執筆)、日本教職員組合編『教育評論』一九七〇年二月号、五六頁、参照。

(8) 教育実践の実例が刊行されたものとして、たとえば、岡野米司・大城真太郎編『沖縄にかける橋』出版東京、一九六五年、川井章編『基地・沖縄の学習』明治図書、一九七〇年、本土と沖縄の子どもの作文交流実行委員会編『沖縄の子　本土の子』百合出版、一九七一年、などが挙げられる。

(9) 日本教職員組合『日教組教育新聞』第九〇三号、一九六八年五月十四日(第6巻、四八七頁)。

(10) 以上、日本教職員組合「全国教文部長会議案」『日教組運動資料(教育文化)1967.6—1968.5』所収〔日本教職員組合教育図書館所蔵〕。なお、ここでの引用部位は第二号議案につづいて収載されている「総学習・総抵抗運動に全組織を挙げて取り組もう」に基づく(二七頁)。

(11) 日教組による教育課程の自主編成運動は、周知のように一九五〇年代半ばからすでに着手されていた。この運動は、教育政策の掲げる国家主義と能力主義に対して、民主主義と平等主義の教育理念を対置することを意図したものであった。

学習指導要領の法的拘束性や国家の教育課程編成権に対抗して日教組は、たとえば、『国民のための教育課程』一九六〇年、あるいは教科ごとに編集された、『私たちの教育課程研究』一ツ橋書房、一九六八年、『私たちの自主編成——その理論と実践——』一九七一年、などを具体的な手引きとして提示してきた。また、原爆被害・平和教育に関する自主編成教材、あるいは、部落解放運動が培ってきた自主編成教材があることはよく知られている。

後年のことになるが、日教組の委嘱によって一九七四年九月に設置された中央教育課程検討委員会が、各教科、教科外諸活動ごとの教育課程改革案として『教育課程改革試案』一ツ橋書房、一九七六年、を刊行したことはとくに知られている。同委員会は、一九七〇年十二月に発足していた日教組の教育制度検討委員会（会長・梅根悟）が提示していた教育改革構想を基礎とするものであった。同委員会は教育内容編成の「基本原則」のひとつに「教育内容の自主編成と手続きの民主化」を掲げていた（教育制度検討委員会・梅根悟編『日本の教育改革を求めて』勁草書房、一九七四年、一一六〜一一七頁）。一九六〇年代後半の「沖縄学習」とは、教育課程の自主編成運動という、これら一連の日教組運動の意図が具現化されたもののひとつであったといえる。

(12) たとえば、一九六九年七月から九月にかけては、二八組のオルグ団が組織され、日教組の斡旋によって全国各地に派遣された。沖縄教職員会『総学習総抵抗運動オルグ団総括』一九六九年十月、二〜四頁、参照。

(13) 日本教職員組合『日教組教育新聞』第九八〇号所収、一九六九年十一月二五日（第6巻、一三二頁）。

(14) 森田俊男編『沖縄をどう教えるか』明治図書、一九六八年、は日教組の研究機関であった国民教育研究所での「沖縄学習」についての同時期の研究成果を集約している。同書では、沖縄戦下における日本軍による沖縄住民への虐殺行為について、沖縄人の証言を例としながら取り上げられてはいる。しかし、全体の分量からはごく断片的な取り扱いにすぎず、それらの行為を「戦争の悲惨さに解消することのできない『皇軍』の残虐さ」に起因することとしてもっぱら説明しようとしている。このかぎりでいえば、同書は日本と沖縄との関係史には踏み込めてはいない（二一四〜二一八頁）。

ただし、正確を期していえば、すでに一九五七年に刊行された論稿などにおいても、沖縄戦時下における日本軍の行為に関しては、たとえば次のような記述が残されている。「死んだ沖縄県民の中には安全な壕に潜んでいたのを、銃をつきつけ、日本刀を擬しての『皇軍』による追い出しのため、砲火の中にさまよい出て戦死させられた非戦闘員も少なくはありませんでした。その上、戦火をくぐりぬけて生き残った人々には、しばしば『スパイだ』、『沖縄人は米軍に密通している』という罵言までが投げつけられました。軍は善戦健闘したにも拘らず、住民の裏切りのため敗戦に至ったという、『帝国皇軍』の責任逃れのデマは、他府県に疎開していた人々をして、時に非常な苦境におちこましめただけではなく、北部国頭地方では、こともあろうに幾人かの県人が、血迷った日本兵の手で、銃殺されるという不合理この上もない悲劇をすらもたらしたのです」。新里恵二・喜久里峰夫・石川明「現代沖縄の歴史」民主々義科学者協会編『歴史評論』八三号所収、河出書房、一九五七年一月、二八頁。

また、前掲した、日本教職員組合・沖縄教職員会（共編）『沖縄の母親たち――その生活の記録――』には、沖縄戦下、久米島での日本軍の虐殺行為を描いた、上江州トシ「鬼になった友軍」が収載されている（九五～一〇四頁）。上江州は、すぐのちに論及する、沖縄県教職員組合の戦争犯罪追及委員会委員となる。上江州トシ『久米島女教師』繭の会、一九九五年、二三八頁、参照。だが、これらいくつかの先例にもかかわらず、沖縄戦下の日本軍に対する告発が受け入れられるだけの素地は、少なくとも復帰運動の主流にはなかったと思われる。

なお、筆者はここでの課題に継起して、「復帰」以前に刊行された自治体誌を素材にした、「日本軍」にかかわる歴史記憶の表象史についての分析を別稿において近年中に公表する予定である。

(15) 新崎盛暉『沖縄現代史』岩波書店、一九九六年、四三頁。加えて、新崎盛暉「沖縄にとって戦後とは何か」『過去の清算』（戦後日本　占領と戦後改革第五巻）所収、岩波書店、一九九五年、二三〇頁、を参照のこと。

日本国政府による沖縄への自衛隊配備に関しては、一九五〇年代の警察予備隊時代からの沖縄における職員募集といった前史がある。同時期の沖縄における反対運動の一端につき、新垣栄一編『十周年記念沖縄県青年団史』沖縄県青年団協議会、一九六〇年、三五四～三五八頁、参照。

なお、パンフレット『これが日本軍だ』とはまさしく対極をなす沖縄教職員会による復帰運動の事業として、これまでにもいくたびか指摘してきた「日の丸」掲揚運動の取り組みがあるが、筆者の調査の範囲では、その運動的な結末がどのようなものであったのかを特定できていない。ただし、新崎盛暉によれば、一九六九年三月の沖縄教職員会総会において、それまで組織的取り組みを行ってきた、「日の丸」の一括購入斡旋事業についての反対意見が初めて提出され、同時に、愛唱歌「前進歌」の歌詞中「友よ仰げ日の丸の旗」（第四節）というフレーズについての反対意見が出された。だが、「その後、教職員会が、どの時点で、日の丸掲揚運動をやめるべきであると決定したのかは明らかでない」として、今後、解明されるべき基礎的課題を残している。新崎盛暉『戦後沖縄史』日本評論社、一九七六年、二一七八頁。

同様に、第1章においてもすでに指摘したことだが、方言札などによる言語の「矯正」実践が、どのような顛末をたどったのかに関しても、筆者はいまだ解明できていない。これらの文化的ヘゲモニーにかかわる史的考察にあたっては、関係史料の整備という基礎的かつ体系的な調査が不可欠であることを痛感する。

(16) 沖縄県教職員組合は、一九七一年九月二九日の沖縄教職員会の解散を受けて、同年九月三十日に結成発足していた。日教組への加盟は、施政権返還以後の一九七四年四月一日になる。この間の推移につき、沖教組十年史編集委員会編『沖教組十年史』沖縄県教職員組合、一九八五年、四三~六五頁、など参照。

沖縄支配の教育権力

——結語に代えて——

現代沖縄の教育権力とはどのような特徴をもつものであったのか。それは沖縄の現代史において具体的にどのように作動し、そして現在にも残存しているのか。この大きな問いに応えるためには、本書において検討できた素材はあまりに部分的なものであることは免れない。このかぎりで、現代沖縄教育史を〈宿命的カテゴリー〉としてではなく、〈権力的カテゴリー〉として読み直そうとした本書における筆者の仮説がどこまで確実に検証できたのか、少なくとも筆者の自覚できる範囲でも不満が残っている。とはいえ、いま、本書を終えるにあたって、各章での検証内容に即して、この問いに向かい合いたい。

一　「国民化」のヘゲモニー

本書の結論を集約的にいうならば、現代沖縄における教育権力を以下のように特徴付けることができると思われる。すなわち、現代沖縄の教育権力とは、歴史を〈忘却〉することと「日本人」意識を〈想像〉することという、相反するような作用を併せもつ「国民化」のための諸力の総和として捉えられるべきものではないだろうか。

「近代」と深く結びついた、この「国民化」のための作用は、いわば関係性のなかの教育権力として機能してきた。この作用は、軍事力に象徴される顕在的な物理的暴力装置とつねに一体になることで、沖縄を支配するための持続的な権力機構を構成しつづけてきた。ここで「持続的」といったのは、沖縄の教育権力が法制度上の幾多の改変にもかかわらず、近代を起点として現在にいたるまで、静かにかつ着実に作動しつづけてきたことを含意している。沖縄支配のための権力機構は、こうした持続的な「国民化」のヘゲモニーによって維持されてきたのではないだろうか。

これまでにも広範に論じられてきたように、近代国民国家の形成過程における「国民化」のプロジェクトのためには、〈忘却〉と〈想像〉が不可欠のものであった。このことは、現代沖縄において教育権力が果たしつづけてきた機能をも説明できていると思われる。とはいえ、序文でも記したように、本書において筆者が試みたのは、説明概念のたしからしさを一般的に確証することではない。筆者の意図は、歴史的個性としての現代沖縄教育史を再構成することであった。その場合において焦点となるのは、教育権力による沖縄支配の具体的内実ということである。

いま本書での検証内容に立ち返るならば、同じく対米従属を受ける「被害者」「被抑圧者」としての一体感が復帰運動における基盤とされていた。この一体感は、沖縄における被抑圧的な「近代」の教育経験の記憶を、日本と沖縄の双方で忘却することによってのみかろうじて維持されていた。

いうまでもなく現代沖縄史における制度上の支配権は、米国によって掌握されていた。統治の形態は変容しながらも、一九四五年から四・二八を経て、施政権が「返還」されるまでの期間の沖縄における教育にもっとも大きな影響力を行使してきたのは、直接的には東アジアにおける米国の軍事的利害関係であった。しかし、いくつかの断面に即した本書における検証から導き出せることは、形態のうえでの米国の沖縄支配にもかかわらず、教育の内容と思想にかかわる、いわば関係性としての権力のありかは、戦前・戦中からの連続性を保っていた、国民国家としての「日本」にあったのではないか、ということである。その委細について、

以下でまとめておきたい。

二　沖縄における教育の「近代」

(1)　断絶と連続性

日本の側から沖縄にかかわる事象を論じ、介入することは、それ自体が歴史的な重みを担った政治

的行為にほかならない。この自覚を欠いたとき、「共感」や「善意」は正反対の作用をおよぼすことがある。本書では、限定的ではあれ、このことの実践例を史実に即して垣間みてきた。

〈戦後教育〉におけるひとつの典例として本書で分析の対象としてきた日教組の思想と実践は、政治的であると同時に教育的な、教育的であると同時に政治的な眼差しをもって沖縄を論じつづけてきた。表面的な形態を異にするとはいえ、そうした眼差しは現在においても連続している。その眼差しは、主観的な意図として沖縄への「共感」に促された、「善意」に満ちたものであることはまちがいない。だが、その「共感」や「善意」なるものが歴史的事実としてなにをもたらしてきたのか。このことがこれまでに深く省みられてきたであろうか。本書においてあきらかにしてきたように、現実に作用する教育権力とは、国家や資本といった狭義の権力概念の範疇に局限できるものではない。この場合に再確認されるべきなのは、戦後日本の教育界において「革新」側の主軸として位置付けられてきた日教組においてすら、〈忘却〉と〈想像〉という教育権力の機能を果たすことで、沖縄認識の反省を怠ったままに沖縄との関係を戦後に再開させ、継続させてきたということである。戦前教育そのものへの反省には依拠しながらも、日教組による沖縄認識には批判と反省が欠落していた。被害者意識、被抑圧者意識に根ざすことで、歴史に刻み込まれた沖縄教育史の他者性を閑却してきた〈戦後教育〉の問題性は、現在においても未解決のままである。

もちろん、直接的には日教組に限定されるべき事象を「革新」側のものとして一般化することはできない。同じく、日教組の沖縄認識を「日本」側の沖縄認識として看做してしまうことは論理的な飛躍である。こうした点を留保しつつ、沖縄認識という観点についていうならば、戦前と戦後との連続性は、違和感をまったくといってよいほど自覚すらされないままに〈戦後教育〉において受容されていた。「日本」側の沖縄認識は戦前と戦後において根本的に変革されることはなかったと仮説的にいえる。

たしかに、東西冷戦構造下の政治状況を背景として、目の前に投げ出される実践的な課題への対応に追われていたという政治的理由付けは想定できる。しかし、沖縄における「近代」教育は、沖縄人にとってどのような意味があったのか？　言語や文化への「矯正」として作動した「国民化」は、沖縄人が「近代化」の過程で忍従すべき宿命であったといえるのであろうか？　こうした問いが日教組において未発に終わっていたことは確認されるべきである。ごく控え目にいっても、「近代」教育によって沖縄人が味わった屈折感を日教組は少しでも想像しようと努めた形跡が認められるであろうか。

日本の植民地主義が、一九四五年の敗戦によって形態上は途絶しながらも、実態として機能しつづけてきたとする論点は、「ポストコロニアリズム」に関する諸研究によってあきらかにされつつある。それらの諸研究はおのおのの論脈に沿いつつ、思想や意識、文化、身体といった日常を取り巻く諸形態に植民地主義がどのように残存し、機能しているのかを捉えようとしている。記憶の支配という、本書で検証を加えてきた現代沖縄史における教育の機能は、こうした「ポストコロニアリズム」の社会にみられるひとつの特質として類型化することは可能であろうか。

本書での考察だけではこの問いに応えきることはできない。ただし、重要なのはこのように問いを立てるとしても、沖縄が植民地主義的な政策を適用されたか否か、沖縄は日本の植民地であるか否かといった、客観主義的な立証が必要であることを筆者が示したいわけではないということである。大切なのは、再三指摘してきたように、あれこれと「解釈」だけを練り上げ、過大な意味づけや抽象的な概念に収束するのではなく、沖縄史に刻み込まれた教育史上の事実を、具体的に、丹念にあきらかにしていくことである。この課題はこれからも持続する。

(2) 教育権力認識

国家主義あるいは国家主導による教育政策は教育に「歪み」をもたらすものとして、日教組は、教育政策批判のための理論と運動を構築してきた。そこでは、国家権力から教育を守ること、権力による教育への介入を防ぐことが主眼的なテーマとされてきた。しかしながら、沖縄教育史にかかわる個々の経験的事例に即して本書でみてきたように、教育権力を狭義の国家権力に限定して捉えることに対して、筆者はどうしても疑問を禁じえない。問題化さえされない「常識」や理解の様式として、関係としての教育権力はまちがいなく存続し、機能しつづけてきたからである。

現在という時点において進行している、教育の国家的支配過程を着実に分析し、有効な代替案を見出すためには、教育の権力性に関する認識と方法の刷新が求められている。教育への権力の介入と同時に、〈教育〉そのもののもつ権力性こそが鋭く問い直されなければならない。この知見は、少なくとも筆者が想像する以上に陳腐なものである。なぜなら、批判的で自己洞察的な教育実践の場では、権力あるいは加害者としての教員、象徴的暴力としての教材といった認識は、いわば自明のこととして感じ取られてきた経緯がすでに存在しているからだ。教育の権力性というテーマについても、第1章においてみたように、これまでに理論的に積み重ねられてきた蓄積がある。さらにいえば、国家権力そのものが露骨なまでにせり出してきている現時点での日本社会のような場において、問題は国家権力だけではないと唱えることは、切迫する問題の現実的な解決にいたずらな混迷を与える、戦術的な誤認として受け止められるかもしれない。

教育政策とは、あらためて確認するまでもなく、資本と国家という、もっとも原義的な意味における権力の機構に依拠することで基本的には策定される。しかし、本書での検証を経て筆者が強調したいことは、みずからをもふくめたあらゆる教育事象が、ごくありふれた日常の関係性のなかで権力的な機能を果たしてはいないのかを反省的に考察しつづけなければならないということだ。

教育における権力とは、必ずしも先験的なものとしてではなく、関係性の位相において、つねに編み直されるものとして理解されなければならない。教育における権力は、教育の内容と方法、教科書や教員といったあらゆる近代的装置を媒介として、現在においてもつねに機能しつづけている。現代沖縄教育史は、こうした教育の権力性をより可視的で捉えやすくするための教育史的経験に満ちているように筆者には思える。

三　沖縄史のリアリティ

これまでに筆者は、主要には一八七九年前後からの約二十年間にとくに集中して、近代沖縄教育史に関する制度史的研究にわずかながらも取り組んできた。本書において筆者がこれまでの学術的な守備範囲を超えて、現代の沖縄教育史にまで分析の射程を延伸することになったのには理由がある。それを一口でいうならば、一九四五年までの近代とそれ以後の現代とを統一的な視点から分析することを欠いたままでは、沖縄史のリアリティに接近することができないと痛感したからにほかならない。通説とされる「制度史」的な前提に基づけば、沖縄史における近代と現代とは当然のように断絶したものとして捉えられる。しかし、この所与の前提は、沖縄史への創造的で批判的な接近にとって、大きな桎梏とさえなっているのではないか。研究者の分業体制は、ある種の相互の縄張り関係を生み出すことで、この桎梏をさらに悪化させている。

歴史的過去の理解のあり方に未来が託されている。こう仮定するならば、あらゆる実験的方法によって沖縄史への接近が企てられるべきである。そのためのひとつの試論として、「制度史」的な所与の前提をいったん取り外したうえで、沖縄における近代と現代の史的再構成の実験を本書において筆者は試みた。それは、後年の相対的な歴史的高みから歴史的過去を「裁断」することではない。また、歴史的過去からその後の展開を類推するという、両者の牽強付会な「辻褄合わせ」を求めるということでもない。沖縄史における近代と現代との統一的な把握という視点において、こうした「裁断」と「辻褄合わせ」はもっとも退けられるべき水準のものである。

このことを本書の冒頭でもふれた「方言札」を事例としていうなら、戦前期の沖縄における「方言札」の使用と復帰運動下の「方言札」の使用には、おのおのの歴史的背景や「制度史」的な前提の明白な差異がありながらも、教育史的な統一性が見出されるべきではないだろうか。つきつめていうならば、前者を盛んに研究しようとする歴史家が、後者には無関心や無知であることは、沖縄史のリアリティという観点からすればあきらかに倒錯しているといえる。逆に前者を知りえないままに、後者だけを単独に分析できるのか、少なくとも筆者にはおおいに疑問である。本書の執筆を終えて、この疑問はさらに強くなった。

とはいえ、「制度史」に典型化できるような、史実の基礎的分析の営為は決して貶価されるべきではない。筆者が主眼をおいてきた「制度史」の展開過程は、教育史に限らずとも、歴史記述におけるもっとも基礎的な事象のひとつであることにかわりはない。さらにいえば、こうした史実の基礎的分析は、「言説」や「解釈」に重点をおいた分析スタイルにおいては、ともすると軽視されかねない傾向にある。このかぎりでいえば、「言説」や「解釈」についての歴史記述を提示するまえには、超えなければならない「制度史」上の課題があまりに山積している。筆者は、沖縄史にかかわる「言説」や「解釈」を切り貼りして器用につなぎ合わせたにすぎない記述が、広汎に受け入れられる傾向があることについて強い危機感を感じている。

沖縄史のリアリティに迫るためには、史料の選択や構成内容の練り上げ方などといった、いわば技術的な問題だけが求められるのでは、もちろん、ない。技術的な条件を過分なまでに充足した陳腐な分析は学術の領域で凡百にもありふれている。

その一方で、価値意識についての抑制を欠いた感情の表出だけでは、学術の持続的な手続きをとうていまかないきれるものではない。

沖縄史のリアリティに迫るためになにより求められていることは、抽象的であるとの誇りを恐れずいえば、日本との権力的関係のなかでの沖縄史の表情に向かい合おうとする精神的態度を粘り強く研ぎ澄ましつづけることではないだろうか。

本書において検討を試みてきた、現代沖縄の教育権力は、たんに歴史学的な所与の分析対象としてあったのではないということを、筆者はいま身に沁みて感じている。沖縄を統制し、管理、抑圧するための教育権力は、日本と沖縄との軍事的配置を主とした権力的関係の現在性においても、また日本社会における常識や規範、ありふれた日常生活のなかにもまざまざと遍在しつづけているからだ。〈わたし〉も、そして〈あなた〉も、関係性としての教育権力という、現在も作動しつづける磁場と決して無関係ではない。対象としての「沖縄」を客観的に観察するという研究行為においてもこのことは例外ではない。

わたしたちは、意図するか否かを問わず、歴史の連続性を生きつづけてきたし、今後も生きつづけざるをえない。したがって、この歴史の連続性をどれほどの質の高さにおいて対象化できるのか、この点こそが問われている。

あとがき

本書の作成を通じて筆者は、次のことをみずからに言い聞かせつづけてきた。それは、重なることを承知のうえで本書中にも一再ならず指摘してきたことではあるが、ひとつひとつの歴史事象を丹念に検証する精神を手放さないということである。ことに「マイノリティ」にかかわる研究は、研究者という立場や研究という制度を利用して、みずからの主観やイデオロギー的な願望をなぞるばかりの、いわば利用主義的なものに堕することがしばしばある。また、それとは対照的に研究者の意図のまったく読み取れない、断片的情報だけを提示するものであることが少なくないように筆者には思われる。「マイノリティ」を結果として利用しているという点で両者は一蓮托生である。こういってよければ、「マイノリティ」のために振る舞いつつも、つまるところ、両者は差別構造を温存させる知的演技に終始しているように筆者には思える。

しかし、このふたつの陥穽を、主観的にではなく、研究の質的結果として同時に乗り越え、克服することはきわめて困難なことだと痛感する。それは、「研究」という行為の制度化がもはや圧倒的なまでに進行しているためである。加えて、国家や民族、階級、ジェンダーなどあらゆる差異のカテゴリーと政治的分断の網目のなかにある現実の社会においては、「研究」という行為自体がすでに政治的機能と無関係ではないためであろう。「沖縄研究」をふくめ、「研究」に携わる者の眼差しには、すでに政治性が組み込まれていることについて、わたしたちは決して無関心ではいられない。

ただ、こうした「研究」のありようを批判的に対象化しようと試みることは不可能ではないはずだ。この対象化の作業を、内実を伴わない空疎なことばを並べたてることによってではなく、さまざまな方法を通じて辛抱強く積み重ねることが、研究という行為が現実と対峙できる着実な手立てなのではないか。

本書は、二〇〇〇年四月に刊行した筆者の前作『近代沖縄教育史の視角――問題史的再構成の試み――』を引き継ぐものとして刊行される。前作への取り組みに前後して培われていた、戦前―戦後の連続性にかかわる課題意識と構想、寄せられた書評やコメントの一部から受けた触発、そして基礎史料の整理に基づきつつ、本書は当初から一書として公表すべく編まれた。本格的な執筆の作業には、二〇〇三年の初春から着手することができた。

本書を構成する論稿は、一部を除いて初出となる。第1章の前半部位については、一九四〇年代の沖縄教育史の実態解明へとたどり着くための準備稿としてすでに公表した、拙稿「近代沖縄教育実態史の一側面――一八九〇年代後半における小学校教員の実践談――」（科学研究費補助金基盤研究（B）（1）『「大東亜戦争期」における日本植民地・占領地教育の総合的研究』所収、二〇〇一年三月、四九～六一頁）のうち、一部を修訂のうえで使用している。

ひとつの地域への取り組みという点においては、これまでにいささかなりとも身につけてきた研究上の手続きに依拠することが許された。しかし、近代から現代へと、あまりにめまぐるしく、そして過酷な変貌を遂げてきた現代沖縄の史的展開を追うことは、想像以上に困難な作業であった。執筆を開始した二〇〇三年からのおよそ二年半の期間は、筆者にとって困難の連続であった。正直に告白すれば、本書中にもいくつかを指摘した、素材となるべき基礎的な史料の不足とその整備状況の遅れに直面して筆者は途方に暮れてしまうことが少なくなかった。

とはいえ、史料以上に困難を極めたのは、現代沖縄教育史を分析するための視角設定のあり方についてであった。思い入れや体験、あるいは政治的志向に従属する傾向にありつづけてきた現代沖縄教育史を、記述と分析の学的対象へと転轍することを本書において筆者はめざした。ただ、本書の試みが、どこまで達成できたのか、このことは、本書を閉じようとしているいまとなっても筆者には判然としない。

ただ、少なくともいえることは、教育史的事象に限定されるとはいえ、日本と沖縄との関係史は権力的性質を強くもつということである。にもかかわらず、政治的立場や位置を問わず、日本社会は沖縄との関係を非権力的なものとして無前提に看做しつづけてきた。そして、この傾向は現在においても間断なく継続している。

本書のあとがきに託して筆者の研究動機をいえば、こうして沖縄を誤認してきた関係のあり方を、歴史に立ち返って分析することを通じて、沖縄の自立的決定を妨げつづけてきた歴史に終わりを告げるための手がかりを模索することにある。歴史的過去に関する精細で着実な理解を欠いたままでは、この手がかりが得られることは決してないだろう。時々刻々として消費される、流行の概念や思わせぶりなことばは、たとえ華々しくはみえたとしても、じつは沖縄をめぐる現実を変革することになんら寄与するものではない。回りくどく聞こえることを承知でいえば、筆者が希求しつづけたいのは、現実に届くだけの学問である。

沖縄をめぐる現実を変革する手がかりを模索するうえでの筆者なりの着目点は、教育における「近代」とはなにかという教育学的な視角である。権力性から自由な教育はどのようにして可能となるのか、教育の内容と方法、管理と運営に関して、この問いに応じることのできる、豊穣な史的思考の基盤をつくりだすことが筆者の願いである。だが、沖縄教育史の経験に即して、本書においてわずかながらもその実例をみてきたように、つまるところ教育における「近代」とは、この問い自体がことごとく行き場を見失ってきた歴史だったのではないだろうか。

近代国民国家を前提とした公教育制度には、ふたつの明確な政策的意図が込められている。それは、労働力商品としての基礎的陶冶であり、資本制社会を所与のものとするイデオロギーの教化である。これらふたつの政策意図に関する認識は、私見では、近代の公教育制度に関する史的考察の集約点であるように思われる。近代教育史認識に深くかかわる、この集約点は、自然権をはじめとする〈教育〉についての権利の思想的形成や教育の条理性、理念性とはきびしく区別されるべき事柄に属する。そうであるならば、わたしたちに許された選択肢は、近代の公教育制度についての絶望、あるいは、それからの逃走しかないのであろうか。結局のところ近代の公教育制度は、資本制社会に従属した、人材生産、分配と選別のための、そして「国民化」のための装置でしかないのであろうか。

近代の公教育制度は、また、日常の次元においても、わたしたちに大きな影響をもたらしつづけてきた。それは、ひとつには学校によって母語から疎隔され、「国家」の言語を身につけ、地域を捨て去ることの痛みと苦味であるだろう。そして、追い求めるべきとされる「目標」に駆り立てられ、つねに「進歩」「発達」しつづけることを求められるせわしさ、土や水、海、自然的条件と切り離され、手仕事や労働を蔑む心性を内面化することでもあった。言語や文化という差異の多様性は、「国民」という規格によってことごとく押しつぶされつづけてきた。これらに照らして一言でいえば、近代の公教育制度とは、他者や自然との豊かな関係性を剝奪するための「矯正」装置なのではないか。人間的な「啓蒙」の近代は、同時に人間を抑圧する「矯正」の近代であった。

教育における「近代」批判としてこれまでにもいわれてきた、こうした根本的なアイロニーを「周縁」としての沖縄はあまりに過酷なまでに経験してきた。そして、このアイロニーは現在においても沖縄の地でまちがいなく進行しつづけている。

一般に、権力からの束縛を受けていればいるだけ、理想としての未来像を思い描くことが困難であるとされる。未来を眼差す感性すらもが知らず知らずに緊縛を受けているためである。このかぎりでは、「近代」が沖縄に対してもたらしつづけてきた抑圧的な要素をはっきりと認識できるようになるにしたがって、わたしたちは日本と沖縄との未来像をようやく構想できる地点に達するのではないか。「発展」をもたらすはずだった「近代」の教育によって、沖縄の人びと、島々の暮らしや文化、自然的環境は、どれだけの「損失」を被ってきたのか。「近代」にあらがうことを企図した、この逆説的であり反時代的な問いに応えることこそが沖縄教育史研究に求められているように筆者には思える。

琉球文化圏が近代国民国家としての「日本」に包摂されてからすでに一世紀以上もの時間が経過した。本書を仕上げるために要した歳月の途次において、教育における「近代」というアポリア、そして、なによりも近代から現代にいたる琉球文化圏の歴史という時間の重みに、ただ行き暮れているだけではないのかという思いに筆者は繰り返し立ち止まってきた。その時間の歴史的重みに比べれば、本書で取り上げることのできた事象は、比較のしようもないほどあまりに乏しい。

あらかじめ述べておいたように、本書では日本の側の沖縄認識に対象を限定することで、沖縄人自身の思想と行動にまで視野が行き届いてはいない。問題化されるべきなのは日本の沖縄認識のありかたなのではないかという課題意識からこの限定は付された。ただ、そもそもこの時代を生きた沖縄人のくらしや労働、そして、思いを、多数派の特権を享受しつづけているみずからが正当に受け止めることができるのか、この原初的ともいえそうな問いはつねに筆者の頭から離れることはなかった。

しかし、受け止める努力を筆者はこれからもつづける。まことに小さいかぎりではあるが、本書をそのための礎石として位置付けたい。いまは本書を江湖に送り出し、読者諸氏からのきびしい御批判を仰ぐばかりである。

これまでに筆者は静かな示唆と励ましという最良の恩恵を諸先達からいただいてきた。自己顕示に満ちた外面だけのことばは、いくら多言を弄してみても、日々流れ去るばかりだが、慎みと知的廉直に満ちたことばは、なによりも深く心に刻まれる。精神の奥深いところで支えられたことばだけが、人を揺り動かし、変える可能性を宿しているのではないか。学の内外を問わず筆者が諸先達から学びつつあるのは、ことばを記し、他者に伝えること、ことばを聞き取り、応じることについての厳粛なまでの姿勢である。

御名前を挙げることは控えるが、生き方においては論理を、論理においては生き方を決して手放さない諸先達のくっきりとした後姿は、筆者にとって暗闇のなかのともし火にさえ思える。編集に際しては、社会評論社の新孝一さんに前作につづいてひとかたならぬお力添えをいただいた。末筆ではあるが、これらの方々に心からの感謝をささげたい。

著　者

二〇〇五年初夏　小石原

参考文献

註記　本書では直接論及しなかったものを中心に、主要な参考文献をいくつかの基礎史料とともに記載した。便宜上、各章ごとに区分けし、副題は省略した。著作者名の五十音順とした。

序文　沖縄教育史への招待

新城郁夫『沖縄文学という企て』インパクト出版会、二〇〇三年
知念正真「新劇団『創造』の十年間」『テアトロ』No・339所収、カモミール社、一九七一年
松下博文「山之口貘『会話』から知念正真『人類館』へ」敍説舎編『敍説』XV所収、花書院、一九九七年

第1章　現代沖縄教育史の想像力

海老原治善『教育政策の理論と歴史』新評論、一九七六年
大田堯編『戦後日本教育史』岩波書店、一九七八年
岡村達雄「教育基本法と戦後責任の問題」日本教育学会編『教育学研究』第65巻第4号所収、一九九八年
岡本恵徳『沖縄文学の地平』三一書房、一九八一年
兼子仁『教育法（新版）』有斐閣、一九七八年
鹿野政直『沖縄の淵』岩波書店、一九九三年
上沼八郎『沖縄教育論』南方同胞援護会、一九六六年
佐藤秀夫「地域教育史研究の意義と課題」日本教育学会編『教育学研究』第43巻第4号所収、一九七六年
谷川健一編『わが沖縄　方言論争』（叢書　わが沖縄　第二巻）木耳社、一九七〇年
那覇市総務部市史編集室編『那覇市史』（資料篇第2巻中の3）那覇市役所、一九七〇年
昇曙夢『大奄美史』奄美社、一九四九年

広島大学教育学部沖縄教育研究会編『沖縄教育に関する研究』民主主義研究会、一九六六年
比屋根照夫『近代日本と伊波普猷』三一書房、一九八一年
外間正栄・福地曠昭編『奄美群島の現状』沖縄教職員会、一九六四年
堀尾輝久『現代教育の思想と構造』岩波書店、一九七一年
松田清『奄美大島日本復帰運動史料』奄美史研究会、一九六八年
持田栄一『持田栄一著作集6（遺稿）教育行政学序説』明治図書、一九七九年
琉球政府編『沖縄県史』（第4巻　各論編3　教育）琉球政府、一九六六年
琉球政府『復帰措置に関する建議書』一九七一年

第2章　四・二八の蹉跌

江口朴郎『帝国主義と民族』東京大学出版会、一九五四年
沖縄教育連合会『一九五〇年度　議事録』〔沖縄県教職員組合所蔵〕
沖縄教職員会『一九五八年四月以降　青年部記録』〔沖縄県教職員組合所蔵〕
沖縄教職員会『沖縄教育の現状』一九五二年〔沖縄県教職員組合所蔵〕
沖縄戦災校舎復興促進期成会『校舎の現況』一九五三年
海後宗臣『海後宗臣著作集』第九巻、東京書籍、一九八一年
国際法学会編『沖縄の地位』南方連絡事務局、一九五五年
国民教育編集委員会編『戦後教育問題論争』誠信書房、一九五八年
高野雄一『日本の領土』東京大学出版会、一九六二年
高嶺明達『太平洋の孤児』沖縄通商、一九五二年
竹内好『国民文学論』東京大学出版会、一九五四年
知念市役所『知念市誌』一九四五年
永丘智太郎『沖縄民族読本』自由沖縄社、一九四六年

那覇市役所企画部市史編集室編『沖縄の戦後資料（1945―1972）』第1集、一九七六年
比嘉春潮『沖縄の歳月』中央公論社、一九六九年
松田賀孝『戦後沖縄社会経済史研究』東京大学出版会、一九八一年
宮里政玄編『戦後沖縄の政治と法』東京大学出版会、一九七五年
琉球銀行調査部編『戦後沖縄経済史』琉球銀行、一九八四年
『校舎建築に関する陳情書』〔沖縄県公文書館所蔵〕
『一九四八年一月以降　沖縄人民党に関する書類綴』〔沖縄県公文書館所蔵〕
『石川学園日誌』〔琉球大学附属図書館所蔵〕

第3章　忘却の教育史

Robert W. Aspinall, Teachers' Unions and the Politics of Education in Japan, State University of New York Press, 2001.
上原専禄・宗像誠也『日本人の創造』東洋書館、一九五二年
勝田守一「国民教育の課題」『思想』No・374所収、岩波書店、一九五五年
瀬長亀次郎『沖縄からの報告』岩波書店、一九五九年
沖縄県学生会編『祖国なき沖縄』日月社、一九五四年
仲宗根政善『沖縄教育の現状』〔琉球大学附属図書館所蔵〕
日本教職員組合編『日教組十年史』一九五八年
日本教職員組合編『教研活動の10年』一九六〇年
日本教職員組合編『「日教組の教研運動」についての研究』一九七一年
日本教職員組合教育文化部『日教組運動資料（教育文化）1951.6～12』〔日本教職員組合教育図書館所蔵〕
宗像誠也『教育行政学序説（増補版）』有斐閣、一九六九年
琉球政府文教局研究調査課編『琉球教育要覧』各年版

琉球政府労働局編『資料　琉球労働運動史』一九六七年
『沖縄教職員会史料　戦災校舎復興募金関係史料（一）』〔沖縄県教職員組合所蔵〕

第4章　回避される差異性

阿波根昌鴻『米軍と農民』岩波書店、一九七三年
新川明『反国家の兇区』社会評論社、一九九六年
新崎盛暉編『ドキュメント沖縄闘争』亜紀書房、一九六九年
新崎盛暉・川満信一編『沖縄・天皇制への逆光』社会評論社、一九八八年
沖縄教職員会『祖国復帰への正しい道』一九六六年
沖縄市町村軍用土地委員会連合会『沖縄における軍用地関係資料』〔法政大学沖縄文化研究所所蔵〕
沖縄タイムス社編『沖縄にとって天皇制とは何か』沖縄タイムス社、一九七六年
沖縄歴史研究会編「沖縄の戦後史と歴史研究者の課題」歴史学研究会編『歴史学研究』No・381所収、青木書店、一九七二年
原水爆禁止沖縄県協議会編『基地沖縄の全貌』原水爆禁止沖縄県協議会、一九六六年
中屋幸吉『名前よ立って歩け』三一書房、一九七二年
南方同胞援護会編『沖縄の軍用土地に関する資料』南方同胞援護会、一九五八年、
南方同胞援護会編『沖縄の基地公害と人権問題』南方同胞援護会、一九七〇年
日本教職員組合編『日教組20年史』労働旬報社、一九六七年
丸山眞男「点の軌跡」『丸山眞男集』第九巻所収、岩波書店、一九九六年

第5章　「国民化」の教育実践

安仁屋政昭編『裁かれた沖縄戦』晩聲社、一九八九年
石原昌家・大城将保・保坂廣志・松永勝利『争点・沖縄戦の記憶』社会評論社、二〇〇二年

海老原治善『現代日本教育実践史』明治図書、一九七五年
大城立裕「沖縄の歴史と文化」日本教職員組合編『日本の教育』第二七集所収、一ツ橋書房、一九七八年
沖縄研究会編『沖縄解放への視角』田畑書店、一九七一年
沖縄県労働組合協議会編『日本軍を告発する』一九七二年
沖縄タイムス社編『鉄の暴風』朝日新聞社、一九五〇年
儀間進「栄光と誤謬——沖縄教職員会の功罪——」『新沖縄文学』27号所収、沖縄タイムス社、一九七五年
国立国会図書館調査立法考査局編『沖縄復帰の基本問題』一九七一年
全国解放教育研究会編『沖縄の解放と教育』明治図書、一九七六年
名嘉正八郎・谷川健一編『沖縄の証言』（上下巻）中央公論社、一九七一年
仲程昌徳『沖縄の戦記』朝日新聞社、一九八二年
日本教職員組合編『70年闘争』一九六九年
日本教職員組合編『日教組三十年史』労働教育センター、一九七七年
「連帯」編集部編『国内植民地』亜紀書房、一九七二年
琉球弧を記録する会編『島クトゥバで語る戦世』二〇〇三年
琉球政府編『沖縄県史』（第8巻　各論編7　沖縄戦通史）琉球政府、一九七一年

沖縄支配の教育権力

沖縄連隊区司令部『沖縄県の歴史的関係及人情風俗』一九二二年
親泊康永『文化沖縄の建設』新興社、一九三八年
那覇地方裁判所・那覇地方検事局『世態調査記録　沖縄の言語・風俗・信仰等に就て』一九三九年

由美子ちゃん事件（1955年）155,
210
与那国 84
読谷 86,127

［ラ行］

琉球王国 214
琉球教育法 123
琉球政府 41,68,104,199,218
琉球大学 34,95,97,159
琉球列島米国民政府（USCAR） 103
琉大マルクス主義研究会 218
留日琉球派遣研究教員制 94,97,
129,134,145
冷戦 82,103,108,113,119,152,255

日本共産党第五回党大会（1946年）　80
日本高等学校教職員組合　167
日本社会党　114
日本新聞規則ニ関スル覚書（1945年）　75
日本帝国主義　200,218
日本復帰署名運動　102
日本復帰促進期成会　102,104
日本復帰促進青年同志会　102
日本文教政策の基本大綱（1952年）　151,172
日本平和推進国民会議　114
二・一決議（1962年）　121,199,218
二・一ゼネスト（1947年）　111
認定講習　98
任命制教育委員会制度　157

［ハ行］

波照間　241
鳩間　83,84
ハワイ大学ホーレー文庫　63
反復帰（論）（思想）　58
日の丸（掲揚運動）　34,35,36,37,38,44,51,52,68,104,106,108,160,163,177,214,216,248
標準語（励行政策）　34,64
広島大学（教育学部）沖縄教育研究会　51,69
普通語　26,27,28,30,31,65
復帰運動史観　23
復帰思想のアキレス腱　22
プライス勧告（1956年）　154,158
文化的ヘゲモニー　57,59,142,249
文教局　34,40,209
文教部　78,91,95,97
平和学習　244
平和声明（1950年）　111,149
平和のために社会科学者はかく訴える（1948年）　139
平和問題談話会　111,139
平和四原則　114,116
米海軍軍政活動報告　87
辺土名　33
辺野古弾薬庫　192
ベトナム戦争　203,209,213
偏向教育　234
方言札　14,15,249,258
暴力装置　19,252
北部訓練場　192
ポストコロニアリズム　255
本県語　26,27
本土＝加害者観　238,239
本土並み　40,237

［マ行］

前原　34
真栄平　241
緑の山河　162
宮古（地域・群島）　60,84,123,127
宮古教育基本法・学校教育法　123
民族教育　183,195,196,197,238,239

［ヤ行］

八重山（地域・群島）　27,54,60,84,123,127
八重山教育会　131
八重山教育基本法・学校教育法　123

[サ行]

差異性　61,213,215,217,239,242
在日米軍　187,189,190,215,238,244
座間味　241
自衛隊　40,150,185,187,189,217,238,240,241,242,248
自主編成（運動）　230,232,234,246
島尻　65,89,126
若干の外郭地域を政治上、行政上日本から分離することに関する覚書（1946年）　79
自由人権協会　175
宿命的カテゴリー　23,45,61,251
銃剣とブルドーザー　154
首里　27,89
植民地解放宣言（1960年）　218
植民地性　150,160
初等学校教科書編纂方針（1946年）79,123
初等学校令（施行規則）（1946年）78
新国歌制定運動　162
人類館（戯曲、事件）　11,20
スタンフォード大学フーバー研究所77
砂川　159,174,185
（復帰）請願デモ（1960年）　199
政党について（1947年）　81
制度史　18,66,257,258,259
政令諮問委員会　148
全国一斉学力テスト　157
前進歌　248
戦争と平和に関する日本の科学者の声明（1949年）　139
（沖縄県教職員組合）戦争犯罪追及委員会　240,248
総学習・総抵抗運動　233,234,246

[タ行]

第二国民歌　162
対日講和条約　73,109,141,144,146,148,162
対日講和七原則　99
対米従属　50,70,141,160,163,164,165,179,198,200,218,253
断絶（cleavage）　80,124
知念　33,34,128,130,241
中央教育課程検討委員会　246
中央教育審議会　229
朝鮮戦争　111,148,152
徴兵当選者教育　65
徴兵令（1898年）　65
津堅島訓練場　192
テクニカル・ブレットゥン（TECHNICAL BULLETIN）　78
同化　31,65,107
渡嘉敷　241
土地収用令（1953年）　154

[ナ行]

内的事項・外的事項区分論　56
内国勧業博覧会　11
中頭　65
七〇年安保　221
那覇　34,89
南方同胞援護会　48,121
日米安全保障条約（日米安保）　73,144,148,181

沖縄大和口　14
沖縄を一時間教える運動　232
教え子を戦場に送るな　113,149

［カ行］

解放軍規定　124
学習指導要領　157,208,246
革新　119,163,165,181,182,183,254
ガリオア援助　87,129
ガリ版刷り教科書　128
喜如嘉　241
期待される人間像（1966年）208,230
基地教育　153,184,185,186,188,196
基地被害　154,155,198,205,212,213,225
機能別分離返還　200,203
君が代　34,35,36,37,38,68,160,163,177,214,216
逆コース　108,111,139,141,148,157,162
キャンプ・シュワブ　192
教育権分離返還　200,203
教育権力　18,19,20,45,142,239,251,252,253,254,256,260
（米国）（第二次）教育使節団　148
教育指導委員制度　40,68,98
教育指導者講習（教育長等講習）（IFEL）95,134
教育制度検討委員会　246
教育制度の改革に関する答申（1951年）148
教育四法　49
教公二法　39,108,202,207
教室語　26,27,31
教師の教育の自由　234
教師の倫理綱領（1952年）145,170
矯正　15,31,33,42,44,59,60,166,214,216,239,249,255,265
金武レッド・ビーチ訓練場　192
ギンバル訓練場　192
勤務評定　41,157
具志頭　84
屈辱の日　74,76,228
国頭　126,247
久米島（射爆撃場）192,241,248
群島知事選挙　99
研究訓導制度　94
憲法・教育基本法体制　59
権力的カテゴリー　23,61,251
言論及新聞ノ自由ニ関スル覚書（1945年）75
後期中等教育の拡充整備について（1966年）229
講座派　124
構造的差別　17
講和に関する決議（1951年）112
講和問題に関する声明書（1950年）110,111,149
国際反戦デー　232
国民教育研究所　50,68,247
国民教育分科会　35,40
国民教育運動分科会　187,208,210
国民教育（論）（運動）36,38,49,141,158,180,187,208,215
国民化　35,104,158,244,252,255
コザ　211
コミンフォルム批判（1950年）124

[事項索引]

[ア行]
愛の教具　159,171,176
朝日報道　155,175
天野談話（「学校における『文化の日』その他国民の祝日の行事について」1950年）　161
奄美（地域・群島）　60,71,144,145,152,165,206
アメリカ帝国主義　166,196,215,221,226,227
伊江　210,229,241
石川学園　126
石川市宮森小学校米軍機墜落事件（1959年）　155,211
石垣　27,28
伊是名　241
イデオロギー的支配装置　56
糸満　38,241
内灘　174
浦添　241
エロア援助　87
大宜味　241
大里　85
沖縄（県）教育会　62
沖縄教育後援連合会　91
沖縄教育連合会　91,99,104,147
沖縄教職員会　19,33,34,37,40,49,52,66,104,147,159,172,193,199,200,201,203,204,205,207,209,214,215,216,218,222,223,224,230,234,240,247,248,249
沖縄教職員会に送るメッセージ（1955年）　176
沖縄教職員共済会　91
沖縄教科書編修所　127,128
沖縄群島教育基本条例・学校教育条例・教育委員会条例　123
（東京）沖縄県学生会　155,174
沖縄県教職員組合　240,241,249
沖縄県設置（1879年）　23,25,43
沖縄県祖国復帰協議会　199,204
沖縄国際海洋博覧会（1975年）　12
沖縄国会　41
沖縄差別　44
沖縄諮詢委員会　78,81
沖縄社会大衆党　101,102
沖縄少数民族論　80,124
沖縄諸島祖国復帰期成会　104
沖縄人民党　80,81,102
沖縄戦災校舎復興後援会　147
沖縄戦災校舎復興促進期成会　84,147,171
沖縄デー　76
沖縄に関する決議（1963年）　76,121
沖縄文教部　78,122
沖縄民政府　78,99
沖縄民族の独立を祝うメッセージ（1946年）　80
沖縄問題解決国民総決起大会（1956年）　158
沖縄問題対策委員会　202
沖縄問題特別委員会　201

[人名索引]

[ア行]
アイゼンハワー・D（Eisenhower Dwight） 154,199
東江平之 53
安里延 127
浅野誠 54,138
アスピナル・ロバート・W（Aspinall Robert W.） 142,169
アップル・マイケル（Apple Michael） 56
阿波根直誠 53,54,126
安部能成 139
天野貞祐 136,161
新井恒易 179
新垣栄一 248
新川明 181,217
新崎盛暉 22,71,125,129,217,240,248,249
アルチュセール・ルイ（Althesser Louis 56
五十嵐顕 138
石川明 248
石田雄 139
石野径一郎 175
市川博 169
稲福定蔵 83
井上清 217
猪俣浩三 174
伊波普猷 42,68
今井正 175
イリイチ・イヴァン（Illich Ivan） 56
上江州トシ 248
上田庄三郎 174
上原源栄 208
上原専禄 140,172
牛島義友 133
幼方直吉 180
梅根悟 69,136,247
浦崎永春 26,62
海老原治善 140
エルドリッヂ・ロバート・D（Eldridge Robert D.） 120
衛藤助治 28
大河内一男 140
大城真太郎 246
大城宜武 54
大田堯 140
大田昌秀 53,121,123,126,246
大槻健 47
大浜信泉 218
岡野米司 246
小川太郎 50,69
沖原豊 51
奥田恕 27,64
小熊英二 67
奥山えみ子 219
尾崎毅 124
尾崎ムゲン 61
小原国芳 133

[カ行]
海後宗臣 47,135

加来宣幸　245
梶村光郎　63,66
勝田守一　140,172
鹿野政直　124,125
我部政男　125
上沼八郎　48,63,65,66,69,79,123,
131,134,138,170
川井章　246
川井勇　55,121,122
川平永介　245
菅忠道　173
漢那憲和　131
喜久里真秀　127
喜久里峰夫　248
菊池嘉継　38,67
木下順二　219
儀部景俊　134
木村禧八郎　174
木本力　245
喜屋武真栄　147,148,172,201,218
久野収　139
久保義三　46
隈元勇　245
倉沢栄吉　137
グラムシ・アントニオ（Gramsci Antonio）　56
河野康子　120
小杉誠治　162
寿富一郎　134
小林武　176
小林文人　54
近藤健一郎　66

［サ行］

坂本義和　121,139
猿谷弘江　66
サーストン・ドナルド・R（Donald R・Thurston）　169
志喜屋孝信　78
渋沢敬三　147
島袋源一郎　63
島袋俊一　91
島袋正敏　54
清水幾太郎　174
ジルー・ヘンリー・A（Giroux Henry A.）　56
進藤榮一　120
新里恵二　174,248
鈴木栄一　46
春原昭彦　120
関広延　66,68
瀬長亀次郎　101,138
相馬信一　219
祖慶良次　64
曾根信一　126

［タ行］

平良研一　54
平良宗潤　208
平良辰雄　101,137,138
高杉忠明　120
高田宇太郎　65
高橋順子　142,169
高嶺明達　136
高元武　148,172
竹内好　140
竹前栄治　68,123,124

田代泰子　120
田場盛徳　193,217
玉城嗣久　121,134
田港朝昭　131,138
ダワー・ジョン（Dower John W.）　120
知念正真　11
辻村明　126
デューク・ベンジャミン・C（Duke Benjamin C.）　169
当間嗣光　174
戸邊秀明　67
鳥山淳　125

［ナ行］

仲宗根政善　127,128,175
中野好夫　22,71,124,126,217,226
仲村栄春　127,172,176
中村高一　171
中村隆英　120
仲村浩　133
仲本和彦　70
仲吉良光　130
波平勇夫　54

［ハ行］

浜崎盛康　54
原忠彦　246
原泰子　162
バーンスタイン・バジル（Bernstein Basil）　56
比嘉幹郎　124,137
日高六郎　139
福島鑄郎　120
福地曠昭　134
フーコー・ミシェル（Foucault Michael）　56
古川成美　175
ブルデュー・ピエール（Bourdieu Pierre）　56
フレイレ・パウロ（Freire Paulo）　56
ペスタロッチ・J・H（Pestalozzi Johann Heinrich）　54
保坂廣志　53
星野安三郎　140,219,220
堀尾輝久　47

［マ行］

眞栄城かめ　29,64
前泊朝雄　69
真栄平房昭　20
ましこひでのり　220
松岡政保　101,138
マッカーサー・ダグラス（MacArthur Douglas）　95,131
松沢弘陽　139
松田賀孝　128
丸山眞男　139
三浦陽一　120
水谷昇　97,134
皆川洸　120
宮城悦二郎　53,121
宮里政玄　120,121,125,137
宮里テツ　177
宮原誠一　173,174
宮之原貞光　219,221,223,245
宗像誠也　47,138

持田栄一　138
望月宗明　140,174
森清　200
森川金寿　180
森田俊男　50,68,180,194,217,245,
247
門奈直樹　126

［ヤ行］

矢川徳光　140
山内繁茂　126
山極晃　121
山城篤男　81,95,127
山住正己　47,69
山本典人　245
屋良朝苗　96,97,103,104,105,131,
133,134,135,138,147,171,172,176
吉田嗣延　120
吉野源三郎　139
与那嶺仁助　145
米盛裕二　54

［ワ行］

若林千代　125
渡辺昭夫　120,121
渡辺泰敏　245
ワトキンス・ジェームズ（Watkins
James T.）　77
ワーナー・ゴードン（Warner
Gordon）　130

藤澤健一（ふじさわ　けんいち）
1969年　兵庫県生まれ
1997年　筑波大学大学院博士課程教育学研究科単位取得
現　在　福岡県立大学人間社会学部教員
専　攻　教育学（教育制度・政策史）
著　書『近代沖縄教育史の視角』（単著、社会評論社、2000年）

沖縄／教育権力の現代史

2005年10月15日　初版第1刷発行

著　者　藤澤健一
発行人　松田健二
発行所　株式会社社会評論社
東京都文京区本郷2-3-10
☎03(3814)3861　FAX.03(3818)2808
http://www.shahyo.com
印　刷——太平社＋互恵印刷＋東光印刷
製　本——東和製本

Printed in Japan